데이터 과학을 위한 R시리즈 Ⅱ

R 시각화와 통계자료분석 Ⅱ

기초 통계분석 및 데이터 처리

나종화 지음

자유아카데미

PREFACE

머리말

1903년 영국의 문호 H. G. Wells는 읽기, 쓰기 능력과 마찬가지로 통계학적 사고 역시 장차 사회인이 갖추어야 할 기본교양이 될 것이라고 예언하였다.

빅데이터 시대를 맞아 통계학에 대한 관심이 높다. 그러나 통계학은 어렵다는 인식이 깔려 있을 뿐 아니라 대부분의 통계학 관련 서적들이 비전공자들이 이해하기에는 어렵게 쓰여져 있다. 통계학은 어느 학문보다도 용어에 대한 개념적 이해가 중요하다. 용어에 대한 정확한 개념만 제대로 가지고 있다면 과다한 수식 없이도 데이터 분석을 수행할 수 있다는 것이 저자의 생각이다. 이 책은 빅데이터를 계기로 다양한 응용분야에서 통계학 비전공자를 가르치면서 체득한 저자의 경험을 바탕으로, 통계학에 대한 주요 개념 소개와 함께 데이터 분석을 원하는 비전공자들이 쉽게 이해할 수 있도록 쓰여졌다.

R 프로그램은 통계분석뿐 아니라 현존하는 컴퓨터 도구 가운데 단연 최고라고 생각한다. R은 무료소프트웨어로 통계분석, 시각화, 프로그래밍 언어의 역할을 동시에 수행하는 강력한 도구이다. 이제 복잡한 통계분석은 R에 맡기고, 분석자는 분석의 방향제시와 결과해석에 치중하면 그만이다.

이 책은 총 26장으로 구성되었으며, Ⅰ권과 Ⅱ권으로 나누어져 있다. Ⅰ권(1~11장)에서는 "R 기초 및 시각화 분석"을, Ⅱ권(12~26장)에서는 "기초 통계분석 및 데이터 처리"를 다루고 있다. 이 책을 읽는 독자는 다음 사항을 참고하기 바란다.

- 내용이 부담스러운 독자는 별표(*)가 붙은 장(또는 절)은 생략하고 읽어도 무방하다.
- 본문과 표에서 들여쓰기 부분은 보충 또는 심화 내용이므로 일독에서는 생략하여도 무방하다.
- R은 도움말 기능이 매우 뛰어나므로, 이를 활용하여 교재의 내용을 발전시켜 나가기 바란다.

이 책이 R을 이용한 시각화와 통계자료분석을 원하는 독자들에게 조금이나마 도움이 되었으면 하며, 출간 후에라도 수정사항이 있을 경우에는 자유아카데미 홈페이지(www.freeaca.com) 자료실에 제공할 예정이다. 이 책이 출간되기까지 많은 도움을 주신 자유아카데미 관계자분들께 감사드리며, 나에게 큰 힘이 되어 주는 가족과 동료 교수님, 그리고 대학원생들에게 고마움을 전하고자 한다.

2016년 7월
나 종 화
cherin@cbu.ac.kr

CONTENTS

차 례

[제3부] R 기초통계분석

12장 데이터 탐색 Ⅰ 3
12.1 줄기-잎 그림 3
12.2 상자그림 7
12.3* 밀도함수 추정 14

13장 데이터 탐색 Ⅱ 19
13.1 이상치 탐색 19
13.2* 시계열 변화점 탐지 23

14장 통계기초 29
14.1 확률변수 29
14.2 통계량과 추정량 32
14.3 중심극한정리 33
14.4* 베이즈 정리 34

15장 이항분포와 정규분포 39
15.1 이항분포 39
15.2 정규분포 40
15.3 이항분포의 정규근사 42

16장 신뢰구간과 가설검정 45
16.1 신뢰구간 45
16.1.1 신뢰구간의 원리 45
16.1.2 신뢰구간의 의미 47

16.2 가설검정 49
16.2.1 가설검정의 원리 49
16.2.2 유의확률 52
16.2.3 검정력과 검정력 함수 53
16.3 가설검정과 신뢰구간의 관계 55

17장 두 모집단 비교 59
17.1 모평균에 대한 검정 59
17.1.1 R을 이용한 검정 59
17.1.2 검정 이론 소개 62
17.2 모비율에 대한 검정 65
17.2.1 R을 이용한 검정 65
17.2.2 검정 이론 소개 68
17.3 비모수적 방법 69
17.3.1 R을 이용한 검정 69
17.3.2 검정 원리 소개 71

18장 분산분석 – 여러 모집단 비교 77
18.1 분산분석 77
18.1.1 R을 이용한 분석 77
18.1.2 검정 원리 소개 81
18.1.3 R을 이용한 관련분석 83
18.2 비모수적 방법 87
18.2.1 R을 이용한 분석 87
18.2.2 검정 원리 소개 89
18.3 다중비교 91
18.3.1 다중비교 소개 91
18.3.2 R을 이용한 분석 92
18.3.3 다중비교 이론 97

19장 상관분석 101
19.1 상관계수 101

19.2 상관분석 시각화 ······ 108
19.2.1 {psych} 패키지 ······ 108
19.2.2 {corrplot} 패키지 ······ 110
19.3 그림행렬 소개 ······ 115

20장 회귀분석 ······ 121
20.1 단순회귀분석 ······ 121
20.1.1 단순회귀의 원리 ······ 121
20.1.2 예제: 단순회귀분석 ······ 123
20.2* 다중회귀분석 ······ 127
20.2.1 다중회귀의 원리 ······ 127
20.2.2 다중상관계수와 결정계수 ······ 129
20.2.3 다중공선성 ······ 129
20.2.4 예제: 다중회귀분석 ······ 131

21장 분할표 분석과 적합도 검정 ······ 139
21.1 분할표 분석 ······ 139
21.1.1 카이제곱 검정 ······ 139
21.1.2 분할표 만들기 ······ 142
21.2 분포에 대한 적합도 검정 ······ 148
21.2.1 카이제곱 적합도 검정 ······ 148
21.2.2 콜모고로프-스미르노프 검정 ······ 150
21.3 분포 적합 ······ 154

22장 정규성 검정과 정규화 변환 ······ 159
22.1 시각적 방법 ······ 159
22.1.1 Q-Q 플롯과 정규확률그림 ······ 159
22.1.2 작성 원리 ······ 160
22.2 사피로-윌크 검정 ······ 163
22.3* 기타 정규성 검정 ······ 164
22.4* 정규화 변환: 박스-콕스 변환 ······ 165

*23장 통계적 모의실험 173
23.1* 난수발생원리: 역변환법 173
23.2* 모의실험 예제 175
23.2.1 통계량의 분포 구하기 175
23.2.2 몬테칼로 적분 178
23.2.3 중심극한정리 모의실험 181

[제4부] R 데이터 다루기

24장 데이터 처리 I 187
24.1 기본 함수 소개 187
24.2 reshape( ) 함수 190
24.3 {reshape2} 패키지 194
24.3.1 {reshape2} 패키지 소개 194
24.3.2 {reshape2} 활용 예제 195
24.4 유용한 패키지 소개 201
24.4.1 {doBy} 패키지 201
24.4.2 {plyr} 패키지 203
24.4.3 {data.table} 패키지 210

*25장 데이터처리 Ⅱ: {dplyr} 패키지 213
25.1* {dplyr} 패키지와 분석 자료 소개 213
25.2* {dplyr} 패키지의 주요 기능 216

26장 문자열 다루기 235
26.1 문자열 처리 I 235
26.2* 문자열 처리 Ⅱ: {stringr} 패키지 240
26.3* 패턴 매칭 함수 245

참고문헌 / 253
[부록] R 주요 함수 요약표 / 255
찾아보기 / 261

Ⅰ권 차례 소개

[제1부] R 기초 및 활용

제1장 R 기초

1.1 R 소개 및 프로그램 설치
1.2 R의 도움말 이용하기
1.3 주요 연산자 및 R 객체
1.4 R 객체 다루기
1.5 인덱싱과 벡터화 연산
1.6 R 함수 만들기와 프로그램 실행
1.7 R 패키지 활용과 객체관리
1.8 데이터 불러오기

제2장 R 활용

2.1 수학 및 통계 관련 함수
2.2 확률분포와 분포 그리기
2.3 표본추출
2.4 R 프로그래밍
2.5 R 모형식과 결측치 처리

[제2부] R 그래픽스와 시각화분석

제3장 R 그래픽스

3.1 그래픽 기초
3.2 고수준 그래픽 함수
3.3 저수준 그래픽 함수
3.4 유용한 그래픽 예제
3.5 격자 그래픽
3.6 다중 그래픽스: 그래픽 디바이스의 분할

제4장 기초 그래프

4.1 점도표
4.2 띠그래프
4.3 막대그래프 계열
4.4 파이차트 계열
4.5 누적 영역차트

제5장 히스토그램과 상자그림의 활용

5.1 히스토그램
5.2 분포 겹쳐 그리기
5.3 누적히스토그램 겹쳐 그리기
5.4 상자그림의 활용
5.5 상자그림과 함께 그리기

제6장 R 시각화 분석

6.1 범주형 자료의 시각화
6.2 시계열 자료의 시각화
6.3 다변량 자료의 시각화
6.4 통계분석 결과의 시각화

제7장 공간 자료와 지도 다루기

7.1 공간 자료의 시각화
7.2 3차원 산점도와 활용
7.3* 지도 다루기

제8장 유용한 그래픽스와 시각화 분석

8.1 한 그림에 두 개의 y축 사용하기
8.2 스케일이 다른 그림 겹쳐 그리기
8.3* {openair} 패키지를 활용한 시각화 I
8.4* {openair} 패키지를 활용한 시각화 II

* 제9장 R 그래픽 색상 다루기

9.1* R 색상 기초
9.2* 컬러 옵션(col=) 사용하기

* 제10장 트리맵과 상키 다이어그램

10.1* 트리맵
10.2* 상키 다이어그램

* 제11장 히트맵과 활용

11.1* 히트맵 그리기
11.2* 캘린더 히트맵
11.3* 날짜 다루기

3부

R 기초통계분석

12장 데이터 탐색 I

13장 데이터 탐색 II

14장 통계 기초

15장 이항분포와 정규분포

16장 신뢰구간과 가설검정

17장 두 모집단 비교

18장 분산분석 – 여러 모집단 비교

19장 상관분석

20장 회귀분석

21장 분할표 분석과 적합도 검정

22장 정규성 검정과 정규화 변환

23장* 통계적 모의실험

[12장]

데이터 탐색 I

12.1 줄기-잎 그림
12.2 상자그림
12.3* 밀도함수 추정

데이터 탐색(data exploration)은 데이터에 대한 직관적인 이해를 위해 자료분석에서 가장 선행되어야 할 내용이다. 여기서는 줄기-잎 그림, 상자그림과 밀도함수 추정을 소개한다.

12.1 줄기-잎 그림

줄기-잎 그림(stem-and-leaf display)은 연속형 자료를 시각적으로 나타내는 방법 가운데 하나이다. R에서는 다음 함수를 사용한다.

- stem( )
- stem.leaf{aplpack}

(a) 작성 원리

줄기-잎 그림은 자료의 큰 단위 값을 나무의 줄기(stem)에, 작은 단위 값을 잎(leaf)에 배치하는 방식으로 자료를 시각화하는 방법이다. 다음은 stem( ) 함수를 이용한 줄기-잎 그림의 작성 예이다.

```
> ## 생후 1개월 된 30마리 흰쥐의 무게
> x <- c(110,97,111,115,117,113,107,109,116,106,
         102,112,114,105,113,115,92,121,115,110,
         111,118,117,124,99,114,120,113,106,111)
> stem(x)

  The decimal point is 1 digit(s) to the right of the |

   9 | 2
   9 | 79
  10 | 2
  10 | 56679
  11 | 00111233344
  11 | 5556778
  12 | 014

> stem(x, scale=1/2)    # scale= 옵션은 줄기를 디폴트보다 줄이거나 늘일 때 사용

  The decimal point is 1 digit(s) to the right of the |

   9 | 279
  10 | 256679
  11 | 001112333445556778
  12 | 014
```

[그림 12.1] 줄기-잎 그림 작성 예

줄기-잎 그림을 통해 자료의 분포된 형태와 이상치 자료의 존재 여부 등을 대략적으로 파악할 수 있다.

(b) 등 맞댄 줄기-잎 그림

등 맞댄(back to back) 줄기-잎 그림은 스케일이 같은 두 집단의 자료에 대해 같은 줄기의 양쪽으로 잎을 구성하는 방법이다. 이 방법은 두 그룹의 자료를 시각적으로 비교하는 데 유용하다. R 패키지 {aplpack}은 줄기-잎 그림과 등 맞댄 줄기-잎 그림 등을 제공한다.

- stem.leaf.backback{aplpack}

예제 1

iris 자료에 대해 줄기-잎 그림과 등 맞댄 줄기-잎 그림을 그린다. iris 자료와 같이 좁은 구간에 자료가 집중되어 있을 때는 분포 형태를 쉽게 파악할 수 있도록 아래와 같이 5-줄기 버전(5-stem version)으로 줄기의 수를 늘려 준다. 아래 그림에서 t, f, s는 각각 "two", "four", "six"를 나타내고, *(star)와 .은 시작(start)과 마침(period)을 의미한다.

```
> library(aplpack)
> stem.leaf(iris[,1])     # stem( ) 함수보다 좀 더 나은 출력 결과를 제공
# 줄기 좌측의 숫자는 누적 빈도를 나타내며, 괄호는 중앙값이 위치하는 줄기 지점을 나타내며
괄호 내의 숫자는 해당 줄기에서의 잎의 수(빈도)를 나타낸다.

  1 | 2: represents 1.2
   leaf unit: 0.1
              n: 150
    1     t | 3
    5     f | 4445
   11     s | 666677
   22    4. | 88888999999
   41    5* | 0000000000111111111
   46     t | 22223
   59     f | 4444445555555
   73     s | 66666677777777
  (10)   5. | 8888888999      # 중앙값이 위치하는 지점
   67    6* | 000000111111
   55     t | 2222333333333
   42     f | 444444455555
   30     s | 6677777777
   20    6. | 8889999
   13    7* | 01
   11     t | 2223
    7     f | 4
    6     s | 67777
    1    7. | 9

> ## 등 맞댄 줄기-잎 그림
> stem.leaf.backback(iris[,1][1:50], iris[,1][51:100])

______________________________________________________________
  1 | 2: represents 1.2, leaf unit: 0.1
        iris[, 1][1:50]      iris[, 1][51:100]
______________________________________________________________
                        | 4* |
  1                    3| t  |
  5                 5444| f  |
 11               776666| s  |
```

```
  20         999988888| 4. |9                1
 (16)  1111111100000000| 5* |001              4
  14              3222| t  |2                5
  10           5544444| f  |455555          11
   3                77| s  |6666677777      21
   1                 8| 5. |88899          (5)
                      | 6* |00001111        24
                      | t  |22333           16
                      | f  |445             11
                      | s  |66777            8
                      | 6. |89               3
                      | 7* |0                1
__________________________________________________
n:                  50     50
__________________________________________________

> stem.leaf.backback(iris[,1][1:50], iris[,1][51:100], back.to.back=FALSE)
__________________________________________________
  1 | 2: represents 1.2, leaf unit: 0.1
      iris[, 1][1:50]          iris[, 1][51:100]
__________________________________________________
  4* |                    |
   t |3               1   |
   f |4445            5   |
   s |666677         11   |
  4. |888889999      20   |9                1
  5* |0000000011111111 (16) |001            4
   t |2223           14   |2                5
   f |4444455        10   |455555          11
   s |77              3   |6666677777      21
  5. |8               1   |88899          (5)
  6* |                    |00001111        24
   t |                    |22333           16
   f |                    |445             11
   s |                    |66777            8
  6. |                    |89               3
  7* |                    |0                1
__________________________________________________
n:    50                   50
__________________________________________________
```

유의 자료의 크기가 매우 큰 경우에는 줄기-잎 그림의 요약은 비효율적이다. 이 경우에는 고전적인 방법인 도수분포표 또는 히스토그램이 더 유용하다.

12.2 상자그림

상자그림(box plot)은 줄기-잎 그림과 마찬가지로 연속형 자료를 시각적으로 요약하는 방법이다. 상자그림은 선을 포함하는 상자, 상자로부터 연결된 수염(whiskers), (이상치를 나타내는) 점으로 구성된다.

(a) 중앙값, 제1사분위수, 제3사분위수

중앙값(median, Me)은 자료를 크기순으로(오름차순으로) 나열하였을 때, 중앙(1/2지점)에 위치하는 자룟값이며, 제1사분위수(the 1st quantile, Q_1)와 제3사분위수(the 3rd quantile, Q_3)는 각각 1/4, 3/4 지점의 자룟값이다. 자료의 크기가 n일 때 중앙값, 제1사분위수, 제3사분위수는 각각 $(n+1)\times(1/2)$, $(n+1)\times(1/4)$, $(n+1)\times(3/4)$번째 위치하는 자룟값이다. 위치의 계산 결과가 소수점을 포함하는 경우에는 다음과 같이 해석하면 된다. 예를 들어 6.5와 6.25번째의 의미는 크기가 6, 7번째에 해당하는 자료의 평균과 가중평균(작은 값에 3/4의 가중을 줌)으로 생각하면 된다.

참고 제1사분위수와 제3사분위수는 각각 제25백분위수(the 25th percentile)와 제75백분위수(the 75th percentile)와 같다.

(b) 작성 원리

[단계 1] 중앙값, 제1사분위수(Q_1), 제3사분위수(Q_3)를 이용하여 상자를 그린다.

[단계 2] 제1, 제3사분위수로부터 상자 너비의 1.5배 범위 이내의 자료 가운데 최솟값과 최댓값까지를 상자에서 수염으로 연결하고, 이 범위를 벗어난 자룟값들을 점(points)으로 나타내고 이를 이상치로 간주한다.

위의 [단계 2]를 보다 자세히 설명하면 다음과 같다.

(2-1) 사분위수 범위(Interquartile Range, IQR)를 구하고, Q_1과 Q_3로부터 IQR의 1.5배 떨어진 점을 안울타리(inner fence)로 설정한다(안울타리는 이상치를 판단하는 기준으로만 사용되며, 상자그림에는 나타나지 않는 값이다).

$$IQR = Q_3 - Q_1$$

안울타리=$(Q_1 - 1.5 \times IQR,\ Q_3 + 1.5 \times IQR)$

=(안울타리 하한, 안울타리 상한)

참고 이상치를 판단하는 기준으로 보통 $1.5 \times IQR$ [이를 1스텝(one step)이라고도 함] 기준을 사용하나, $3 \times IQR$ (이를 2스텝이라고도 함) 기준을 추가적으로 사용하기도 한다. 이 경우 사분위수로부터 1스텝(inner fence)을 벗어나면 약한 이상치(mild outliers)로, 2스텝(outer fence)을 벗어나면 심한 이상치(extreme outliers)로 이상치를 구분하기도 한다.

(2-2) 안울타리 범위 내의 자료 가운데 제일 크고, 제일 작은 값까지를 상자에서 수염(whisker)으로 연결한다[이 값들은 안울타리 내의 자료 가운데 안울타리에 가장 가까이 위치하는 자룟값이므로 인접값(adjacent values)이라고도 한다].

(2-3) 안울타리를 벗어난 자룟값을 이상치(outliers)로 간주하고, 해당 지점에 표시를 한다. 즉 이 값들은 자료의 모임으로부터 멀리 떨어진 값으로 간주한다.

상자그림의 일반적인 형태는 다음과 같다.

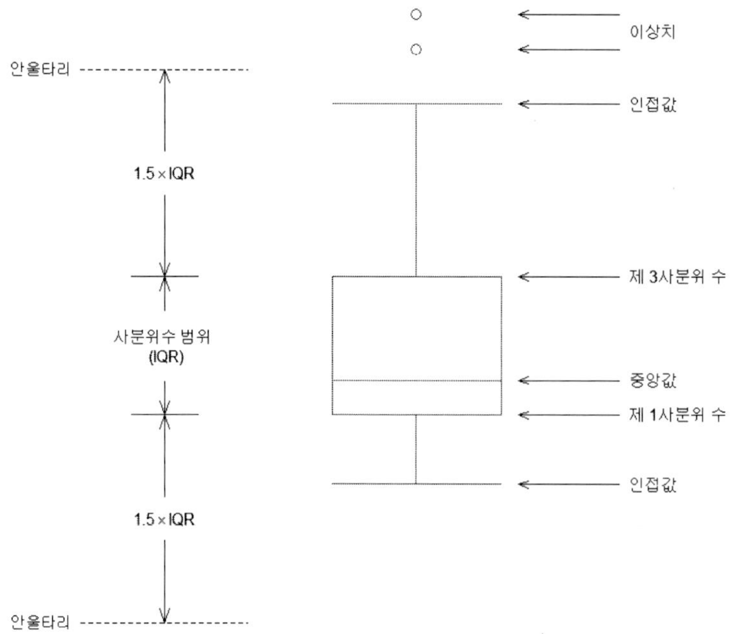

[그림 12.2] 상자그림의 형태와 작성 원리

(c) 상자그림의 해석

상자그림은 자료의 분포 형태(대칭성과 군집상태)를 파악하는 데 유용할 뿐만 아니라, 이상치를 판단하는 기준으로도 사용된다. 또한 여러 그룹의 자료에 대한 상자그림 요약을 통해 그룹 간의 비교를 효과적으로 수행할 수 있다.

상자그림을 통해 그룹 간의 비교를 수행할 경우에는 다음 절차를 따른다.

- 먼저 상자 가운데 그어진 중앙값의 위치를 비교하여 그룹 간의 중심위치를 비교한다.
- 상자의 너비(IQR의 크기)를 비교하여 그룹 간의 산포의 크기를 비교한다. 이때 상자의 수염을 포함한 범위와 전체 자료의 범위도 동시에 고려하여 그룹 간의 산포를 비교한다.
- 이상치 자료와 분포 형태에 대한 해석을 수행한다.

(d) R 함수 소개: boxplot( ) 함수

boxplot( ) 함수는 상자그림을 제공한다. 일반형식과 주요 옵션은 다음과 같다. 이 함수의 다양한 활용 예는 5장을 참고하기 바란다.

```
boxplot(formula, data=NULL, ..., subset, na.action=NULL)

boxplot(x, ..., range=1.5, width=NULL, varwidth=FALSE,
        notch=FALSE, outline=TRUE, names, plot=TRUE,
        border=par("fg"), col=NULL, log="",
        pars=list(boxwex=0.8, staplewex=0.5, outwex=0.5),
        horizontal=FALSE, add=FALSE, at=NULL)
```

- range= 는 이상치를 나타내는 기준으로, range=1.5(디폴트)는 $1.5 \times IQR$을 기준으로 함. 값이 클수록 수염의 길이도 길어짐
- subset= 은 자료의 부분 집합을 지정함(예: subset=Species=="Setosa")
- width= 는 상자의 상대적인 너비를 벡터로 지정(벡터의 길이는 상자그림의 수와 동일)
- varwidth=TRUE는 상자의 너비를 자료 수의 제곱근에 비례하게 그려줌
- notch=TRUE는 매듭형의 상자그림을 제공
- outline=FALSE는 이상치를 나타내지 않음
- names= 는 문자형 벡터로 상자그림 아래에 표시되는 그룹의 라벨을 지정
- plot=FALSE는 상자그림의 요소들을 리스트로 출력해 줌
- border= 는 상자그림의 선의 색상을 지정(예: border=1:3)
- log= 은 로그 척도를 사용할 축을 지정. ""(default), "x", "y", "both"
- pars= 은 상자의 폭을 줄이거나(boxwex=), 수염 끝의 경계선(인접값)의 길이(staplewex=) 등을 지정할 수 있음
- horizontal=TRUE는 상자그림을 수평으로 그려 줌

- add=TRUE는 현재 그림에 상자그림을 추가함
- at= 은 수치형 벡터로 상자그림이 그려질 위치를 지정함(특히, add=TRUE 사용 시)

예제 2

iris 자료에 대해 상자그림을 그린다. iris 자료는 세 종류의 붓꽃에 대한 자료이다.

```
> data(iris)
> boxplot(iris[,1:4], col="lightgray")
```

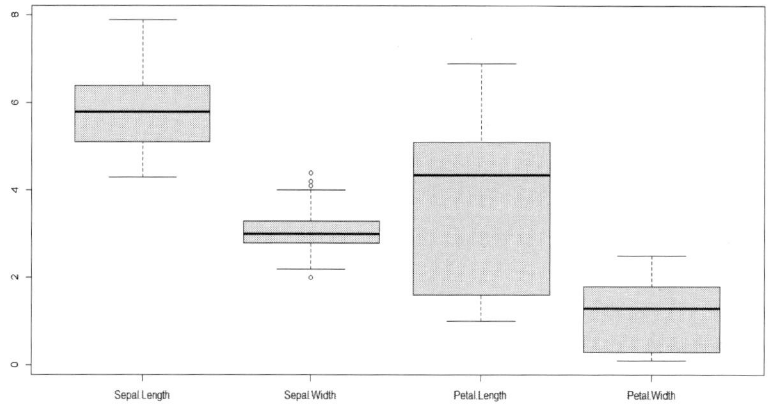


```
> boxplot(iris[,1]~ iris[,5], col=c("darkcyan", "darkgreen", "brown4 "))
```

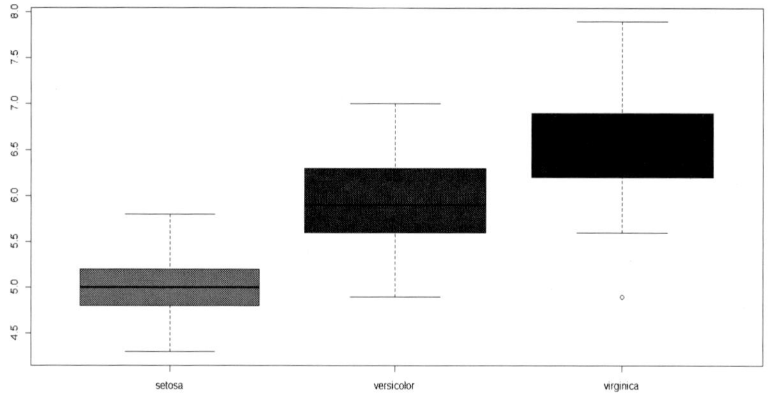

예제 3

ToothGrowth 자료를 이용하여 상자그림을 그린다. at= 과 add= 옵션을 사용하여 상자그림을 추가하는 과정을 보여준다.

```
> ## 상자그림 활용 예제
> data(ToothGrowth)
> str(ToothGrowth)
'data.frame':  60 obs. of  3 variables:
 $ len : num  4.2 11.5 7.3 5.8 6.4 10 11.2 11.2 5.2 7 ...
 $ supp: Factor w/ 2 levels "OJ","VC": 2 2 2 2 2 2 2 2 2 2 ...
 $ dose: num  0.5 0.5 0.5 0.5 0.5 0.5 0.5 0.5 0.5 0.5 ...
---------------------------------------------------
```

(설명) ToothGrowth 자료는 기니피그(Guinea Pigs)의 이빨의 성장에 미치는 비타민 C의 영향을 알아보기 위해, 비타민 C의 유형(supp: OJ, VC)과 양(dose: 0.5, 1, 2)에 따른 효과(len)를 측정한 자료이다. 데이터프레임 자료로 3개 변수와 60개의 관측치를 가진다.

```
> # 아래 그림에서 1,3,5번째 그림
> boxplot(len~dose, data=ToothGrowth,
        boxwex=0.25, at=1:3-0.2,    # 정상위치에서 좌측으로 0.2만큼 이동
        subset=supp=="VC", col="yellow",
        main="Guinea Pigs' Tooth Growth",
        xlab="Vitamin C dose mg",
        ylab="tooth length",
        xlim=c(0.5, 3.5), ylim=c(0, 35))

> # 아래 그림에서 2,4,6번째 그림
> boxplot(len~dose, data=ToothGrowth, add=TRUE,
        boxwex=0.25, at=1:3+0.2,    # 정상위치에서 우측으로 0.2만큼 이동
        subset=supp=="OJ", col="orange")

> # 범례 추가
> legend(2, 9, c("Ascorbic acid", "Orange juice"),
        fill=c("yellow", "orange"))
```

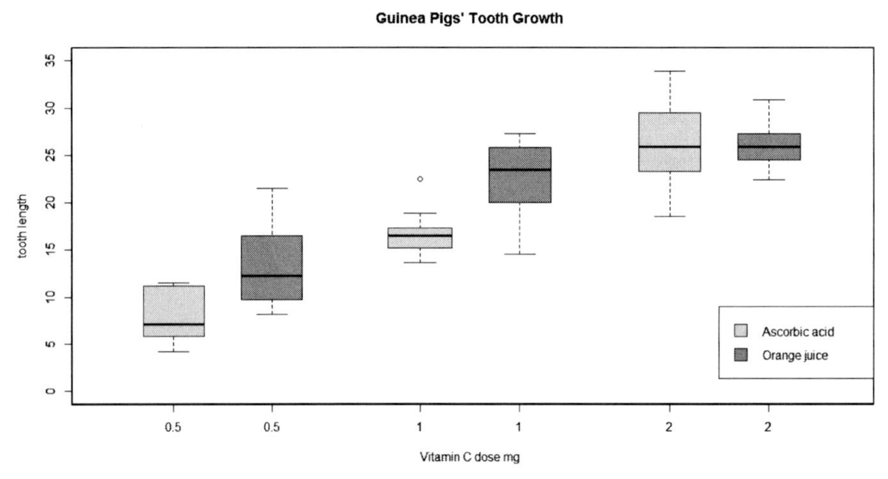

(e) 관련 함수

boxplot( )의 수행 결과 객체에 대해 다음의 함수를 적용하면 유용하다.

- names( ): 상자그림의 요소를 리스트로 출력해 줌
- bxp( ): 결과 객체(리스트)를 이용하여 상자그림을 그려줌. boxplot( ) 함수의 인자를 사용할 수 있음(도움말 참고할 것)

```
> ## 적용 예
> z <- boxplot(weight~group, data=PlantGrowth)
> names(z)
[1] "stats" "n"     "conf"  "out"   "group" "names"

> # 양쪽 수염의 끝 값(인접값), 제1사분위수, 제3사분위수, 중앙값 제공
> z$stats
      [,1] [,2]  [,3]
[1,] 4.170 3.59 4.920
[2,] 4.530 4.17 5.260
[3,] 5.155 4.55 5.435
[4,] 5.330 4.89 5.800
[5,] 6.110 5.87 6.310

> z$out     # 이상치
[1] 6.03

> bxp(z, border=1:3)     # 요약된 결과 객체(리스트)를 이용하여 상자그림을 그림
```

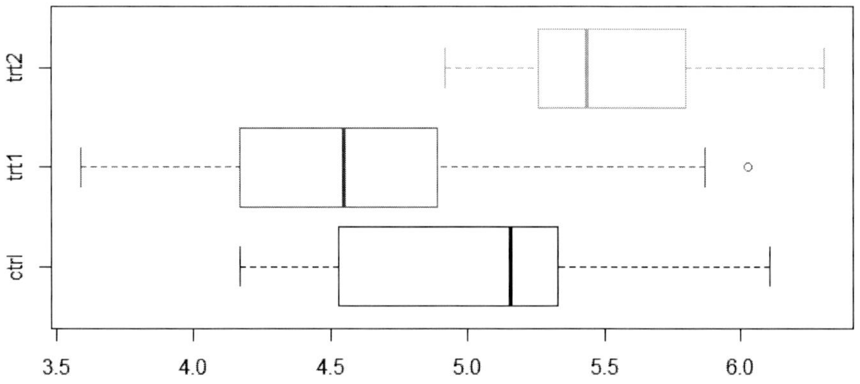

R에서는 상자그림의 요소들을 쉽게 구할 수 있는 다음 함수를 제공한다.

- quantile( ), IQR( ) : 분위수와 사분위수 범위를 제공
- fivenum( ) : 다섯-숫자 요약(5-number summary)을 제공. 최솟값, 최댓값, 중앙값, 제1사분위수, 제3사분위수
- boxplot.stats( ) : 상자그림의 요약 통계를 제공

```
> attach(PlantGrowth)
> IQR(weight[group=="trt1"])
[1] 0.6625

> fivenum(weight[group=="trt1"])
[1] 3.59 4.17 4.55 4.89 6.03

> boxplot.stats(weight[group=="trt1"])
$stats
[1] 3.59 4.17 4.55 4.89 5.87     # 위의 z$stats의 2열과 동일함

$n
[1] 10

$conf
[1] 4.190259 4.909741

$out     # 이상치 자료
[1] 6.03
```

*12.3 밀도함수 추정

밀도함수 추정(density estimation)은 관측된 자료를 이용하여, 이 자료를 생성시킨 모집단의 분포를 추정하는 방법으로 커널(kernel), 스플라인(spline), 웨이블렛(wavelet) 방법 등이 있다.

커널 밀도함수 추정(kernel density estimation)은 비모수적인 기법을 통해 분포의 평활근사(smooth approximation)를 얻는 방법으로, 참(모집단) 분포에 대한 정보가 없는 상태에서도, 데이터 분포에 대한 우수한 근사를 제공한다.

예를 들어 아래의 그림은 5개의 관측치로부터 커널방법으로 참(모집단) 분포를 추정하는 과정을 보여 준다. 먼저 관측된 각 점을 중심으로 일정한 크기의 표준편차를 가지는 정규분포(이를 커널함수라고 함)를 생각한다. 임의의 점에서 밀도함수의 높이를 모두(자료 수만큼) 더한 뒤 자료의 수로 나눈 값을 (부드러운) 곡선으로 연결하여 이를 밀도함수에 대한 추정곡선으로 사용한다.

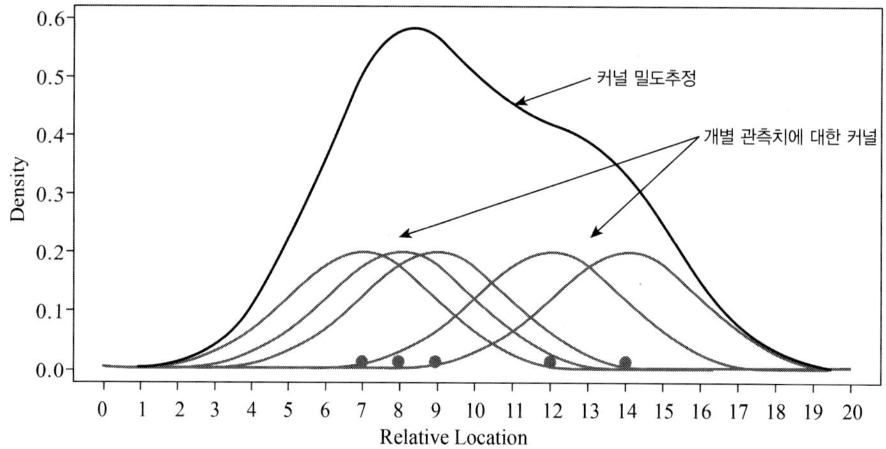

[그림 12.3] 커널 밀도함수 추정의 원리

커널 밀도함수 추정의 수리

커널 밀도함수의 추정 과정을 식으로 나타내면 다음과 같다. 주어진 자료 $x_1, x_2, \cdots, x_B$로부터 참 분포 $p(x)$에 대한 커널 밀도함수 추정은 다음과 같이 주어진다.

$$\hat{p}_h(x) = \frac{1}{Bh}\sum_{i=1}^{B} K\left(\frac{x - x_i}{h}\right).$$

위 식에서 커널함수는 통상적으로 다음의 표준정규분포가 사용된다.

$$K(z) = \frac{1}{\sqrt{2\pi}} e^{-\frac{z^2}{2}},$$

여기서 K는 확률 커널이고, h는 띠폭(bandwidth) 또는 평활모수(smoothing parameter)라고 한다.

평활모수 h의 선택은 추정곡선의 평활 정도를 결정한다. h가 작을수록 과소평활(undersmooth)되며, 클수록 과대평활(oversmooth)된다. 실제 자료분석에서 h의 선택은 자료의 크기에 의존한다. 정규커널(normal kernel)과 일변량 분포의 경우, 최적의 h는 다음과 같이 주어진다.

$$h = \left(\frac{4\hat{\sigma}^5}{3B} \right)^{\frac{1}{5}}.$$

R의 density( ) 함수는 밀도함수추정을 제공하며, 다음의 옵션을 가진다.

- bw= "nrd0"(default), "sj"
- kernel=(또는 window=) "gaussian"(default), "rectangular", "triangular", "epanechnikov", "biweight", "cosine" or "optcosine"

예제 4

faithful 자료에 대해 밀도함수를 추정한다.

```
> data(faithful)
> d <- density(faithful$eruptions)
> d
Call:
  density.default(x = faithful$eruptions)

  Data: faithful$eruptions (272 obs.);  Bandwidth 'bw' = 0.3348
        x                 y
   Min.   :0.5957   Min.   :0.0002262
   1st Qu.:1.9728   1st Qu.:0.0514171
   Median :3.3500   Median :0.1447010
   Mean   :3.3500   Mean   :0.1813462
   3rd Qu.:4.7272   3rd Qu.:0.3086071
   Max.   :6.1043   Max.   :0.4842095
> plot(d, main="")
```

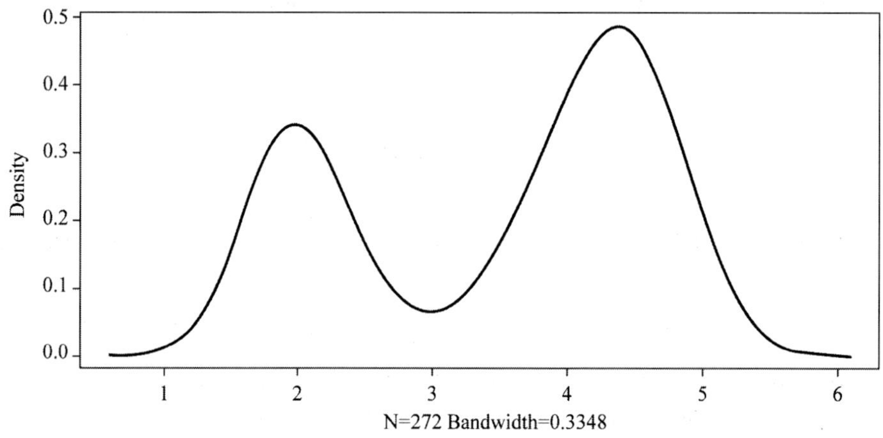
Density
0.0
0.1
0.2
0.3
0.4
0.5
1
2
3
4
5
6
N=272 Bandwidth=0.3348

[12장] 연습문제

01 chickwts 자료에 대한 분석을 수행하고자 한다. 이 자료는 병아리의 먹이의 유형(feed)에 따라 무게(weight)를 측정한 자료이다.

(a) 유형별로 무게 자료에 대한 줄기-잎 그림을 그려라.

(b) 유형별로 다섯-숫자 요약을 제시하여라.

(c) 상자그림을 통해 무게 자료에 대한 비교를 수행하여라.

02 (1번 계속) 다음 물음에 답하여라.

(a) 유형별로 무게 자료의 중앙값을 구하여라.

(b) 상자그림을 그리되, 중앙값의 크기순으로(오름차순으로) x축(범주)의 순서를 정하여라.

(c) 이상치가 발생한 먹이는 무엇이며, 그 값은 얼마인가?

03 sleep 자료에 대한 분석을 수행하고자 한다. 이 자료는 10명의 환자(patients)에 대해 두 종류의 수면제(group)에 따른 수면 시간의 증가(extra)를 측정한 자료이다.

(a) 두 종류의 수면제에 대해 등 맞댄 줄기-잎 그림을 그려라.

(b) 수면제의 종류별로 밀도함수 추정 곡선을 그려라.

(c) (b)의 결과에 상자그림을 추가하여라.

04 인터넷이나 신문에서 보도된 최근의 자료를 찾아 상자그림을 그려보아라.

[13장] 데이터 탐색 Ⅱ

13.1 이상치 탐색
13.2* 시계열 변화점 탐지

13.1 이상치 탐색

이상치는 다른 관측치들로부터 멀리 떨어져 있는 관측치를 말한다. 이상치는 측정에서 변동(variability)에 기인하거나 실험오차(experimental error)로부터 발생하기도 한다. 이상치는 어떤 분포에서도 우연히 발생될 수 있지만 그들은 종종 측정오차(measurement error) 또는 모집단이 두꺼운 꼬리(heavy tail)를 가지는 것을 암시한다. 전자의 경우에는 이상치를 제거하거나 이상치에 둔감한(robust) 통계분석을 실시하는 것이 바람직하다. 후자의 경우에는 분포가 높은 첨도를 가지는 것을 암시하며, 따라서 정규분포를 가정하는 분석기법의 사용에 주의를 기울여야 한다.

탐지된 이상치는 많은 데이터마이닝 기법의 적용 시 잡음(noise)이나 예외(exception)로 취급되어 분석 전에 제거의 대상이 된다. 그러나 사기탐지(fraud detection), 탈세여부, 컴퓨터의 이상 징후와 같은 몇몇 응용분야에서는 희소한 자료들이 더 흥미로울 수 있다.

다음의 [예제 1]은 상자그림을 이용하여 일변량 자료의 이상치를 탐색한다. 다변량 자료의 경우 각 변수별로 이상치 자료를 탐색한 후(상자그림을 이용하여), 이를 토대로 다변량 자료에 대한 이상치를 탐색한다(합집합 또는 교집합 자료를 이용함).

예제 1

표준정규분포로부터 발생된 난수에 대해 boxplot( ) 함수를 통해 이상치를 탐색한다.

```
> set.seed(3147)      # 초깃값 지정
> x <- rnorm(100)     # 표준정규분포로부터 난수 발생
> y <- rnorm(100)
> data <- data.frame(x, y)
> head(data)
            x          y
  1 -3.31539150  0.7619774
  2 -0.04765067 -0.6404403
  3  0.69720806  0.7645655
  4  0.35979073  0.3131930
  5  0.18644193  0.1709528
  6  0.27493834 -0.8441813

> tail(data)
             x          y
  95  0.95647060 -0.8630221
  96  0.02889637  0.9057060
  97  1.69591685  0.3705346
  98  0.40739398  0.7887290
  99  0.01328870 -0.9505123
  100 0.98984656 -1.3595977
```

상자그림을 통해 이상치 존재 여부를 확인한다.

```
> boxplot(data)
```

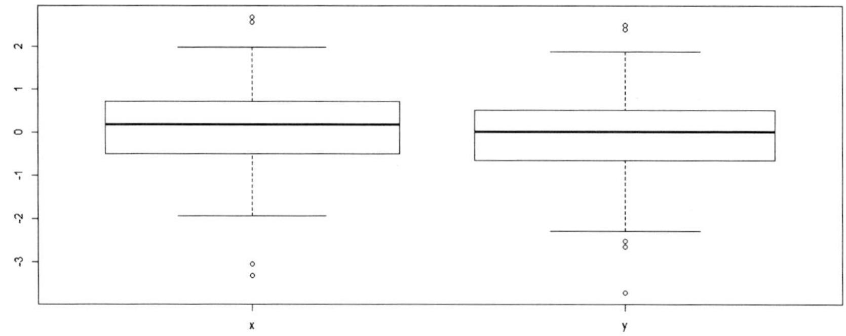

위의 상자그림으로부터 x, y는 각각 4, 5개의 이상치를 가지고 있다. 이를 which( ) 함수를 통해 이상치에 해당하는 값들을 따로 저장할 수 있다.

```
> x.out <- which(x %in% boxplot.stats(x)$out)     # 이상치 자료의 위치를 저장
> x.out
  [1]  1 33 64 74
> y.out <- which(y %in% boxplot.stats(y)$out)
> y.out
  [1] 24 25 49 64 74

> outlier_intersect <- intersect(x.out, y.out)
> outlier_intersect
  [1] 64 74

> outlier_union <- union(x.out, y.out)
> outlier_union
  [1]  1 33 64 74 24 25 49
```

x와 y의 이상치들의 교집합 또는 합집합을 이용하여 2차원(다변량) 자료의 이상치를 찾을 수 있다. 이상치는 아래와 같이 plot( ) 함수와 points( ) 함수를 이용하여 산점도 상에 쉽게 나타낼 수 있다.

```
> plot(data)
> points(data[outlier_intersect,], col="red", pch="0", cex=2)
```

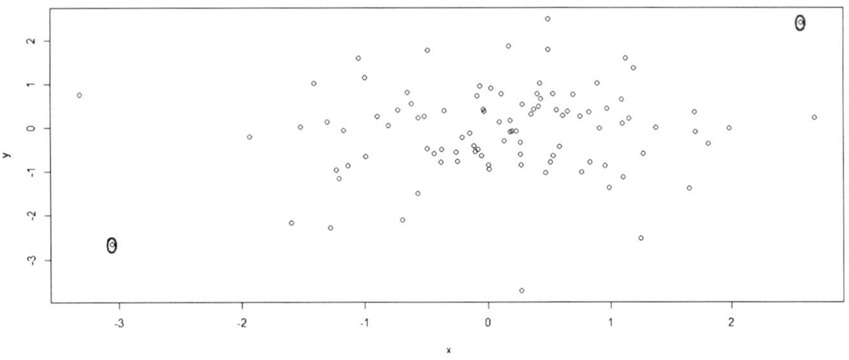


```
> plot(data)
> points(data[outlier_union,], col="blue", pch="0", cex=2)
```

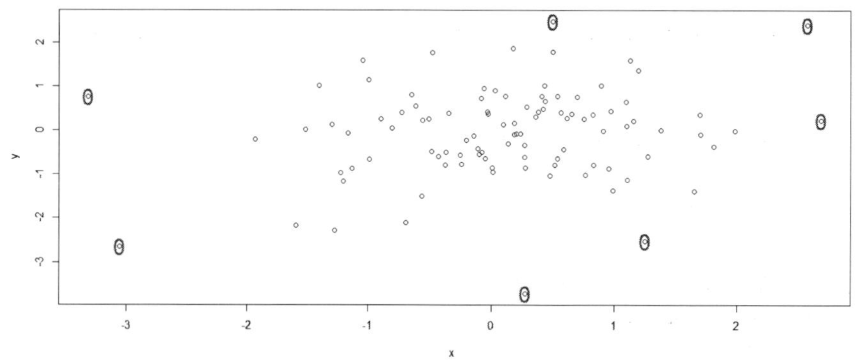

R 패키지 {outliers}의 outlier() 함수를 이용하여 쉽게 다변량 자료의 각 변수별로 이상치를 찾거나 대체할 수 있다. outlier() 함수는 자료(벡터) 공간에서 각 변수별로 평균으로부터 가장 멀리 떨어져 있는 값을 이상치로 간주한다. 데이터프레임 또는 행렬 구조의 자료에서 이상치를 찾고, rm.outlier() 함수를 통해 이를 제거하거나, 중위수 또는 평균으로 대체를 할 수 있다.

예제 2

iris 자료에 대해 이상치 탐색을 실시한다. 범주형 변수인 Species를 제거한 뒤 outlier{outliers} 함수를 적용한다.

```
> library(outliers)
> new_iris <- iris[,1:4]
> (outliers <- outlier(new_iris))     # 변수별로 최댓값 1개를 제시함
> ## opposite=TRUE 옵션 사용 시 변수별로 최솟값 1개를 출력해 줌

  Sepal.Length  Sepal.Width Petal.Length  Petal.Width
           7.9          4.4          6.9          2.5

> new_iris2 <- rm.outlier(new_iris, fill=TRUE, median=FALSE,
opposite=FALSE)
```

rm.outlier() 함수는 fill=TRUE 옵션을 적용할 경우, 중위수나 평균으로 이상치를 대체하며, median= TRUE이면 중위수, FALSE이면 평균으로 대체하게 된다. 아래의 함수로 연속적으로 이상치를 제거할 경우, 평균에서 가장 멀리 떨어진 관측치를 하나씩 제거하게 된다.

```
> par(mfrow=c(3,1))
> for(i in 1:3){
    new_iris <- rm.outlier(new_iris, fill=TRUE, median=FALSE,
  opposite=FALSE)
    plot(density(new_iris[,1]))
    }
> par(mfrow=c(1,1))
```

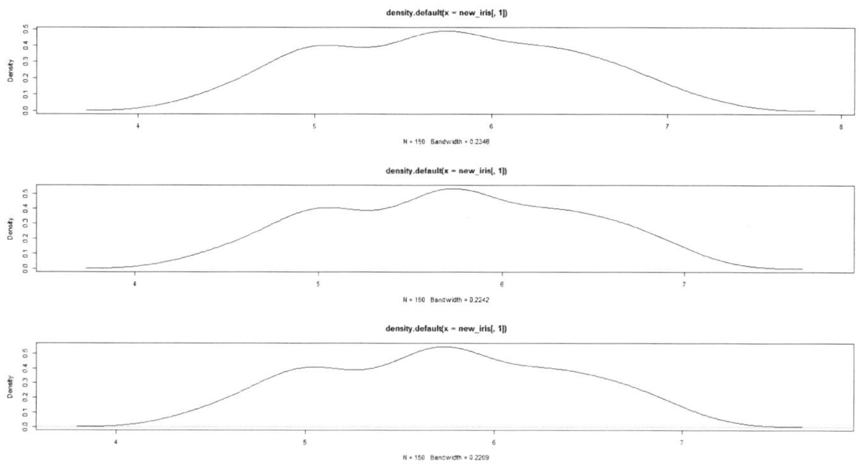

참고 이 절에서 소개된 이상치 탐색 기법은 일변량 자료에 적용되는 기법이다. 다변량 자료에서의 이상치 탐색 기법에는 자료의 밀집도(분포도)를 고려하는 밀도 기반의 LOF(local outlier factor) 방법, 개체들 간의 거리(상관성)를 고려하는 군집분석(cluster analysis)을 이용하는 방법 등이 있으나, 자세한 설명은 생략한다.

*13.2 시계열 변화점 탐지

변화점(changepoint) 탐색은 시계열 자료에서 평균 또는(/과) 분산의 변화가 크게 일어난 지점을 찾아준다. 변화점을 찾는 대표적인 알고리즘으로는 이진 분할(Binary Segmentation)과 PELT(Pruned Exact Linear Time) 등이 있다.

R 패키지 {changepoint}는 평균과 분산의 변화점 탐색을 위한 다음의 함수를 제공한다.

- cpt.mean(data, ⋯)
- cpt.var(data, ⋯)
- cpt.meanvar(data, ⋯)

cpt.mean{changepoint} 함수의 일반 형식과 주요 옵션은 다음과 같다.

```
cpt.mean(data, penalty="MBIC", pen.value=0, method="AMOC", Q=5,
        test.stat="Normal", class=TRUE, param.estimates=TRUE, minseglen=1)
```

- data는 벡터, 시계열 객체, 행렬이 가능. 행렬의 경우에는 각 행(row)이 별도의 데이터 셋으로 간주됨
- method= "AMOC", "PELT", "SegNeigh", "BinSeg"
- Q= 변화점의 최대 수(BinSeg 경우), 조각(변화점+1)의 최대 수(SegNeigh 경우)
- test.stat= 가정된 검정통계량/ 데이터의 분포. "Normal"(디폴트), "CUSUM"

(a) 평균의 변화 탐지

```
> set.seed(100)
> y=c(rnorm(100,0,1), rnorm(100,5,1), rnorm(100,2,1))
> ansmean=cpt.mean(y, method="PELT")
> cpts(ansmean)     # print(ansmean)와 같음. 변화의 시작점을 알려 줌
  [1] 100 200
> plot(ansmean, cpt.col="blue")
```

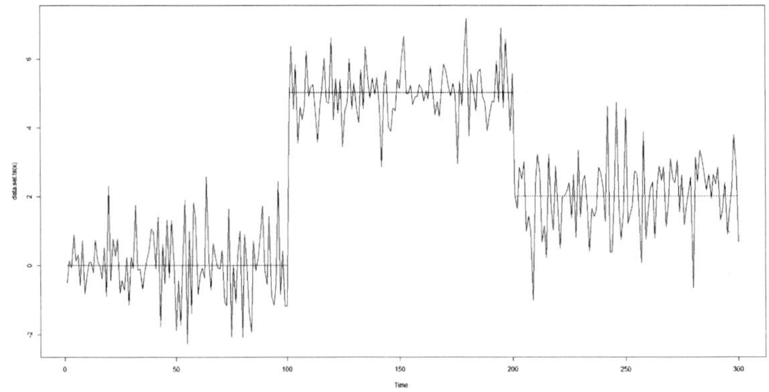

(b) 분산의 변화 탐지

```
> set.seed(100)
> x=c(rnorm(100,0,1), rnorm(100,0,10), rnorm(100,0,2))
> ansvar=cpt.var(x, method="PELT")
> cpts(ansvar)     # 변화의 시작점을 알려 줌
  [1] 100 200
> plot(ansvar)
```

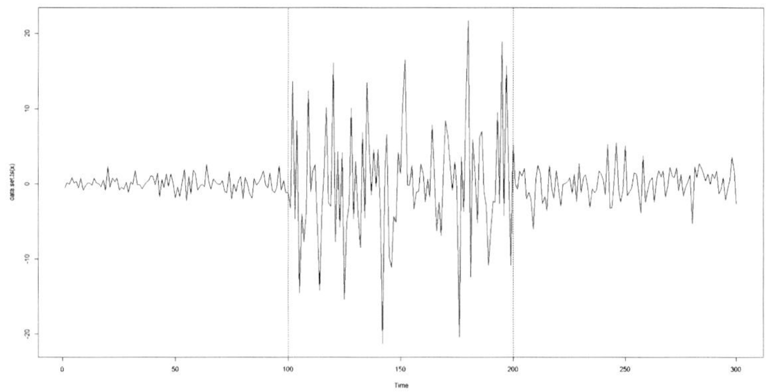

(c) 평균과 분산의 동시 변화 탐지

```
> set.seed(1000)
> z=c(rnorm(100,0,1), rnorm(100,2,10))
> ansmeanvar=cpt.meanvar(z, method="PELT")
> cpts(ansmeanvar)     # 변화의 시작점을 알려 줌
  [1] 100
> plot(ansmeanvar, cpt.width=3)
```

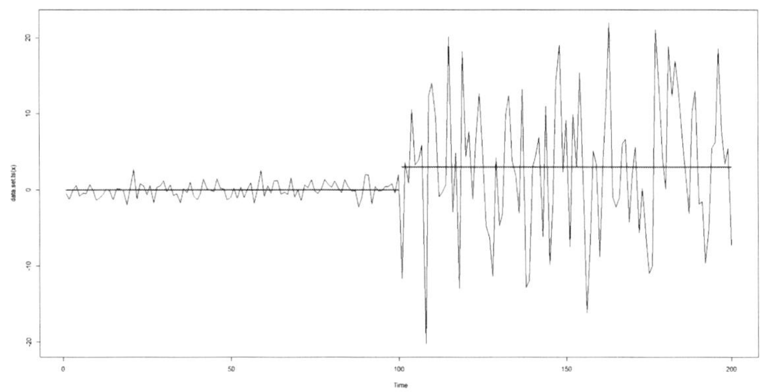

참고 시계열 자료의 변화점 탐지는 시계열 자료에 대한 탐색적 분석에 유용할 뿐 아니라, 비교적 긴 기간의 시계열 자료의 경우 특정 시점에서 발생한 관련 제도의 변화, 주변 환경의 변화, 자료의 기준 변화 등으로 인해 시계열 자료의 패턴이 달라지는 경우가 발생한다. 이러한 변화는 그 원인을 제대로 파악하여 분석에 활용할 필요가 있다(분석기간의 설정 등).

[13장] 연습문제

01 iris 자료의 Sepal.Width 변수에 대해 물음에 답하여라.

(a) 상자그림을 통해 이상치의 존재 여부와 그 값을 구하여라.

(b) 이상치 자료가 몇 번째 자료인지 확인하여라.

(c) 이상치를 모두 제거한 자료에 대해 상자그림과 밀도함수 추정 곡선을 그려라.

02 (1번 계속) 다음 물음에 답하여라.

(a) 중앙값으로부터 멀리 떨어진 순서대로 이상치를 제시하여라.

(b) 상자의 경계(Q_1 또는 Q_3)로부터 멀리 떨어진 순서대로 이상치를 제시하여라.

(c) Sepal.Length와의 산점도를 그리되, 이상치 값을 붉은색으로 나타내어라.

03 mtcars 자료에서 마력(hp)과 중량(wt) 변수에 대해 물음에 답하여라.

(a) 각 변수의 이상치를 구하여라. 이상치에 해당하는 차종은 무엇인가?

(b) 두 변수가 동시에 이상치인 차종이 존재하는가?

(c) 두 변수 간의 산점도를 그리되, 각 변수의 이상치를 서로 다른 색으로 나타내어라.

04 sunspots 자료에 대해 변화점 탐색을 실시하여라. sunspots 자료는 1749 ~ 1983년 기간 태양의 흑점수를 월별로 측정한 시계열 자료이다.

[14장]

통계기초

14.1 확률변수
14.2 통계량과 추정량
14.3 중심극한정리
14.4* 베이즈 정리

14.1 확률변수

동전이나 주사위를 던지는 것과 같이 실험결과를 예측할 수 없는 실험을 확률실험(random experiment)이라고 한다. 확률실험의 결과는 여러 개의 값(실현치)으로 주어지게 되는데, 모든 가능한 실현치(outcomes)들의 집합을 표본공간(sample space)이라고 한다. 예를 들어 축구 경기에서 골의 수를 관측하는 실험은 확률실험이며, 이때 표본공간은 $S=\{1,2,3,\cdots\}$이 된다. 확률실험을 여러 번 반복할 때, 각각의 실험을 시행(trial)이라고 한다.

(a) 확률변수

확률변수(random variable)는 표본공간의 각 원소에 실수값을 대응시켜 주는 함수이다. 예를 들어 공정한 하나의 동전을 두 번 던지는 확률실험에서 표본공간은

$$S=\{HH, HT, TH, TT\}$$

이 되고, 표본공간에서 정의되는 하나의 함수를

$$X=X(w)= \text{앞면의 수},\ w\in S$$

으로 정의하면, 표본공간의 각 원소는 위의 함수 $X = X(w)$를 통해 다음과 같이 실수값을 가지게 된다.

$$X(\{HH\}) = 2, \quad X(\{HT\}) = X(\{TH\}) = 1, \quad X(\{TT\}) = 0$$

이와 같이 표본공간의 각 원소에 실수값을 대응시키는 일종의 함수를 통계학에서는 확률변수라고 한다.

확률변수에 대한 이해는 통계학 기초에서 가장 중요한 개념이다. 특히 확률변수는 다음의 과정을 통해 확률분포(probability distribution)를 가지는 과정을 잘 이해하기 바란다.

위의 예에서 확률변수 X가 취하는 값들의 집합은 $\{0, 1, 2\}$이며, 이 값들을 취할 확률은 다음과 같이 구해지며, 이를 확률변수 X의 확률분포(또는 분포)라고 한다.

$$f(x) = P(X = x) = \begin{cases} 1/4, & x = 0, 2 \\ 1/2, & x = 1 \\ 0, & otherwise \end{cases}$$

(통계학에서 확률변수는 대문자(X)로, 확률변수가 취하는 구체적인 값들은 소문자(x)로 나타낸다.)

(b) 확률변수의 종류: 이산형과 연속형

확률변수는 이산형(discrete type)과 연속형(continuous type)으로 나누어진다.

이산형 확률변수(확률분포)

위의 예에서와 같이 확률변수가 (유한 또는 무한 개의) 이산적인 값을 취하는 경우에 해당하며, 이때 확률분포는 다음과 같은 형태와 성질을 가진다. 이 경우 확률의 합은 1이 된다.

(a) $f(x_i) \geq 0 \quad \text{for } all\ x_i$

(b) $\sum_{all\ x_i} f(x_i) = 1$

(c) $P(a \leq X \leq b) = \sum_{x_i \in [a,\ b]} f(x_i)$

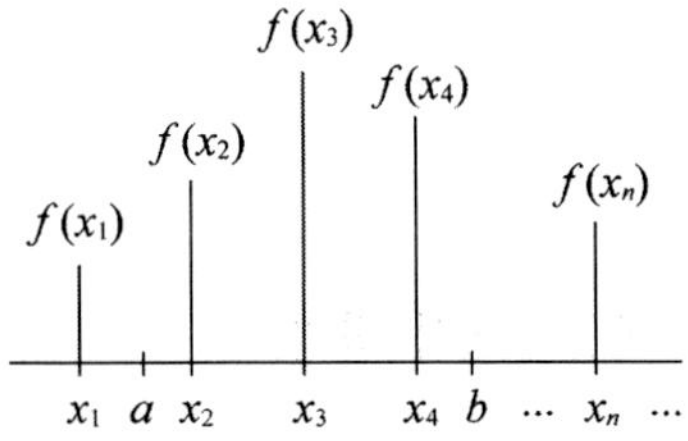

연속형 확률변수(확률분포)

확률변수가 취하는 값이 연속적인 구간(무한대 포함)으로 주어지는 경우에 해당하며, 이 때 확률분포는 다음과 같은 형태와 성질을 가진다. 이 경우 확률분포를 나타내는 곡선 아래의 면적은 1이 된다.

(a) $f(x) \geq 0 \quad \text{for } all\ x$

(b) $\int_{-\infty}^{\infty} f(x)\,dx = 1$

(c) $P(a \leq X \leq b) = \int_a^b f(x)\,dx$

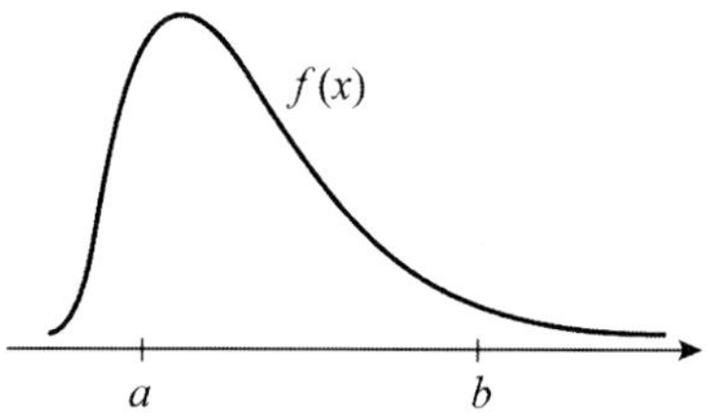

대표적인 이산형 분포로는 이항분포, 포아송분포가 있으며, 연속형 분포로는 정규분포, t-분포, 카이제곱분포가 있다. 다양한 확률분포에 대한 내용은 수리통계학(나종화, 2016)을 참고하기 바란다.

(c) 확률밀도함수, 누적분포함수

확률변수는 분포(또는 확률분포)를 가진다. 확률분포를 나타내는 방법에는 확률밀도함수(probability density function, 이하 p.d.f) 외에 누적분포함수(cumulative distribution function, 이하 c.d.f)로 나타낼 수 있다. 누적분포함수 $F(x)$는 다음과 같이

$$F(x) = P(X \leq x)$$

으로 정의된다. 누적분포함수는 분포함수(distribution function, 이하 d.f)라고도 한다. 연속형과 이산형 확률변수의 분포함수는 다음과 같은 형태를 가진다.

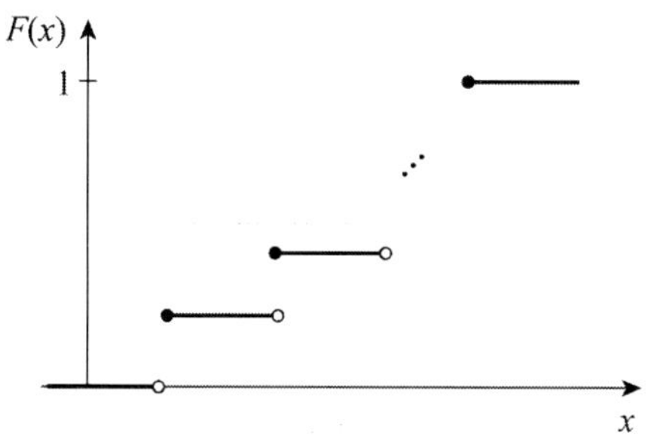

(a) 이산형 분포함수

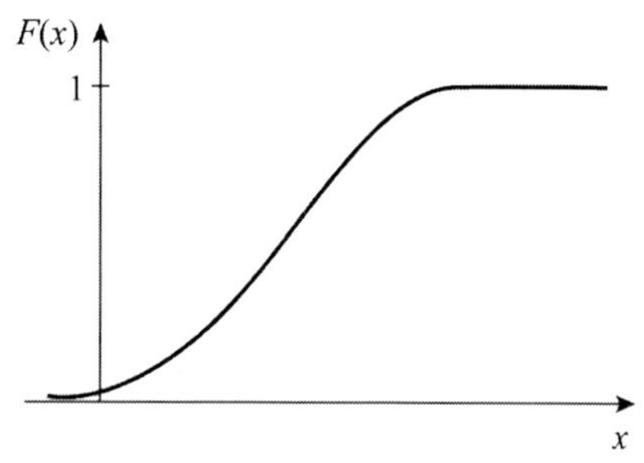

(b) 연속형 분포함수

[그림 14.1] 분포함수의 형태

R에서는 이항분포, 정규분포를 비롯하여 다양한 이산형과 연속형 분포를 제공한다. 이들 분포에 대한 밀도함수, 누적확률, 난수발생과 분포그리기에 대해서는 2.2절을 참고하기 바란다.

14.2 통계량과 추정량

통계학은 모집단이 가지는 수치적인 성질(이를 모수라고 함)을 규명하는 것이 궁극적 목적이며, 이를 위해 모집단으로부터 추출된(관측된) 자료(data)를 이용하게 된다. 이때 n개의 자료는 소문자 $x_1, x_2, \cdots, x_n$으로 나타낸다. 반면 통계학에서 추정과 검정 등의 이론 전개를 위해서는 자료(고정된 값) 대신 흔히 (대문자로 표현되는) 확률표본이라고 하는 $X_1, X_2, \cdots, X_n$을 사용한다. 고전적인 통계이론에서는 모집단에 대해 적절한 확률분포를 가정한다. 모집단 분포 $f(x)$로부터 크기 n인 확률표본(random sample)을 $X_1, X_2, \cdots, X_n$이라고 할 때, 확률표본의 의미는 일종의 (이론 전개를 위한) 가상의 표본으로 각각이 모집단 분포 $f(x)$를 따르는 확률변수라고 생각하면 된다. 즉 확률표본의 구체적인 실현치가 자료가 되는 것이다.

(a) 통계량

통계량(statistic)은 확률표본(또는 확률변수들)만의 함수로 정의된다. 예를 들어 표본평균 $\overline{X} = (X_1 + \cdots + X_n)/n$ 은 n개의 확률표본만으로 구해질 수 있으므로 통계량이라고 할 수 있다(즉 모든 통계량은 n개의 확률변수가 관측이 되면 상숫값으로 주어지게 된다). 아래의 사실은 매우 중요한 개념이다.

"통계량은 확률변수들만의 함수이므로, 일종의 새로운 확률변수가 되고 따라서 확률분포를 가진다."

예제 1

모집단의 분포를 다음과 같이 가정하자.

$$X \sim f_X(x) = P(X = x) = \begin{cases} 1/2, & x = 0, 1 \\ 0, & otherwise. \end{cases}$$

이 분포로부터 크기가 $n=2$인 확률표본의 표본평균 $\overline{X}_2=(X_1+X_2)/2$의 분포는 다음과 같이 구해진다. 먼저 표본평균이 취할 수 있는 값들은 $\{0,\ 1/2,\ 1\}$이고, 이 값들에 대한 확률을 구하면

$$\overline{X}_2 \sim f_{\overline{X}_2}(x)=P(\overline{X}_2=x)=\begin{cases}1/4, & x=0,1\\ 1/2, & x=1/2\\ 0, & elsewhere\end{cases}$$

이 된다.

용어 통계량의 확률분포를 통칭하여 표본분포(sampling distribution)라고 한다.

(b) 추정량

추정량(estimator)은 모수(모평균, 모분산 등)의 추정에 사용되는 통계량을 말한다. 예를 들어 표본평균($\overline{X}$)과 표본분산(S^2)은 각각 모평균(μ)과 모분산(σ^2)에 대한 추정량이라고 할 수 있다. 추정량은 일종의 통계량이므로, 앞에서 언급한 바와 같이 이 또한 확률분포를 가짐은 자명하다.

14.3 중심극한정리

모집단 분포로부터의 확률표본에 기초한 여러 가지 통계량 가운데 특히 표본평균 $\overline{X}$의 분포는 일차적인 관심사이다. 중심극한정리(Central Limit Theorem, 이하 CLT)는 표본의 크기가 충분히 크기만 하면, 모집단 분포의 형태(이산형, 연속형)나 치우침의 정도에 관계없이 표본평균 $\overline{X}$의 분포가 대략(근사적으로) 정규분포를 따른다는 정리이다.

중심극한정리

$X_1, X_2, \cdots, X_n$을 평균이 μ이고 분산이 $\sigma^2>0$인 임의의 분포로부터의 확률표본이라고 할 때, 충분히 큰 n에 대해

$$\overline{X}_n \dot{\sim} N(\mu, \frac{\sigma^2}{n})$$

이 성립한다(위 식에서 기초 '$\dot{\sim}$'은 n이 충분히 클 때 특정 분포를 따른다는 의미임).

일반적으로 $\overline{X}$와 같은 특정 통계량의 분포는 모집단의 분포가 무엇인가에 따라 달라지는 것이 당연하다. 중심극한정리가 중요한 이유는 많은 통계량 가운데 표본평균($\overline{X}$)에 한해서는 모집단의 분포에 관계없이 구해진다는 데 있다. 다만 표본이 충분히 큰 경우에 성립하는 정리이므로 적용에 유의할 필요가 있다.

예제 2

식료품 가게에서 계산에 걸리는 시간은 매우 짧다. 한 계산원의 고객 1인당 계산시간이 평균 1분, 표준편차 1분이라고 하자. 30명의 고객을 계산할 때, 계산시간의 평균이 0.9분 이하일 확률은 얼마인가?

(풀이) 이 경우 모집단의 평균과 분산은 1이지만, 분포는 모르는 상황이다. 그러나 표본의 크기가 충분히 크므로, 중심극한정리에 의해 표본평균(30명의 계산시간의 평균)은 대략 정규분포 $N(1, (1/\sqrt{30})^2)$을 따르므로 $P(\overline{X} \leq 0.9)$을 계산하면 다음과 같다.

```
> pnorm(0.9, mean=1, sd=1/sqrt(30))
  [1] 0.2919412    # 약 29%
```

*14.4 베이즈 정리

사건 $A_1, A_2, \cdots, A_n$을 표본공간 S의 분할(partitions)이라고 하자. 새로운 사건 B가 일어났다는 전제하에서 이 사건이 A_k로부터 발생했을 확률은 다음과 같이 계산된다.

$$P(A_k|B) = \frac{P(A_k \cap B)}{P(B)}$$

$$= \frac{P(A_k \cap B)}{\sum_{i=1}^{n} P(A_i \cap B)}$$

$$= \frac{P(A_k)P(B|A_k)}{\sum_{i=1}^{n} P(A_i)P(B|A_i)}$$

위 정리를 베이즈 정리(Bayes theorem)라고 한다.

용어 가정에서 사용된 분할(partitions)의 의미는 아래의 두 가지 조건을 모두 충족시키는 것과 같다.

(i) (배타적 조건: exclusive) $A_i(i=1,\cdots,n)$들은 서로 배반(disjoint) 사상이다.

(ii) (소모적 조건: exhaustive) $A_i(i=1,\cdots,n)$들의 합은 S와 같다.

예제 3

약물검정 – 베이즈 정리는 놀라운 결과를 제공하는가?

약물복용 여부를 검사하는 특정 기법이 99%의 민감도(sensitivity)와 99%의 특이도(specificity)를 가진다고 하자. 만약 전체의 0.5%가 복용자라고 하자. 임의로 선택된 한사람의 검사 결과가 양성(positive: +)으로 나타났다면, 이 사람이 실제 복용자(U)와 비복용자($\overline{U}$)일 가능성 중 어느 쪽이 더 클까?

(풀이) 베이즈 정리로부터

$$P(U|+) = \frac{P(+|U)P(U)}{P(+|U)P(U)+P(+|\overline{U})P(\overline{U})}$$

$$= \frac{0.99\times 0.005}{0.99\times 0.005+0.01\times 0.995}$$

$$\approx 33.2\ \%$$

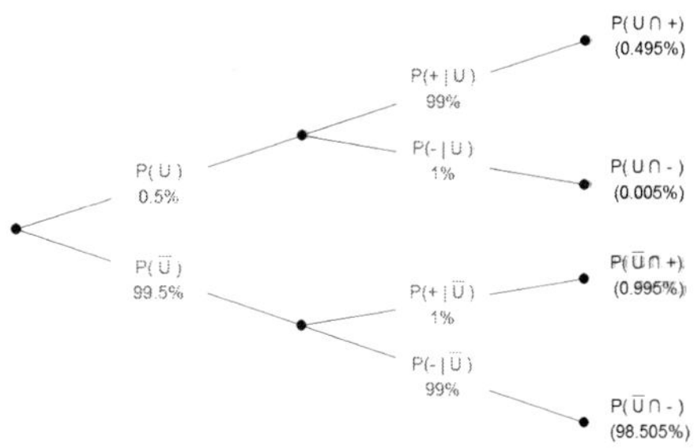

이다.

위 결과는 검사기법의 높은 정확도(민감도와 특이도 모두 99%)와 함께 양성 반응이 나왔음에도 불구하고, 약물 복용자일 가능성보다 비복용자일 확률이 더 높음을 나타낸다.

이 놀라운 결과는 비복용자의 수가 복용자의 수보다 매우 크다는 사실에 기인한다. 즉 양성 반응을 보인 임의로 선택된 한 사람이 TP(True Positive: 복용자의 양성 반응) 집단보다 FP(False Positive: 비복용자의 양성 반응) 집단에 속해 있을 가능성이 더 높기 때문이다. 실제 TP와 FP에 속할 확률은 0.495%(=0.5%*99%)와 0.995%(=99.5%*99%)이다. [예를 들어, 만일 전체 집단이 1000명이라면 TP와 FP에 대략 5명과 10명이 해당된다. 검사 결과 양성 반응이 나왔다는 것은 총 15명 가운데 한 명이 선택되었다는 의미이며, 따라서 복용자가 양성 반응(TP)일 확률은 약 33%가 된다.]

주목 위 예제에서와 같이 발병 확률이 낮은 질병의 경우, 양성 반응의 결과가 TP보다 FP의 가능성이 훨씬 크므로, (양성 반응에도 불구하고) 비질병자일 확률이 더 높아지는 것이다. 이 경우 TP에 대한 FP의 상대적 비율이 중요하므로 FP를 크게 만드는 요인인 특이도가 중요한 역할을 한다. 예를 들어 위의 예제에서 특이도를 99 → 99.5%로 높이면 $P(U|+) \approx 50\%$로 증가함을 확인할 수 있다(반면 민감도를 99 → 100%로 높여도 위 결과는 크게 변하지 않음을 확인할 수 있다).

주 민감도는 복용자를 양성(+)으로, 특이도는 비복용자를 음성(−)으로 제대로 판단하는 능력을 나타내는 측도로 사용되며, 각각 TP(True Positive), TN(True Negative)으로 나타내기도 한다.

[14장] 연습문제

01 6개의 빨간 구슬과 4개의 검은 구슬이 들어 있는 주머니가 있다. 이 주머니에서 5개의 구슬을 복원(with replacement)으로 추출할 때, "X=붉은 구슬의 수"로 정의할 때, X의 확률분포를 구하여라.

02 1번에서 구한 확률분포의 밀도함수와 분포함수를 R을 이용하여 그려라.

03 모집단의 분포를 다음과 같이 가정하자.

$$X \sim f_X(x) = P(X = x) = \begin{cases} 1/2, & x = 0,1 \\ 0, & otherwise. \end{cases}$$

이 분포로부터 크기가 $n = 2$인 확률표본의 표본평균 $\overline{X}_2 = (X_1 + X_2)/2$의 분포를 구하여라.

04 3번에서 표본의 크기가 20인 경우를 생각하자. 이때 표본평균이 0.6보다 클 확률은 얼마인가?

05 내일 결혼 예정인 한 여성이 사막에서 예식 행사를 치르기로 하였다. 최근 수년간의 통계에 의하면 매년 5일만 비가 온 것으로 조사되었다. 불행하게도 예보관이 내일 비가 오는 것으로 예보하였다. 실제 비가 온 경우 예보관이 올바르게 예보한 확률은 90%이다. 실제 비가 오지 않은 경우에 잘못 예보한 확률은 10%이다. 내일 비가 올 확률은 얼마인가?

[15장]

이항분포와 정규분포

15.1 이항분포
15.2 정규분포
15.3 이항분포의 정규근사

15.1 이항분포

확률실험의 결과가 성공(success, S) 아니면 실패(failure, F), 즉 두 가지 결과로만 나타나는 실험을 베르누이 시행(Bernoulli trial)이라고 한다. 이때 성공할 확률을 p, 실패할 확률을 $q=1-p$라고 하자. 이제 성공할 확률이 p인 베르누이 시행을 독립적으로 n번 시행하는 경우를 생각하자. 확률변수 X를

X = n회의 독립적인 베르누이 시행에서 성공의 수

라고 할 때 X의 확률밀도함수($p.d.f.$)는

$$\begin{aligned} f(x) &= P(X=x) \\ &= P(\underbrace{SS\cdots S}_{x\text{번}}\underbrace{FF\cdots F}_{(n-x)\text{번}}) \times \frac{n!}{x!(n-x)!} \\ &= \binom{n}{x}[P(S)]^x\,[P(F)]^{n-x} \quad (\text{독립시행이므로}) \\ &= \begin{cases} \binom{n}{x}p^x(1-p)^{n-x}, & x=0,1,2,\cdots,n \\ 0, & otherwise \end{cases} \end{aligned}$$

으로 주어진다. 이 분포를 이항분포(binomial distribution)라고 하고, 기호로는 $X \sim B(n, p)$로 나타낸다. 여기서 $0 < p < 1$이다.

예제 1

여론조사에서 찬성 응답자의 비율은 모비율의 추론에 사용된다. 만약 응답자가 모집단으로부터 복원추출을 통해 선택되고, 찬성의 응답은 1로, 반대의 응답은 0으로 기록된다고 하면, 응답 결과는 모수가 p인 베르누이 시행의 결과로 볼 수 있다. 응답자의 수가 n일 때, 찬성 응답자의 수는 $B(n, p)$를 따르는 확률변수가 된다.

예를 들어 모집단의 64%가 찬성한다고 알려져 있다면, 100명의 표본 가운데 찬성의 수가 60명 이하일 확률은 다음과 같이 계산된다.

```
> pbinom(60, size=100, prob=0.64)
  [1] 0.231629
```

15.2 정규분포

18세기 초 De Moivre는 $p = 1/2$인 경우의 이항분포가 n이 점점 커질수록 다음의 곡선식에 가까이 수렴함을 보였다.

$$f(x) = \frac{1}{\sqrt{2\pi}\,\sigma} \exp\left[-\frac{(x-\mu)^2}{2\sigma^2}\right], \quad -\infty < x < \infty$$

19세기 초 Laplace는 $p \neq 1/2$인 경우에도 위의 사실이 성립함을 보였는데, 이 분포를 정규분포(normal distribution) 또는 가우스분포(Gaussian distribution)라고 하고, 기호로는 $X \sim N(\mu, \sigma^2)$으로 나타낸다. 여기서 $-\infty < \mu < \infty$ 이고, $\sigma^2 > 0$이다.

특히 $\mu = 0$, $\sigma^2 = 1$인 정규분포, 즉 $N(0, 1)$분포를 표준정규분포(standard normal distribution)라고 한다. 표준정규분포의 확률밀도함수와 누적분포함수는 각각 $\phi(\cdot)$와 $\Phi(\cdot)$으로 표현한다.

모든 정규분포는 다음 그림에서와 같은 특징을 가진다.

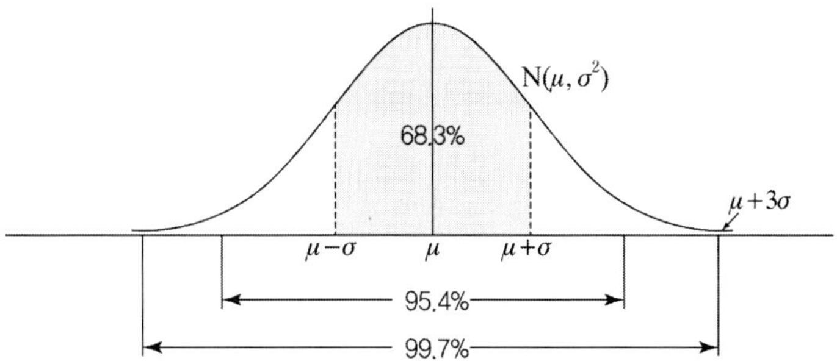

[그림 15.1] 정규분포의 특징

표준정규분포의 상위 $100\alpha\%$ 분위수(quantile)는 z_α로 나타낸다.

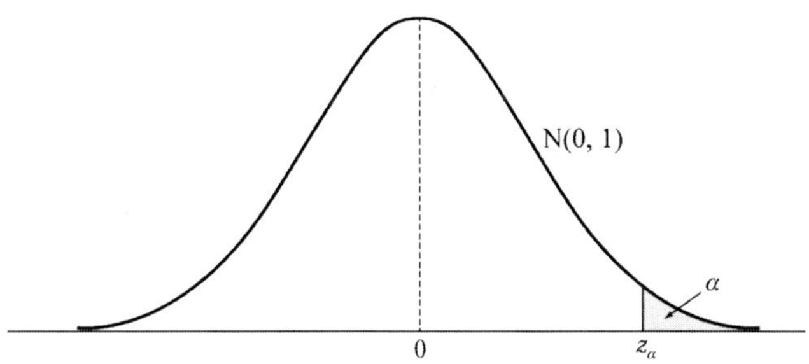

[그림 15.2] 정규분포의 분위수

예제 2

많은 자연현상은 정규분포에 의해 잘 근사된다. 예를 들어, 특정 민족의 성인 남자모집단의 키를 생각하자. 키의 평균은 172(센티미터)이고, 표준편차는 7.3(센티미터)라고 하자. 성인 남자의 키가 182(센티미터) 이상일 확률은 다음과 같이 계산된다.

```
> mu <- 172; sigma=7.4
> 1-pnorm(182, mu, sigma)
  [1] 0.08829145     # 약 8.8%
```

만약 모든 남성에게 위 모형이 적용된다면, 지구상에서 가장 큰 남성의 키는 얼마로 예측할 수 있을까? 이 값은 분위수를 통해 계산될 수 있다. 대략 25억 명의 남성이 있다고 할 때, 가장 키가 큰 남성의 키는 상위 $100\alpha(\alpha = 1/25억)\%$ 분위수에 해당한다.

```
> p <- 1 - 1/2500000000
> qnorm(p, mu, sigma)
  [1] 217.4725     # 약 217센티미터
```

15.3 이항분포의 정규근사

정규분포는 원래 이항분포의 극한분포(limiting distribution)로 유도된 분포이다. 따라서 이항분포의 확률은 n이 충분히 큰 경우에 정규분포를 이용하여 근사적으로 구할 수 있다. 즉 충분히 큰 n에 대하여 다음이 성립한다([그림 15.3] 참고).

$$B(n, p) \approx N(np, npq).$$

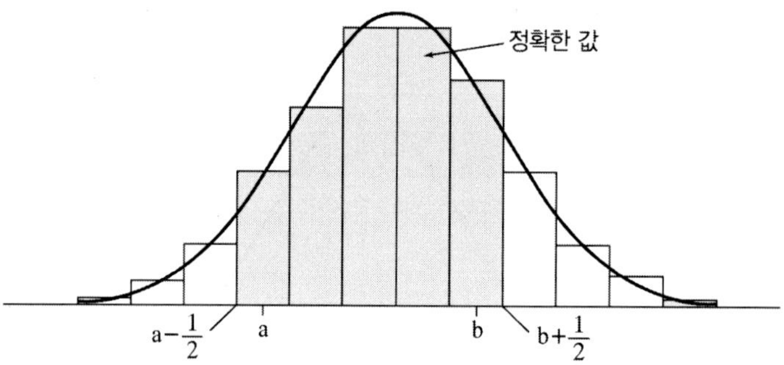

[그림 15.3] 이항분포의 정규근사

만약 $X \sim B(n, p)$일 때, 확률 $P(a \le X \le b)$은 다음과 같이 근사된다. $Y \sim N(np, npq)$이라고 할 때,

$$P(a \le X \le b) \approx P\left(a - \frac{1}{2} \le Y \le b + \frac{1}{2}\right)$$

$$= \Phi\left(\frac{b + \frac{1}{2} - np}{\sqrt{npq}}\right) - \Phi\left(\frac{a - \frac{1}{2} - np}{\sqrt{npq}}\right)$$

이다.

- 위의 근사식에서 1/2을 빼고 더하는 과정은 이산형의 분포(이항분포)를 연속형의 분포(정규분포)로 근사하는 과정에서 발생하는 (작은)오차를 보정하기 위한 상숫값으로(그림 15.3 참고), 위의 근사를 "연속성 수정(continuity correction)을 고려한 정규근사"라고 한다.

- 이항분포의 정규근사는 $np > 5$와 $n(1-p) > 5$를 모두 만족시킬 만큼 n이 충분히 큰 경우에 근사의 정도가 뛰어나다.

예제 3

찬성의 비율이 0.64인 모집단으로부터 100명의 표본 가운데 찬성의 수(X)가 60명 이하일 확률은 정규근사를 통해 다음과 같이 근사될 수 있다.

$$P(X \leq 60) \approx P\left(Z \leq \frac{60+0.5-100\times 0.64}{\sqrt{100\times 0.64\times 0.36}}\right), \quad Z \sim N(0, 1)$$

```
> a <- (60+0.5-100*0.64)/sqrt(100*0.64*0.36)
> pnorm(a)
  [1] 0.2329499
```

(해석) 정규근사를 통한 근사 결과가 이항분포를 이용한 정확한 값(15.1절의 [예제 1])과 거의 일치한다.

[15장] 연습문제

01 평균 3할을 치는 야구 선수가 있다. 이 선수가 4번 가운데 4번 모두 안타를 칠 확률은 얼마인가?

02 '6-시그마(six sigma)'는 오류를 줄이기 위한 시도의 용어로, 평균으로부터 6배의 표준편차보다 더 벗어날 면적보다도 더 작은 오류의 기회를 지향점으로 한다. 분포가 정규분포일 때, 이 면적은 얼마인가?

03 한국의 30대 여성의 발의 크기(단위: mm)는 평균 232, 표준편차 9.8인 정규분포를 따른다고 하자. 임의로 선택된 30대 여성의 발이 225보다 작을 확률은 얼마인가? 또한 상위 5%의 분위수는 얼마인가?

04 10번 중 3번 안타를 치는 3할의 기록을 가진 야구 선수가 있다. 이 선수가 한 시즌에 600타석에 들어선다고 하자. 이 선수가 3할 5푼 이상을 칠 확률을 구하여라.

> **Tip**
>
> **6-시그마(six sigma)**
>
> 정규분포에서 평균으로부터 k배의 표준편차(σ)를 벗어날 확률은 다음과 같다.
>
> - $k=3$이면 2700 ppm 으로, 백만 개 중 2700개 수준(약 370개 중 1개)
> - $k=6$이면 0.002 ppm 으로, 10억 개 중 2개 수준
>
> (단위 ppm(particles per million)은 백만 개 중 한 개를 의미함.)

[16장]

신뢰구간과 가설검정

16.1 신뢰구간
16.2 가설검정
16.3 가설검정과 신뢰구간의 관계

16.1 신뢰구간

16.1.1 신뢰구간의 원리

모수 θ에 대한 점추정량 $\hat{\theta}$에 기반을 둔 모수 θ에 대한 신뢰구간(confidence interval)은 다음과 같이 구해진다. 점추정량 $\hat{\theta}$의 분포로부터 다음 식

$$P(\hat{\theta}_L < \theta < \hat{\theta}_U) = 1 - \alpha$$

을 만족하는 구간 $(\hat{\theta}_L, \hat{\theta}_U)$를 모수 θ에 대한 $100(1-\alpha)\%$ 신뢰구간이라고 한다.

예를 들어, $X_1, X_2, \cdots, X_n$을 $N(\mu, \sigma^2)$으로부터의 확률표본이라고 할 때(편의상 σ^2을 알고 있다고 하자), 모수 μ에 대한 점추정량 $\overline{X}$에 기초한 신뢰구간은 다음과 같이 구해진다. 먼저 점추정량 $\overline{X}$의 분포가

$$\overline{X} \sim N(\mu, \frac{\sigma^2}{n})$$

이고, 이로부터

$$1-\alpha = P\left(-z_{\alpha/2} < \frac{\overline{X}-\mu}{\sigma/\sqrt{n}} < z_{\alpha/2}\right)$$

$$= P\left(\overline{X} - z_{\alpha/2}\frac{\sigma}{\sqrt{n}} < \mu < \overline{X} + z_{\alpha/2}\frac{\sigma}{\sqrt{n}}\right)$$

이므로, 모수 μ에 대한 $100(1-\alpha)\%$ 신뢰구간은

$$\left(\overline{X} - z_{\alpha/2}\frac{\sigma}{\sqrt{n}},\ \overline{X} + z_{\alpha/2}\frac{\sigma}{\sqrt{n}}\right)$$

으로 주어진다.

유의 위의 예제에서, σ^2을 모르는 경우에는 신뢰구간이 다음과 같이 주어진다(유도과정은 위와 유사).

$$\left(\overline{X} - t_{\alpha/2}(n-1)\frac{S}{\sqrt{n}},\ \overline{X} + t_{\alpha/2}(n-1)\frac{S}{\sqrt{n}}\right)$$

통상적으로 모수 θ에 대한 $100(1-\alpha)\%$ 신뢰구간은 다음의 원리를 통해 구해진다. 점추정량 $\hat{\theta}$의 분포가 정규분포를 따르는 경우

$$\hat{\theta} \pm z_{\alpha/2}\sqrt{Var(\hat{\theta})}$$

의 형태를 취한다. 위 식에서 $Var(\hat{\theta})$이 미지의 모수를 포함하는 경우에는 이의 추정치 $\widehat{Var}(\hat{\theta})$가 사용되며, 이때 $z_{\alpha/2}$도 바뀔 수 있다.

예제 1

한 학급 20명의 키의 평균이 170(센티미터)이고, 표준편차가 10(센티미터)라고 하자. 키의 분포가 정규분포를 따르고, 이 학급은 전체 대학 모집단으로부터의 표본으로 간주될 수 있다고 하자. 전체 대학 학생의 평균키에 대한 90% 신뢰구간은?

(풀이) 모집단이 정규분포를 따른다는 가정하에서 정확한 신뢰구간은 $\overline{X} \pm t_{\alpha/2}(n-1)\frac{S}{\sqrt{n}}$이므로, 다음과 같이 계산된다.

```
> xbar <- 170; s <- 10; n=20
> alpha <- 0.1
> t <- qt(1- alpha/2, df=n-1)
> t
  [1] 1.729133
> SE <- s/sqrt(n)
> c(xbar - t*SE, xbar + t*SE)
  [1] 166.1335 173.8665    # 약 (166, 173)
```

16.1.2 신뢰구간의 의미

(a) 신뢰구간의 해석

신뢰구간은 그 해석이 쉽지(자연스럽지) 않다. 그 이유는 위에서 정의한 신뢰구간 $(\hat{\theta}_L, \hat{\theta}_U)$이 상수로 주어지는 구간이 아니라, 다소 생소한 확률구간(random interval)이기 때문이다(확률구간은 구간 (a, b)에서 a와 b가 상수가 아닌 확률변수인 경우를 말한다). 즉 모수 θ에 대한 $100(1-\alpha)\%$ 신뢰구간은 "미지인 모수 θ(이는 상수임)를 포함할 확률이 $1-\alpha$인 확률구간"으로 해석하는 것이 올바르다. 확률구간은 확률변수로 이루어진 구간이므로, 확률변수의 분포에 따라 여러 개의 값(구간)을 실현치로 가질 수 있다.

만약 주어진 데이터 셋 $x_1, x_2, \cdots, x_n$으로부터 (신뢰구간의 원리로부터) 구해진 확률구간(신뢰구간)의 실현치가 하나의 상수구간 (a, b)로 주어졌다고 하자. 이 구간은 상수구간이므로 미지의 모수를 포함하거나 그렇지 않거나 둘 중 하나이기 때문에 "이 구간이 미지의 모수를 포함할 확률이 $1-\alpha$이다"라고 표현하는 것은 잘못된 해석이다. 다만 위의 원리(모수 θ를 포함할 확률이 $1-\alpha$인 확률구간)를 통해(주어진 데이터 셋에 적용하여 구해진) 하나의 실현치에 불과한 것이다.

예를 들어 앞의 예에서 μ에 대한 신뢰구간 $\left(\overline{X} - z_{\alpha/2}\frac{\sigma}{\sqrt{n}},\ \overline{X} + z_{\alpha/2}\frac{\sigma}{\sqrt{n}}\right)$은 일종의 확률구간으로 $\overline{X}$가 분포를 가지므로, 이 분포에 따라 확률구간의 실현치를 100번 구하게 되면, 이 가운데 95번 정도는 미지의 모수를 포함할 것이고, 5번 정도는 포함하지 않을 것이다. 주어진 하나의 데이터 셋으로부터 구해지는 상수구간은 이런 실현치들 가운데 하나일 뿐이므로, 이 구간이 미지의 모수를 포함하지 않을 수도 있다.

(b) 신뢰구간(Confidence Interval)과 신용구간(Credible Interval)

통계학(또는 통계학자)은 일관되지 않은 접근법을 사용하는 과정에서 혼란스러움을 유발하기도 한다. 가령 확률(probability)이라는 기본 정의에서조차 빈도학자(frequentist)와 베이지안(Bayesian)의 관점이 확연히 다르다.

빈도학자는 확률을 장기적인(long-run) 기대발생빈도로 정의한다. 즉 N번의 기회 가운데 사건 A가 발생한 빈도를 n이라고 할 때, $P(A)=n/N$으로 정의한다. 반면에 베이지안 관점에서의 확률은 믿음의 정도(degree of belief)와 관련지어진다. 이때 확률은 불완전한 지식(incomplete knowledge)이 주어진 상황에서 특정 사건이 일어날 개연성(plausibility)에 대한 척도로 간주된다.

빈도학자는 모집단의 평균(모평균)은 미지(unknown)이고, 알 수도 없으며(unknowable) 다만 데이터로부터 추정될 수 있는 실숫값으로 믿으며, 표본평균의 분포를 통해 표본평균을 중심으로 하는 신뢰구간을 형성하게 된다.

여기에는 약간의 교묘함(tricky)이 숨어있다. 평균의 참값은 어떤 구간에 속하거나 그렇지 않거나 둘 중에 하나이다. 그러므로 빈도학자는 "모평균이 어떤 구간에 속할 확률이 95%이다"라는 따위의 말을 할 수 없다. 그 이유는 모평균이 그 구간에 이미 속해 있거나 그렇지 않기 때문이며, 빈도학자에게 모평균은 하나의 고정된 값으로, 표본평균과는 달리 분포를 가지지 않기 때문이다. 따라서 빈도학자는 다음과 같은 우회적인(둘러대는) 표현, 즉 "만약 각 구간이 이 자료와 유사한 다른 확률표본으로부터 구해진다면, 유사한 구간들의 95%는 모평균을 포함할 것이다"를 사용할 수밖에 없다. 이를 그림으로 나타내면 다음과 같다.

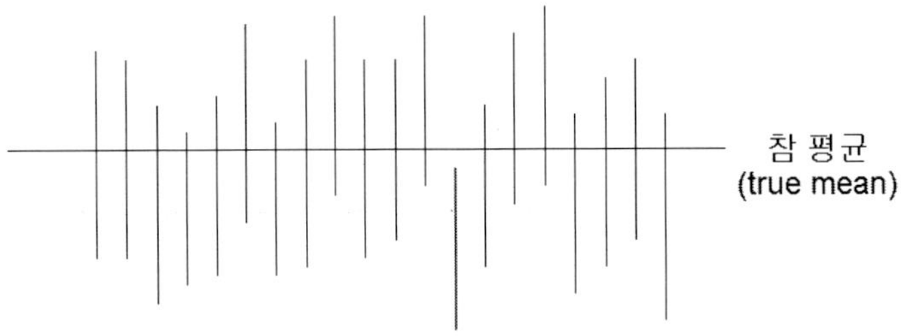

[그림 16.1] 신뢰구간의 의미

베이지안은 완전히 다른 관점을 가지고 있다. 그들은 오로지 데이터만이 실수이고, 모평균은 하나의 추상(abstraction)이며, 다만 데이터와 그들의 사전 믿음[prior beliefs, 때때로 사전 믿음이 매우 무정보적(non-informative)이긴 하지만]에 기초하여 특정한 값이 다른 값들에 비해 보다 모평균으로 신뢰할 만하다고 주장한다. 베이지안은 표본평균 근처를 중심으로 신용구간(credible interval)을 구축하지만 모평균에 대한 사전 믿음에 의해 적절히 조절된다.

이제 베이지안은 빈도학자들이 할 수 없는 다음과 같은 말, 즉 "이 구간이 모평균을 포함할 확률이 95%이다"를 할 수 있다.

위의 내용을 간추려 보면, 확률에 대해 빈도학자의 생각은 "어떤 특성에 대한 장기적인 비율(long-run fraction)"이며, 베이지안의 해석은 "믿음의 정도(degree of believability)"이다. 또한 빈도학자는 궁극적인 목표가 언제나 5% 오류만이 포함되기를 기대하는 사람이라면, 베이지안은 모호하게 말(horse)을 기대하는(expecting) 사람이 어렴풋이 원숭이를 보고 노새를 보았다고 강하게 믿는 사람이다.

16.2 가설검정

16.2.1 가설검정의 원리

가설검정을 위해서는 다음의 3가지 요소가 필요하다.

- 가설(대립가설과 귀무가설)
- 검정통계량
- 검정통계량의 귀무가설하에서의 분포

첫째, 가설은 주장하고자 하는 가설을 대립가설(H_1)에, 그것에 반하는 가설을 귀무가설(H_0)에 세운다(귀무(null)의 의미는 원래는 없던 가설이라는 뜻이다). 흔히 두 가설은 모수(θ)에 대한 제한으로 표현된다.

둘째, 검정통계량은 가설의 옳고 그름을 판단하는 데 기준이 되는 통계량을 의미한다. 흔히 검정통계량은 모수에 대한 추정량의 함수로 주어진다. 데이터로부터 관측된 검정통계량의 관측값은 데이터가 대립가설을 지지하는 강도가 어느 정도인지를 나타낸다.

셋째, 모집단에 대한 가정으로부터 검정통계량의 분포를 구하되, 귀무가설이 사실이라는 전제하에 구한다. (데이터로부터 구해지는) 검정통계량의 관측값이 이 분포의 중심으로부터 대립가설을 지지하는 방향으로 멀리 떨어진 값을 가진다면, 귀무가설이 틀렸다고 통계적으로 주장할 수 있게 된다.

가정 설명의 편의상 이 절에서의 모든 설명과 그림 등은 정규모집단 $N(\theta, \alpha^2)$으로부터 확률표본에 기초한 다음의 모평균(θ)에 대한 가설을 기준으로 설명하는 것으로 가정한다.

$$H_0 : \theta \le \theta_0 \qquad vs \qquad H_1 : \theta > \theta_0$$

(a) 유의수준 α인 검정

검정통계량의 관측값이 대립가설을 지지하는 방향으로 어느 정도 떨어져 있을 때 귀무가설이 틀렸다고 주장할 수 있을까? 유의수준(α)은 그 기준값을 우리에게 제공해 준다. 즉 검정통계량의 귀무가설하의 분포에서 상위 $100\alpha\%$ 지점의 값(큰 값이 대립가설을 지지하는 방향이라 가정할 때)을 그 기준으로 한다. 즉 유의수준 α인 검정은 검정통계량의 귀무가설하에서의 분포로부터 상위 $100\alpha\%$ 지점의 기준값을 미리 정해놓고, 검정통계량의 관측값을 그 기준값과 비교하여, 크면 귀무가설을 기각하는 방식으로 검정을 수행하는 것이다.

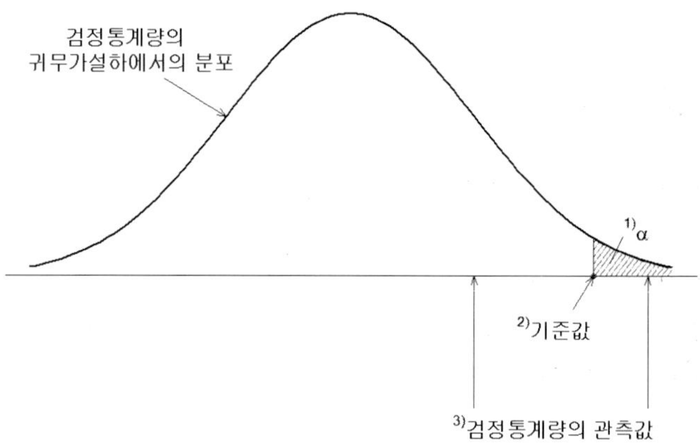

[그림 16.2] 유의수준 α인 검정: 그림에 부여된 번호순으로 수행됨

용어 유의수준(significant level)은 제1종 오류를 범할 확률의 최대허용한계(최댓값)로 정의된다. 제1종 오류는 귀무가설이 실제 참인데도 불구하고 이를 잘못하여 기각하게 되는 오류를 말한다. 위 그림에서 알 수 있듯이 검정통계량의 관측값이 귀무가설이 참인 상황에서도 기준값보다 큰 값이 나올 수도 있으므로, 이 기준값에 근거하여 귀무가설을 기각하는 의사결정은 그 주장이 잘못된 주장일 가능성도 $100\alpha\%$ 정도 된다는 뜻이다. 즉, 유의수준 α인 검정은 귀무가설에 대한 잘못된 기각의 확률을 $100\alpha\%$ 허용하는 검정을 수행하는 것이다.

(b) p−값(또는 유의확률)을 이용한 검정

유의수준 α인 검정은 데이터의 관측과는 무관하게 미리 정해진 유의수준에 따라 검정을 수행하는 방식이다. 이와는 달리 데이터로부터 관측된 검정통계량의 값이 얼마나 귀무가설을 지지하는 정도가 강한지를 확률로 나타낸 것이 p−값이다. 즉, 아래의 그림에서 관측된 검정통계량의 값으로 귀무가설을 기각하기 위해서는 최소한 빗금 친 면적만큼의 유의수준을 허용한다면 가능할 것이다. 데이터가 가진 증거로부터 구해지는 이 면적이 바로 p-값이다. p-값은 0과 1 사이의 값을 가지며, 이 값이 작을수록 데이터가 가지는 귀무가설을 지지하는 강도가 약하다는 것을 의미한다.

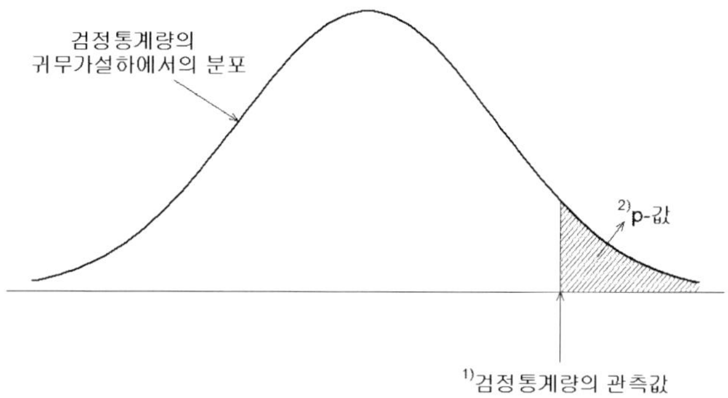

[그림 16.3] p-값을 이용한 가설검정: 그림에 부여된 번호순으로 수행됨

p-값(또는 유의확률)을 달리 해석해 보면, 위 그림에서 귀무가설이 참인 상황에서 검정통계량의 관측값보다 더 대립가설을 지지하는 방향으로 검정통계량의 값이 주어질 확률이 바로 p-값이다. 따라서 데이터로부터 구해지는 검정통계량의 관측값(데이터가 가지고 있는 증거)의 근거를 가지고 귀무가설이 틀렸다고 주장을 하게 될 때 그 주장이 잘못된 주장일 가능성(확률)이 p-값만큼 된다는 뜻이다. 즉, 이 값이 작을수록 귀무가설을 기각하는 결정이 잘못된 주장일 가능성이 작다는 것을 의미한다.

예제 2

어느 소비자 그룹에서 연비가 17마일리지로 광고하는 새로운 SUV 차량의 실제 마일리지가 17보다 작은 것으로 의심하고 있다. 총 10회에 걸쳐 SUV 차량의 마일리지를 조사한 결과 평균 15.2, 표준편차 1.64를 얻게 되었다. 소비자 그룹의 주장을 뒷받침할 만한 충분한 증거가 있는지를 검정하여라.

```
> xbar <- 15.2; s <- 1.64; n=10
> SE <- s/sqrt(n)
> xbar.0 <- (xbar-17)/SE
> pt(xbar.0, df=n-1, lower.tail=TRUE)
  [1] 0.003519983
```

(해석) p-값이 0에 가까우므로 소비자 그룹의 주장이 옳다고 할 수 있다.

16.2.2 유의확률

유의확률(significant probability) 또는 p-값은 검정통계량의 관측값(observed value)이 (또는 관측된 데이터가) 귀무가설을 기각할 증거를 얼마나 강하게 가지고 있는지를 나타내는 값이다. 즉 귀무가설이 참인 상황에서 검정통계량이 그것의 관측값보다 더 대립가설을 지지하는 방향으로 주어질 가능성(확률의 최댓값)을 나타내는 값이다. 예를 들어 p-값이 0.01(1%)이라고 함은 귀무가설이 참인 상황에서도 검정통계량이 그것의 관측값보다 더 대립가설을 지지하는 방향으로 주어질 가능성의 최댓값이 1%는 된다는 뜻이며, 이 말은 관측된 검정통계량값으로 귀무가설을 기각하는 결정을 내린다고 할 때, 그 결정이 잘못된 결정일 가능성이 1% 정도는 된다는 뜻이다. 따라서 데이터에 따라 달라지는 p-값이 작을수록 귀무가설이 틀렸다는 주장이 잘못일 가능성은 작아지게 되는 것이다.

유의 유의수준은 검정에서 제1종 오류(귀무가설이 참인 상황에서 귀무가설을 잘못 기각할 확률)의 최댓값을 의미하며 통상적으로 5% 또는 1%로 지정하여 사용한다. 반면 유의확률은 검정을 실시하기 전에 미리 고정되는 값이 아니라 데이터가 귀무가설을 기각할 만한 근거를 얼마나 가지고 있느냐를 나타내는 것으로, 데이터로부터 계산된 검정통계량의 값에 따라 결정된다. 즉 데이터가(또는 검정통계량의 관측값이) 귀무가설에 반하는 증거를 강하게 가질수록 유의확률(또는 p-값)은 작아지는 것이다.

결론적으로, 유의수준과 관련지어 유의확률(또는 p-값)을 정의하면 다음과 같다.

"검정통계량의 관측값을 가지고 귀무가설을 기각하기 위해 요구되는 최소의 유의수준"

즉, p-값이 $a(0 < a < 1)$라고 하는 말을, 검정을 실시하기 전에 미리 정해지는 유의수준의 관점에서 해석하면, 최소 a 이상의 유의수준을 허용할 때 귀무가설을 기각할 수 있는 근거를 데이터가 가지고 있다는 말이며, a보다 조금이라도 작게 허용된 유의수준에서는 귀무가설을 기각할 근거가 충분하지 않다는 말이다. 따라서 'p-값이 얼마다' 하는 말은 모든 범위의 유의수준에서 검정을 실시한 것과 마찬가지의 의미를 가지므로, 특정된 몇몇 유의수준(5% 또는 1%)에서의 검정을 실시하는 것보다 p-값을 제시하는 것이 매우 효과적인 방법이라고 말할 수 있다.

16.2.3 검정력과 검정력 함수

(a) 검정의 오류(제1종 오류/ 제2종 오류)

검정에는 두 종류의 오류를 포함한다. 제1종 오류는 "귀무가설이 실제 참인데도 불구하고 이를 기각하는 오류"이며, 제2종 오류는 "대립가설이 참인 상황에서 귀무가설을 기각하지 못하는 오류"이다. 기각역이 '$\overline{X} > c$(c는 알려진 값)'인 검정을 생각할 때, 두 종류의 오류를 그림으로 나타내면 다음과 같다.

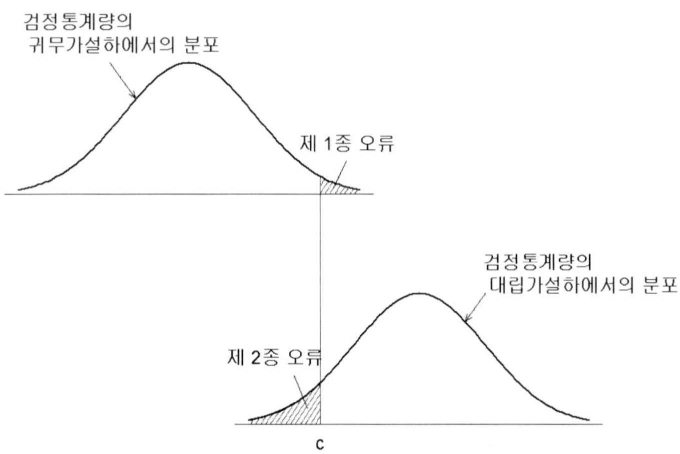

[그림 16.4] 검정의 오류(제1종 오류, 제2종 오류)

(b) 검정력 함수(power function)와 검정력(power)

검정력 함수는 "귀무가설을 기각할 확률을 모수값의 함수로 나타낸 것"이다. 아래 그림에서 $\gamma(\theta)$는 검정력 함수를 나타낸다.

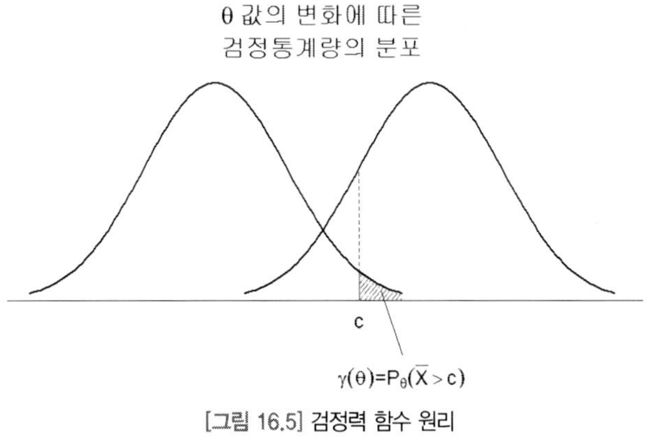

[그림 16.5] 검정력 함수 원리

위 그림으로부터 모수값의 변화에 따른 검정력 함수를 그림으로 나타내면 다음과 같다.

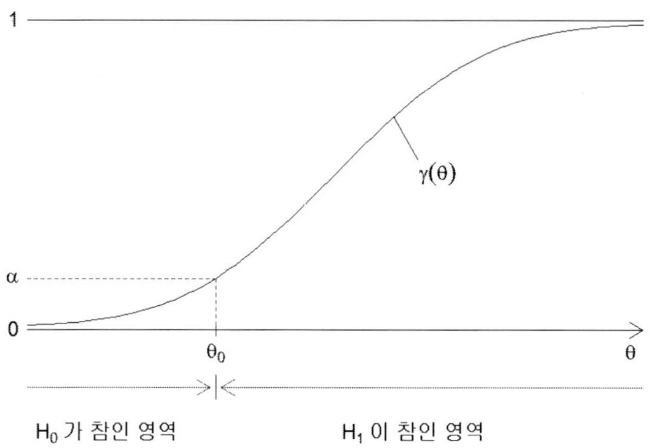

[그림 16.6] 검정력 함수

위의 그림에서 검정력(power)은 "모수가 대립가설에 속할 때의 검정력 함숫값"으로 정의된다.

예제 3

어느 소비자 그룹에서 연비가 17마일리지로 광고하는 새로운 SUV 차량의 실제 마일리지가 17보다 작은 것으로 의심하고 있다. 소비자 그룹이 총 10회의 검사를 통해 "마일리지의 평균이 16 이하이면 자신들의 주장이 맞다"라고 판정 기준을 정하였다고 하자. 위 기준에 의한 검정이 실제 평균 마일리지가 17보다 큰 경우에도 불구하고 자신들의 주장이 옳은 것으로 잘못 판단할 확률의 최댓값은 얼마인가? (단, 마일리지의 표준편차는 1.5로 알려져 있다.)

(풀이) 이 검정의 기각역은 "$\overline{X} \le 16$"이므로, 실제 모집단의 평균 연비가 17 이상인 모든 귀무가설 상황에서 위 기각역을 적용할 경우 잘못 판단할 오류의 최댓값은 17인 경우에 발생한다. 따라서 제1종 오류의 최댓값 즉, 이 검정의 유의수준은 다음과 같이 계산된다.

$$\alpha = P(\overline{X} \le 16 \mid \mu = 17)$$

평균 마일리지의 분포가 정규분포를 따른다고 할 때, 위 확률은 다음과 같이 계산된다.

```
> sigma <- 1.5; n=10
> SE <- sigma/sqrt(n)
> z.0 <- (16 - 17)/SE
> pnorm(z.0, lower.tail=TRUE)
  [1] 0.01750749
```

(해석) 위의 기각역 기준을 적용할 때, 제1종 오류의 최댓값은 0.0175이다. 즉, 위의 검정은 유의수준 1.75%인 검정법이 된다.

16.3 가설검정과 신뢰구간의 관계

편의상 모집단을 평균이 θ이고, 분산이 σ^2인 정규분포로 가정하자. 충분히 큰 표본에 기초하여 모평균 θ에 대한 구간추정(신뢰구간)과 다음의 양측 가설에 대한 검정을 실시한다고 하자.

$$H_0 : \theta = \theta_0 \qquad vs \qquad H_1 : \theta \neq \theta_0$$

먼저, 모평균 θ에 대한 $100(1-\alpha)\%$ (근사) 신뢰구간은 다음과 같다.

$$\overline{X} \pm z_{\alpha/2} \frac{S}{\sqrt{n}}.$$

다음으로 위 가설에 대한 유의수준 α의 검정에서 채택역은 다음과 같다.

$$-z_{\alpha/2} < \frac{\overline{X} - \theta_0}{S/\sqrt{n}} < z_{\alpha/2}$$
$$\Leftrightarrow \overline{X} - z_{\alpha/2}\frac{S}{\sqrt{n}} < \theta_0 < \overline{X} + z_{\alpha/2}\frac{S}{\sqrt{n}}$$

위의 부등식에서 양 끝점은 신뢰구간의 하한 및 상한과 동일하다. 따라서, 신뢰구간과 (양측의) 가설검정 간에는 다음의 사실이 성립한다.

"$100(1-\alpha)\%$ 신뢰구간이 θ_0를 포함하지 않음" $\Leftrightarrow$ "유의수준 α에서 기각함"

이 관계를 그림으로 나타내면 [그림 16.7]과 같다.

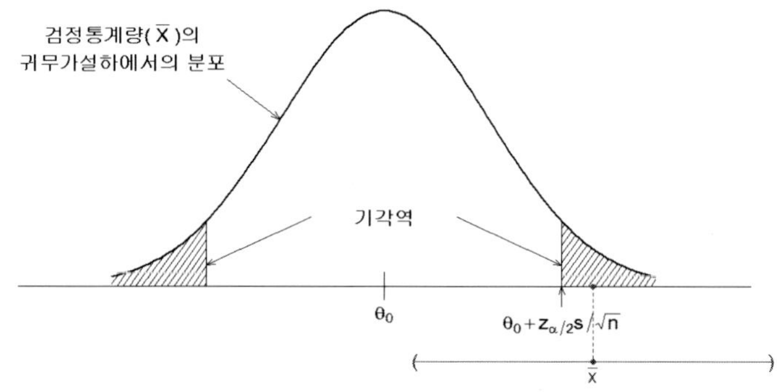

[그림 16.7] 가설검정과 신뢰구간의 관계: $\bar{x}$가 기각역에 속할 경우, 신뢰구간은 θ_0를 포함하지 않음

[16장] 연습문제

01 컴퓨터 하드디스크의 수명을 알아보기 위해 스트레스 시험을 실시하였다. 스트레스 시험에서 10일은 실제 수명의 백만 시간에 해당한다고 한다. 15개의 하드디스크의 수명을 잰 결과 평균 9.5일, 표준편차 1일로 주어졌다. 하드디스크 수명의 모평균에 대한 90% 신뢰구간이 10일을 포함하는가?

02 가솔린의 가격을 알아보기 위해 전화조사를 실시하였다. 100개의 표본을 조사한 결과 평균 1250원, 표준편차 80원으로 주어졌다. 가솔린 가격의 모평균이 1200원보다 크다는 대립가설에 대해 유의수준 5%의 검정을 수행하여라.

03 2번에서 이 검정의 유의확률을 구하여라.

04 2번에서 유의수준 5%의 검정을 수행한다고 하자. 실제 휘발유 가격의 모평균이 1300원이라고 할 때, 귀무가설을 올바르게 기각할 확률을 구하여라.

[17 장]

두 모집단 비교

17.1 모평균에 대한 검정
17.2 모비율에 대한 검정
17.3 비모수적 방법

17.1 모평균에 대한 검정

두 모집단으로부터 추출된 자료를 바탕으로, 두 모집단의 평균이 같은지에 대한 검정을 수행한다. 표본이 작은 경우에는 두 모집단에 대해 정규분포를 가정한다. 이표본과 함께 일표본의 경우도 함께 다룬다.

17.1.1 R을 이용한 검정

t.test( ) 함수는 일표본(one sample)과 이표본(two sample)의 모평균에 대한 t-검정을 수행한다. t.test( ) 함수의 사용상 주의점과 주요 옵션은 다음과 같다.

- ▶ t.test( ) 함수는 두 집단에 대해 서로 다른 분산(unequal variance)을 가정하며, Welsh의 자유도를 사용하여 t-검정을 수행한다.
- ▶ var.equal=TRUE 옵션은 모집단에 대해 공통분산을 가정하고, 공통분산에 대한 추정치(pooled variance estimate)를 사용하여 t-검정을 수행한다.
- ▶ alternative="two.sided"(디폴트), "less", "greater" 옵션을 제공한다.

(a) 독립인 두집단 t-검정

- t.test(y~x) # y: 수치형 벡터, x: 이진형 요인(binary factor)
- t.test(y1, y2) # y1, y2: 수치형 벡터

(b) 대응(paired) t-검정: 대응 비교

- t.test(y~x, paired=TRUE) # y: 수치형 벡터, x: 이진형 요인(binary factor)
- t.test(y1, y2, paired=TRUE) # y1, y2: 수치형 벡터
- t.test(y1-y2) # 위의 결과와 같음

대응 비교(paired comparison)는 대응되는 자료 간의 차이 자료(differenced data)를 일표본 자료로 취급하므로 본질적으로 일표본 검정과 같다.

(c) 일표본 t-검정

- t.test(y, mu=) # mu=0(디폴트)

유의 t.test( ) 함수는 모집단이 정규분포를 따른다는 가정하에 개발된 통계이론이다(모집단의 분산은 모른다고 가정). 실제의 자료분석에서 모집단에 대한 정규분포(정규성) 가정이 적절하지 않은 경우가 발생하며, 이 경우에는 다음 절에 소개되는 비모수적 검정을 수행하는 것이 바람직하다.

예제 1

mtcars{datasets} 자료에서 변속기 유형(am)에 따라(0:자동, 1:수동) 연비(mpg)가 다른지에 대한 검정을 수행한다.

```
> data(mtcars)
> boxplot(mpg ~ am)
```

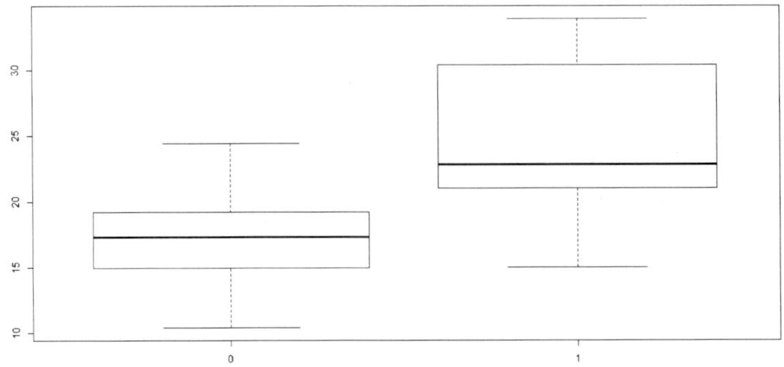

```
> t.test(mpg ~ as.factor(am))

  Welch Two Sample t-test

  data:  mpg by as.factor(am)
  t = -3.7671, df = 18.332, p-value = 0.001374
  alternative hypothesis: true difference in means is not equal to 0
  95 percent confidence interval:
   -11.280194  -3.209684
  sample estimates:
  mean in group 0 mean in group 1
         17.14737        24.39231
```

(해석) 유의수준 1% 기준에서 변속기의 형태(am)에 따라 연비(mpg)가 같다는 귀무가설을 기각할 만한 증거가 충분하다.

예제 2

sleep{stats} 자료는 두 종류의 수면제의 효과를 측정한 자료로, 같은 대상 10명에 대해 두 종류의 수면제의 효과(group=1, 2)가 통제 집단에 비해 증가했는지의 여부를 측정한 자료이다. 두 종류의 수면제의 효과가 서로 같은지에 대한 검정을 수행한다.

```
> attach(sleep)
> str(sleep)
> t.test(extra[group==1], extra[group==2], paired=TRUE)
  # > t.test(extra ~ group, paired=TRUE)와 같은 결과

  Paired t-test

  data:  extra[group==1] and extra[group==2]
  t = -4.0621, df = 9, p-value = 0.002833
  alternative hypothesis: true difference in means is not equal to 0
  95 percent confidence interval:
   -2.4598858 -0.7001142
  sample estimates:
  mean of the differences
                    -1.58
```

(해석) 유의수준 1% 기준에서 두 종류의 수면제의 효과가 유의함을 알 수 있다.

앞에서 언급한 바와 같이 대응 t–검정은 다음과 같이 개체별 차이 자료에 대한 일표본 t–검정을 수행하는 것과 같다.

```
> sleep.d <- with(sleep, extra[group==2] - extra[group==1])
> t.test(sleep.d)

  One Sample t-test

  data:  sleep.d
  t = 4.0621, df = 9, p-value = 0.002833
  alternative hypothesis: true mean is not equal to 0
  95 percent confidence interval:
   0.7001142 2.4598858
  sample estimates:
  mean of x
       1.58
```

(해석) p–값이 위의 결과와 같음을 알 수 있다.

17.1.2 검정 이론 소개

일표본과 이표본의 경우 모평균에 대한 검정 이론을 소개한다. 이 절에서 소개되는 3가지 t–검정은 모집단에 대해 분산을 모르는 정규분포를 가정하고 있다.

(a) 일표본 검정

일표본에서 모평균이 특정한 값 μ_0를 갖는지를 검정하기 위해 다음과 같은 가설을 설정한다.

$$H_0 : \mu = \mu_0 , \qquad H_1 : \mu \neq \mu_0 .$$

위의 가설을 검정하기 위한 검정통계량은 다음의 t–통계량을 사용한다.

$$t = \frac{\overline{X} - \mu_0}{S/\sqrt{n}} .$$

여기서 S는 표본표준편차를 의미한다. 귀무가설하에서 위의 통계량은 자유도가 $(n-1)$인 t–분포를 따른다.

(b) 이표본 검정

이표본에서 두 모집단이 차이가 있는지를 알아보기 위해 두 집단의 모평균의 차를 이용하여 검정하는데 가설은 다음과 같이 설정한다.

$$H_0 : \mu_1 = \mu_2\,, \qquad H_1 \;:\; \mu_1 \neq \mu_2.$$

위의 가설을 검정하기 위해 다음과 같은 검정통계량을 사용한다.

$$t = \frac{(\overline{X}_1 - \overline{X}_2)}{S_p\sqrt{\dfrac{1}{n_1} + \dfrac{1}{n_2}}}.$$

여기서 $S_p = \sqrt{\dfrac{(n_1-1)S_1^2 + (n_2-1)S_2^2}{n_1+n_2-2}}$ 이며, S_1^2과 S_2^2은 두 집단에서의 표본분산을 의미한다. 귀무가설하에서 위 통계량은 자유도가 (n_1+n_2-2)인 t-분포를 따른다.

이표본 검정에서는 두 집단의 모분산이 심각하게 다를 때에는 위의 검정통계량을 사용하여 검정할 수 없다. 따라서 두 모평균의 차에 관한 검정을 하기 전에 두 모분산이 같은지를 먼저 검정하여야 한다.

분산의 동일성 검정

var.test() 함수는 정규모집단으로부터의 두 표본에 대해 분산이 같은지에 대한 F-검정 결과를 제공한다.

```
> x <- rnorm(50, mean=0, sd=2)
> y <- rnorm(30, mean=1, sd=1)
> var.test(x, y)

  F test to compare two variances

  data:  x and y
  F = 2.585, num df = 49, denom df = 29, p-value = 0.007643
  alternative hypothesis: true ratio of variances is not equal to 1
  95 percent confidence interval:
   1.298761 4.863450
  sample estimates:
  ratio of variances
```

```
2.584994
```

(해석) 유의수준 1% 기준에서 두 모분산이 같다는 귀무가설을 기각할 만한 증거가 충분하다.

(c) Welch의 t-검정

두 표본의 분산이 다를 경우, 이표본 t-검정은 Welch의 근사적 방법을 사용한다. 이때 검정통계량은

$$t = \frac{(\overline{X_1} - \overline{X_2})}{\sqrt{\frac{S_1^2}{n_1} + \frac{S_2^2}{n_2}}}$$

이며, 이 통계량은 귀무가설하에서 자유도가

$$df = \frac{\left(\frac{S_1^2}{n_1} + \frac{S_2^2}{n_2}\right)^2}{\left(\frac{S_1^2}{n_1}\right)^2 / (n_1 - 1) + \left(\frac{S_2^2}{n_2}\right)^2 / (n_2 - 1)}$$

인 t-분포를 따른다. 이를 Welch-Satterthwaite의 자유도라 한다.

(d) 대응비교

앞서 두 집단의 자료가 서로 독립인 경우에 대해 모평균에 대한 검정을 실시한 반면, 대응비교는 두 집단의 자료가 서로 연관된 경우 모평균에 대한 검정방법이다.

대응비교(paired comparison)는 같은 실험조건을 가지는 서로 독립적인 두 개의 실험집단을 구성하기 어려운 경우, 같은 개체에 대해 두 가지 실험을 수행하여 그 결과를 얻게 된다. 따라서 개체 간의 자료 사이에는 독립성이 만족되지만 개체 내의 두 변수는 서로 연관되어 있으므로, 두 표본이 서로 독립이라고 할 수 없다. 이 경우에 두 변수의 모평균의 차이를 검정하기 위해서는 개체 간의 특성을 무시하는 전체의 평균을 비교하는 것보다 개체 내에서 발생하는 차이들에 대한 평균값을 고려하는 것이 바람직할 것이다.

각 개체에 대해 조사된 표본을 (X_{1i}, X_{2i}), $i = 1, \cdots, n$이라 하자. 이때 두 모평균이 같은지에 대한 검정은 각 개체 내에서의 차이를 $D_i = (X_{1i} - X_{2i})$라고 할 때, D_i의 평균이 0인지를 검정하는 문제로 생각될 수 있다. 즉, 두 모평균이 같은지에 대한 검정은 다음과 같이 표현될 수 있다.

$$H_0 : \mu_D = 0\,, \qquad H_1 : \mu_D > 0.$$

위의 검정은 일표본에서의 모평균에 대한 검정과 같으므로 다음의 검정통계량을 통해 수행될 수 있다. 즉 검정통계량은

$$t = \frac{\overline{D}}{S_D / \sqrt{n}}$$

으로 주어지며, $\overline{D}$와 S_D는 각각 D_i들의 평균과 표준편차를 의미한다. 위의 검정통계량은 귀무가설하에서 자유도가 $(n-1)$인 t-분포를 따른다.

(e) 모집단에 대한 가정

이 절에서 소개한 3가지 검정통계량은 모두 귀무가설하에서 t-분포를 따른다. 이 사실은 이론적으로 모집단에 대해 정규분포를 가정할 때 성립되는 이론이다(모분산은 모르는 경우를 가정). 표본이 충분히 큰 경우에는, 모집단에 대해 정규분포의 가정이 필요 없게 된다. 충분히 큰 표본의 경우에는, 중심극한정리에 의해 표본평균과 관련된 위의 3가지 검정통계량이 모두 귀무가설하에서 표준정규분포를 따르게 되므로 근사적으로 정규검정을 수행할 수 있다.

17.2 모비율에 대한 검정

17.2.1 R을 이용한 검정

prop.test()는 모비율에 대한 검정을 수행한다. prop.test() 함수는 여러 그룹의 비율(성공 확률)이 같은지 또는 비율들이 특정한 값을 가지는지에 대해 카이제곱(χ^2) 검정을 수행한다. 이 검정은 일종의 근사적인 검정이다. prop.test() 함수의 일반형식은 다음과 같다.

```
prop.test(x, n, p=NULL,
          alternative=c("two.sided", "less", "greater"),
          conf.level=0.95, correct=TRUE)
```

위 함수에서 correct=TRUE(default) 옵션은 Yates의 연속성 수정(continuity correction)을 실시한다. 연속성 수정을 고려한 카이제곱 통계량의 형태는 다음과 같다.

$$\chi_c^2 = \sum_{all\ i} \frac{(|O_i - E_i| - 0.5)^2}{E_i}.$$

예제 3

성공확률에 대한 검정

```
> set.seed(500)
> heads <- rbinom(1, size=100, prob=.5)    # B(100, 0.5)에서 1개의 난수를 발생
> prop.test(heads, n=100, p=0.5)     # 연속성 수정(디폴트)을 고려한 검정 수행
> ## prop.test()에서 p=0.5는 디폴트임

  1-sample proportions test with continuity correction

  data:  heads out of 100, null probability 0.5
  X-squared = 1.69, df = 1, p-value = 0.1936
  alternative hypothesis: true p is not equal to 0.5
  95 percent confidence interval:
   0.4672127 0.6673464
  sample estimates:
     p
  0.57
```

(해석) 연속성 수정을 고려하여, 가설 $H_0 : p = 0.5$에 대한 양측검정의 결과 유의수준 5%에서 귀무가설을 기각할 수 없다.

모비율에 대한 정확한 검정

binon.test() 함수는 베르누이 모집단의 성공확률에 대한 정확한 검정을 제공한다. 예를 들어 [예제 3]의 자료에 대해 적용하면 다음과 같다.

```
> binom.test(heads, n=100, p=0.5)
  또는 > binom.test(c(heads, 100-heads), p=0.5)

  Exact binomial test

  data:  heads and 100
  number of successes = 57, number of trials = 100, p-value = 0.1933
  alternative hypothesis: true probability of success is not equal to 0.5
  95 percent confidence interval:
   0.4671337 0.6686090
```

```
sample estimates:
probability of success
                  0.57
```

(해석) 이항분포에 기초한 정확한 검정 결과, 유의수준 5% 기준에서 귀무가설을 기각할 수 없다.

예제 4

(여러 모집단의 성공비율 검정) 아래의 자료는 4곳의 환자집단(patients)으로부터 흡연자의 수(smokers)를 조사한 자료이다. 각 집단에서의 흡연자 비율이 모두 같은지에 대한 검정을 수행한다.

```
> smokers  <- c( 83, 90, 129, 70 )
> patients <- c( 86, 93, 136, 82 )
> prop.test(smokers, n=patients)

  4-sample test for equality of proportions without continuity
  correction

  data:  smokers out of patients
  X-squared = 12.6004, df = 3, p-value = 0.005585
  alternative hypothesis: two.sided
  sample estimates:
     prop 1    prop 2    prop 3    prop 4
  0.9651163 0.9677419 0.9485294 0.8536585
```

(해석) 네 집단에서의 흡연비율이 모두 같다는 귀무가설을 기각할 만한 근거가 충분하다고 할 수 있다(p–값 $\approx$ 0.006). 이 문제는 독립인 여러(3개 이상) 모집단의 성공비율이 동일한지에 대한 검정의 문제로, 그 이론은 본서의 범위를 넘어 생략한다(참고: Fleiss(1981), 139쪽).

17.2.2 검정 이론 소개

(a) 일표본 모비율 검정

일표본에서 모비율 p가 특정한 비율값 p_0인지에 대한 다음의 가설

$$H_0 : p = p_0 , \quad H_1 : p \neq p_0$$

에 대한 검정통계량은 다음과 같다.

$$Z = \frac{\hat{p} - p_0}{\sqrt{p_0(1-p_0)/n}} \quad \text{또는} \quad \frac{\hat{p} - p_0}{\sqrt{\hat{p}(1-\hat{p})/n}}.$$

여기서 X를 표본의 성공 횟수라고 할 때, $\hat{p} = X/n$은 표본의 성공 비율을 나타낸다. 귀무가설하에서 위 통계량은 근사적으로 표준정규분포를 따른다.

(b) 이표본 모비율 검정

두 모비율에 차이가 같은지에 대한 다음의 가설

$$H_0 : p_1 = p_2, \quad H_1 : p_1 \neq p_2$$

에 대한 검정통계량은 다음과 같다.

$$Z = \frac{(\hat{p}_1 - \hat{p}_2) - (p_1 - p_2)}{\sqrt{\hat{p}(1-\hat{p})}\sqrt{\frac{1}{n_1} + \frac{1}{n_2}}}.$$

여기서 X_1, X_2를 각 표본의 성공 횟수라고 할 때, $\hat{p} = \frac{X_1 + X_2}{n_1 + n_2}$을 의미한다. 귀무가설하에서 검정통계량 Z는 근사적으로 표준정규분포를 따른다.

(c) 모집단에 대한 가정

일표본 모비율의 검정 시 모집단에 대해서는 성공의 확률이 p인 베르누이분포를 가정한다. 이때 표본의 성공비율($\hat{p}$)은 베르누이 모집단으로부터의 표본평균이며, 따라서 중심극한정리에 의해 표준정규분포를 따르게 되므로, 근사적으로 정규검정을 수행하게 되는 것이다.

17.3 비모수적 방법

통계학에서 비모수적(nonparametric) 방법은 모집단에 대해 특별한 제한을 두지 않고 개발된 분석 방법이다. 여기서는 모집단에 대해 “연속인 모집단” 또는 “연속이며 대칭인 모집단” 정도로만 가정한다. 이러한 가정하에서 개발된 통계적 방법은 특정한 모집단(가령 정규분포) 가정하에서는 최적이 아닐 수 있으나, 이 가정이 위배되는 많은 상황에 대해 적용이 가능한 장점을 가진다. 즉, 비모수적 방법은 부분 최적이 아닐 수 있지만(모집단이 정규분포인 경우 등), 이상치가 포함된 자료를 분석하거나 자료의 수가 크지 않은 경우에 대해 효과가 뛰어난 방법이라고 할 수 있다.

17.3.1 R을 이용한 검정

wilcox.test( ) 함수는 일표본과 이표본에서의 t-검정에 대응하는 비모수적 검정을 수행한다.

- alternative="two.sided"(디폴트), "less", "greater"

(a) 독립인 두 모집단의 위치모수에 대한 검정: 맨-휘트니(Mann-Whitney) U 검정 또는 윌콕슨(Wilcoxon)의 순위합 검정(rank sum test)

- wilcox.test(y~A)   # y: 수치형 벡터, A: 이진형 요인(binary factor)
- wilcox.test(y, x)   # y, x: 수치형 벡터

(b) 대응비교(대응인 두 모집단의 위치모수 비교): 윌콕슨의 부호순위 검정(signed rank test)

- wilcox.test(y1, y2, paired=TRUE)   # y1, y2: 수치형 벡터
- wilcox.test(y1-y2)   # 위의 결과와 같음

(c) 일표본 검정: 윌콕슨의 부호순위 검정

- wilcox.test(y, mu=)   # y: 수치형 벡터. 표본을 지정하는 인자가 한 개임

  # 일표본 위치모수(중앙값)에 대한 검정: 부호 검정

  - SIGN.test(x)   # R 패키지 {BSDA}에서 제공함

예제 5

자동차 부품 공장에서 관리자가 두 종업원(A, B)의 제품의 검수 시간에 차이가 있는지를 알아보기 위해 10회에 걸쳐 검수 시간(단위: 분)을 측정하였다.

	1	2	3	4	5	6	7	8	9	10
A	6.0	2.2	2.3	3.3	3.7	2.3	2.2	2.4	4.4	3.9
B	2.7	3.9	7.8	5.8	2.3	2.4	6.9	4.4	2.4	2.5

이 자료는 오른쪽으로 꼬리가 긴 형태를 띠므로, t-검정의 가정인 정규분포의 가정에 부합하지 않는다. 그러나 두 표본의 밀도함수의 형태가 유사하므로 비모수적 검정법인 순위합 검정이 적절한 것으로 판단된다(17.3.2절의 [그림 17.1] 참고).

```
> ## 윌콕슨의 순위합 검정
> A <- c(6.0,2.2,2.3,3.3,3.7,2.3,2.2,2.4,4.4,3.9)
> B <- c(2.7,3.9,7.8,5.8,2.3,2.4,6.9,4.4,2.4,2.5)
> plot(density(A)); plot(density(B))
```

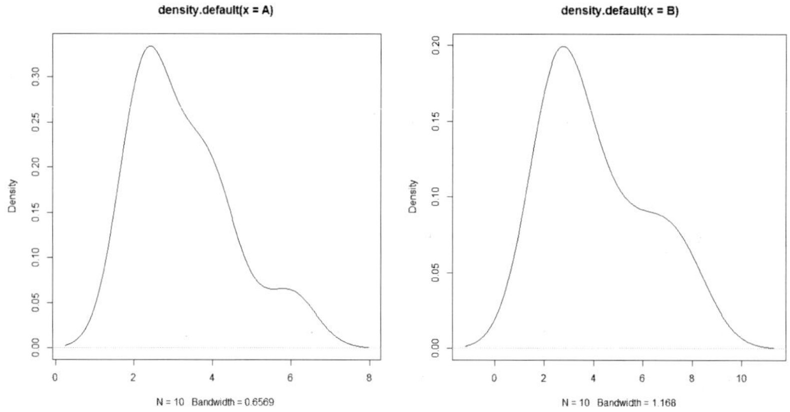


```
> boxplot(A); boxplot(B)
> wilcox.test(A, B)

  Wilcoxon rank sum test with continuity correction

  data:  A and B
  W = 33, p-value = 0.2104
  alternative hypothesis: true location shift is not equal to 0

  Warning message:
  In wilcox.test.default(A, B) : tie가 있어 정확한 p값을 계산할 수 없다.
```

(해석) p-값이 유의하지 않으므로, 두 종업원 간에는 차이가 없다고 할 수 있다.

17.3.2 검정 원리 소개

(a) 맨-휘트니 검정통계량

H_0: 두 모집단의 위치모수가 같다.

H_1: Y 모집단의 위치모수가 X 모집단의 위치모수보다 크다.

두 표본의 자료가 주어질 때 윌콕슨의 순위합 통계량(W)과 맨-휘트니 검정통계량(U)의 값은 다음과 같이 계산된다.

W = 혼합표본(combined sample)에서 Y자료들의 순위합

U = 각 X_i들에 대해 그 값보다 큰 Y자료의 개수들의 합

ex 맨-휘트니 검정통계량

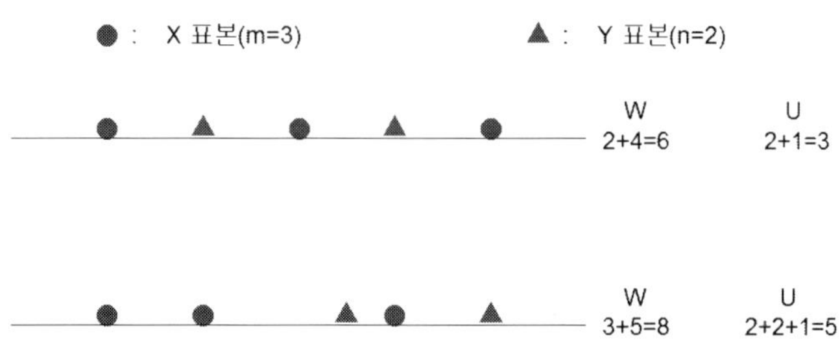

(b) 부호 검정과 부호순위 검정통계량

H_0: 모집단의 위치모수가 θ_0이다.

H_1: 모집단의 위치모수가 θ_0보다 크다.

(i) 부호 검정통계량

$B = \theta_0$보다 큰 자료의 개수

ex 부호 검정통계량: $B = 2$

(ii) 부호순위 검정통계량

$$W^+ = \theta_0\text{보다 큰 자료에 대한 } \theta_0\text{와의 차이의 절댓값들의 순위합}$$

ex 부호순위 검정통계량: $W^+ = 3$

(c) 위의 두 통계량의 귀무가설하에서의 분포는 표본의 크기에 따라 달라진다. R에서는 맨-휘트니 통계량과 부호순위 통계량의 밀도함숫값, 누적확률, 분위수, 난수 생성 등을 제공한다(2.2절 참조).

- wilcox( )
- signrank( )

예제 6

R을 이용하여 맨-휘트니 검정통계량의 귀무가설하에서 분포를 구해 보기로 한다.

```
> ## x의 범위 지정과 밀도함수, 분포함수
> x <- -1:(3*2 + 1)
> fx <- dwilcox(x, 3, 2)     # m=3, n=2인 경우를 가정
> fx     # 밀도함숫값
  [1] 0.0 0.1 0.1 0.2 0.2 0.2 0.1 0.1 0.0

> Fx <- pwilcox(x, 3, 2)     # 누적분포함숫값
> Fx
  [1] 0.0 0.1 0.2 0.4 0.6 0.8 0.9 1.0 1.0

> ## 밀도함수와 분포함수 시각화
> layout(rbind(1, 2), widths=1, heights=c(3,2))
> ## layout()은 그래픽 디바이스를 지정한 형태로 나눔
> ## rbind(1, 2)는 첫 번째와 두 번째 그림을 행으로 합함

  # layout() 함수의 사용 예: layout(matrix(c(1,1,0,2), 2, 2, byrow=TRUE))
  # (해석) 그래픽 디바이스를 2행 2열로 나눈 뒤, 1번 그림은 1행의 두 곳에 위치시키고,
  2번 그림은 2행, 2열에 위치시킨다.

> par(mar=c(1,1,3,1))     # 그림의 마진을 지정
> plot(x, fx, type="h", col="violet",
       main="Probabilities (density) of Wilcoxon-Statist.(m=3, n=2)")
> plot(x, Fx, type="s", col="blue",
```

```
        main="Distribution of Wilcoxon-Statist.(m=3, n=2)")
> abline(h=0:1, col="gray20", lty=2)
> layout(1)     # 그래픽 디바이스를 원위치로 돌림
```

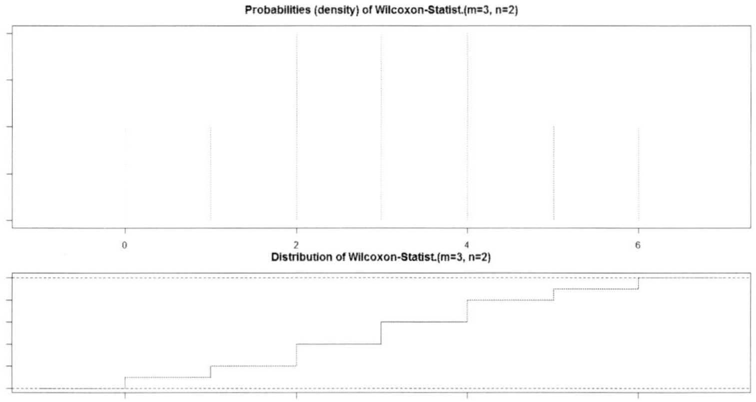

참고 위 분포의 이론적인 유도에 대해서는 수리통계학(나종화, 2016)을 참고하기 바란다.

(d) 모집단에 대한 가정

부호 검정과 부호순위 검정

부호 검정과 부호순위 검정은 일표본에 대한 검정으로 모두 모집단의 중앙값에 대한 검정을 수행한다. 부호 검정의 경우 모집단에 대해 연속인 가정만을 필요로 하며, 부호순위 검정의 경우 연속이며 대칭인 분포를 가정한다.

윌콕슨 순위합 검정

윌콕슨의 순위합 검정은 이표본에 대한 검정으로, 모집단의 위치모수에 대한 검정을 수행한다. 윌콕슨의 순위합 검정은 두 모집단에 대해 위치모수만 다른 같은 연속의 분포를 가정한다. 아래 그림은 유사한 두 모집단 분포로부터의 확률표본을 나타낸 것으로, 오른쪽으로 이동된 분포로부터의 자료가 상대적으로 큰 순위를 가진다.

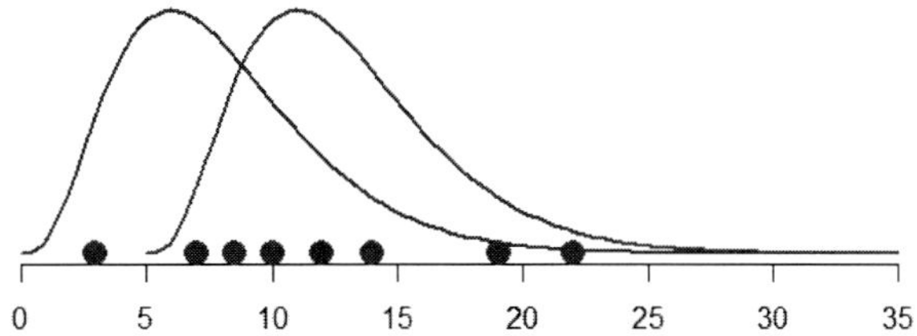

[그림 17.1] 유사한 두 모집단 분포로부터의 확률표본

[17장] 연습문제

01 ToothGrowth 자료에서 비타민 C의 유형에 따라 이빨의 길이의 모평균이 서로 다른지에 대한 검정을 실시하여라. 만약 등분산의 가정을 하였다면 그 이유를 말하여라.

02 어느 대학에서 실시한 예비 시험과 본 시험을 치렀다. 시험을 치른 학생 가운데 몇 명을 임의로 추출하여 성적을 조사한 결과가 다음과 같이 주어졌다.

시험	점수									
예비 시험	68	67	64	74	55	59	62	66	58	79
본 시험	62	76	66	69	52	60	70	85	76	90

본 시험의 모평균이 예비 시험의 모평균보다 향상되었는지에 대한 검정을 수행하고자 한다.

(a) 예비 시험을 치른 학생과 본 시험을 치른 학생 가운데 각각 10명씩을 임의로 뽑아 조사하였을 때, 위 검정을 수행하여라. 만약 등분산의 가정을 하였거나, 대응비교를 수행하였다면 그 이유를 말하여라.

(b) 임의로 10명의 학생을 뽑은 후 예비 시험과 본 시험의 성적을 조사하였을 때, 위 검정을 수행하여라. 만약 등분산의 가정을 하였거나, 대응비교를 수행하였다면 그 이유를 말하여라.

03 2010년 4만 명의 표본을 대상으로 빈곤층의 비율을 조사한 결과 12.8%로 조사되었고, 같은 조사를 2011년에 5만 명을 대상으로 실시한 결과 13.1%로 조사되었다. 빈곤층의 모비율이 더 커졌다고 주장할 수 있는지를 검정하여라.

04 어느 개인의 휴대용 전화의 1회 통화 시간(단위: 분)을 임의로 15회 측정한 결과가 다음과 같다.

3 1 2 3 3 1 3 4 15 2 2 12 20 3 1

이 사람의 통화 시간의 모중앙값(또는 모평균)이 5보다 작다고 주장할 수 있는지를 검정하고자 한다.

(a) 위의 자료에 대해 상자그림을 그려라.

(b) t-검정이 적절하지 않은 이유를 말하여라.

(c) 부호 검정을 수행하여라. 모집단에 대해 어떤 가정을 하였다면 그 이유를 말하여라.

(d) 부호순위 검정을 수행하여라. 모집단에 대해 어떤 가정을 하였다면 그 이유를 말하여라.

(e) 부호 검정과 부호순위 검정 가운데 어떤 방법이 더 적절한가? 그 이유를 말하여라.

(f) (e)에서 선택한 검정이 모평균에 대한 t-검정을 수행하는 것에 비해 어떤 장점을 가지는가?

05 2번 문제에 대해 적절한 비모수적 방법으로 검정을 수행하여라. 이때 모집단에 대해 필요한 가정과 가설은 무엇인가?

[18장]

분산분석 – 여러 모집단 비교

18.1 분산분석
18.2 비모수적 방법
18.3 다중비교

18.1 분산분석

분산분석(Analysis of Variance: 이하 ANOVA)은 데이터의 변동을 분해하여 변동을 유발하는 원인이 오차에 비해 인자의 효과가 차지하는 비중이 큰지를 살펴, 인자의 유의성을 검정하는 방법이다. 관심 인자의 수가 1개인 경우를 일원배치 분산분석(one-way ANOVA), 2개인 경우를 이원배치 분산분석(two-way ANOVA)이라고 한다.

일원배치의 경우, 하나의 인자가 유의(significant)하다는 말은 인자의 수준[levels, 이를 처리(treatments)라고도 함]에 따라 모평균이 모두 같지는 않다는 의미이다.

18.1.1 R을 이용한 분석

aov( ) 함수는 분산분석(ANOVA)를 수행한다. aov( ) 함수는 일원배치 분산분석, 이원배치 분산분석 등을 수행한다.

- aov( ) 함수에서 data= 옵션은 데이터프레임을 지정한다.

유의 아래의 모형식 표현에서 소문자는 수치형(numeric) 변수이고, 대문자는 요인(factor)으로 간주한다.

(a) 일원배치 분산분석(one-way ANOVA)

완전임의 배열법(completely randomized design)이라고도 함.

- aov(y ~ A, data=)

(b) 이원배치 분산분석(two-way ANOVA): 반복이 없는 경우

A, B가 모두 모수 인자인 경우와 A는 모수 인자, B는 변량 인자인 경우가 있다. 후자의 경우는 확률화 블록계획(randomized block design) 또는 "연관된 k-표본 분산분석"이라고도 함.

- aov(y ~ A + B, data=)

용어 모수 인자(fixed factor)는 기술적으로 수준이 미리 정해진 인자(온도, 압력, 시간)를 말하며, 변량 인자(random factor)는 인자의 수준이 무작위로 이뤄지며(사람, 드럼통, 날짜), 각 수준이 기술적인 의미를 가지고 있지 않은 인자이다. 모수 인자는 고정 인자, 변량 인자는 블록 또는 집단 인자라고도 한다.

(c) 이원배치 분산분석(two-way ANOVA): 반복이 있는 경우

이원 요인 실험계획(two-way factorial design)이라고도 함.

- aov(y ~ A + B + A:B, data=)
- aov(y ~ A*B, data=)   # 위와 같음

예제 1

(일원배치 분산분석) mtcars 자료에서 3 종류의 실린더 수(cyl=4,6,8)에 따라 연비의 모평균이 모두 같은지에 대한 검정을 수행한다.

```
> av <- aov(mpg ~ as.factor(cyl))
> summary(av)
                Df Sum Sq Mean Sq F value   Pr(>F)    
as.factor(cyl)  2  824.8   412.4    39.7 4.98e-09 ***
Residuals      29  301.3    10.4                     
---
Signif. codes:  0 '***' 0.001 '**' 0.01 '*' 0.05 '.' 0.1 ' ' 1
```

(해석) p-값이 매우 작으므로 실린더에 따라 연비가 같다는 귀무가설을 기각한다.

예제 2

(확률화 블록계획) 3가지 처리 방법(Trt1~Trt3)이 서로 다른지를 알아보기 위해 4명의 사람(Subj1~Subj4)에게 각 처리를 적용한 결과를 얻었다. 3가지 처리에 따른 모평균이 모두 같은지에 대한 검정을 수행한다.

```
> treatments <- factor(rep(c("Trt1", "Trt2", "Trt3"), each=4))
> people <- factor(rep(c("Subj1", "Subj2", "Subj3", "Subj4"), 3))
> y <- c(0.73,0.76,0.46,0.85,0.48,0.78,0.87,0.22,0.51,0.03,0.39,0.44)
> summary(aov(y ~ treatments + people))
            Df Sum Sq Mean Sq F value Pr(>F)
treatments   2 0.2673 0.13366   1.691  0.262
people       3 0.0114 0.00380   0.048  0.985
Residuals    6 0.4742 0.07903
```

(해석) 유의수준 5%에서 처리 효과가 모두 같다고 말할 수 있다(p-값=0.262).

유의 위의 [예제 2]의 경우 각 사람으로부터 얻게 된 3가지 처리 결과는 서로 연관되어 있으며, 연관된 3가지 처리의 평균이 같은지를 알아보는 것이 주된 목적이다. 단, 환자에 따라 차이가 나는지는 관심사가 아님에 유의한다. 즉, 위 검정은 연관된 3개 이상의 처리가 서로 같은지에 대한 검정으로, 이원배치 분산분석에서 두 개의 인자 가운데 하나가 블록 인자인 경우에 해당한다.

예제 3

(이원배치 분산분석: 반복이 있는 경우) 분석에 사용될 자료는 농구의 자유투 성공 횟수(Made)를 측정한 자료이다. 자유투는 시간대(Time: 아침, 저녁)와 두 종류의 신발(Shoes: 닳은 신발, 새 신발)의 조합별로 4회씩 반복 실시하였으며(총 16회), 성공 횟수는 총 50번 시도에서 성공한 횟수이다. 시간대(인자1)와 신발의 종류(인자2)가 자유투 성공 횟수에 영향을 미치는지와 두 인자 간에 교호작용의 존재 여부를 검정하고자 한다.

```
> ## 아래의 baskball 자료는 직접 입력 바람
> baskball     # 데이터프레임
     Time    Shoes Made
1 Morning   Others   25
2 Morning   Others   26
3   Night   Others   27
4   Night   Others   27
5 Morning Favorite   32
6 Morning Favorite   22
7   Night Favorite   30
8   Night Favorite   34
```

```
9  Morning   Others   35
10 Morning   Others   34
11   Night   Others   33
12   Night   Others   30
13 Morning Favorite   33
14 Morning Favorite   37
15   Night Favorite   36
16   Night Favorite   38

> int <- aov(Made ~ Time*Shoes)
> summary(int)
            Df Sum Sq Mean Sq F value Pr(>F)
Time         1   7.56    7.56   0.344  0.568
Shoes        1  39.06   39.06   1.777  0.207
Time:Shoes   1  18.06   18.06   0.822  0.382
Residuals   12 263.75   21.98
```

(해석) 유의수준 5%의 검정 결과 두 인자(시간과 신발) 간의 교호작용은 존재하지 않는다. 따라서 교호작용을 제외한 주효과만을 고려한 모형을 적합할 필요가 있다.

```
> noint <- aov(Made ~ Time + Shoes)
> summary(noint)
            Df Sum Sq Mean Sq F value Pr(>F)
Time         1   7.56    7.56   0.349  0.565
Shoes        1  39.06   39.06   1.802  0.202
Residuals   13 281.81   21.68
```

(해석) 유의수준 5%의 검정 결과 두 인자가 모두 유의하지 않은 것으로 나타나고 있다(p-값: 0.565, 0.202). 다만, 16개의 자료를 토대로 신발에 따라 자유투 성공이 3개 정도의 차이를 보이는 것은(아래 분석 참고) 실제 경기에서 충분히 영향이 있을 수 있는 수치이므로, 좀 더 많은 데이터를 확보하여 분석해 볼 필요가 있다.

참고로, 위의 자료에서 두 인자의 수준에 따라 자유투 성공 횟수의 평균은 다음과 같다.

```
> tapply(Made, Time, mean)
 Morning   Night
  30.500  31.875
> tapply(Made, Shoes, mean)
 Favorite   Others
   32.750   29.625
```

18.1.2 검정 원리 소개

(a) 일원배치의 경우

(i) 자료 구조

반복 \ 처리	처리1	처리2	$\cdots$	처리k	
1 2 · · ·			y_{ij} (처리i에서의 j번째 관측값)		
평균	$\bar{y}_1$	$\bar{y}_2$	$\cdots$	$\bar{y}_k$	$\bar{y}$
자료수	n_1	n_2	$\cdots$	n_k	$n=\sum n_i$

(ii) 가설

H_0: 처리효과들이 모두 같다(처리별 모평균이 같다).

H_1: 모든 처리효과가 같지는 않다.

(iii) 편차의 분해

$$y_{ij}-\bar{y}=(y_{ij}-\bar{y}_i)+(\bar{y}_i-\bar{y})$$

(iv) 제곱합의 분해

$$SST = SS_T + SSE$$

$$\sum\sum(y_{ij}-\bar{y})^2=\sum\sum(\bar{y}_i-\bar{y})^2+\sum\sum(y_{ij}-\bar{y}_i)^2$$

(자유도) $\quad n-1 \qquad k-1 \qquad n-k$

(v) 평균제곱

$$MS_T=SST/(k-1), \qquad MSE=SSE/(n-k)$$

(vi) 검정통계량과 귀무가설하에서의 분포

$$F=\frac{MS_T}{MSE}\ \underset{H_0}{\overset{d}{\sim}}\ F(k-1,\ n-k)$$

해설 자료의 총제곱합(총변동)에서 평균 오차제곱합에 비해 평균 처리제곱합이 차지하는 비율이 크면 처리효과가 모두 0이라는 사실을 기각하는 아이디어를 사용하고 있다. 여기서 평균의 의미는 자유도로 나눈 값을 의미한다.

(b) 반복이 없는 이원배치의 경우

(i) 자료구조(A, B가 모두 처리 인자인 경우)

인자B \ 인자A	A_1	A_2	$\cdots$	A_p	평균
B_1					$\bar{y}_{.1}$
B_2					$\bar{y}_{.2}$
·			y_{ij}		·
·			(인자 A의 i수준, 인자 B의 j수준에서의 관측값)		·
·					·
B_q					$\bar{y}_{.q}$
평균	$\bar{y}_{1.}$	$\bar{y}_{2.}$	$\cdots$	$\bar{y}_{p.}$	$\bar{y}_{..}$

(ii) 편차의 분해

$$y_{ij}-\bar{y} = (\bar{y}_{i.}-\bar{y}_{..})+(\bar{y}_{.j}-\bar{y}_{..})+(y_{ij}-\bar{y}_{i.}-\bar{y}_{.j}+\bar{y}_{..})$$

(iii) 제곱합의 분해

$$SST = SS_A + SS_B + SSE$$

$$\sum\sum(y_{ij}-\bar{y})^2 = \sum\sum(\bar{y}_{i.}-\bar{y}_{..})^2+\sum\sum(\bar{y}_{.j}-\bar{y}_{..})^2+\sum\sum(y_{ij}-\bar{y}_{i.}-\bar{y}_{.j}+\bar{y}_{..})^2$$

(자유도) $\quad n-1 \qquad p-1 \qquad q-1 \qquad (p-1)(q-1)$

(iv) 평균제곱

$$MS_A = SST/(p-1), \quad MS_B = SST/(q-1), \quad MSE = SSE/(p-1)(q-1)$$

(v) 검정통계량과 귀무가설하에서의 분포

$$F_1 = \frac{MS_A}{MSE} \underset{H_0}{\overset{d}{\sim}} F(p-1,\ (p-1)(q-1))$$

$$F_2 = \frac{MS_B}{MSE} \underset{H_0}{\overset{d}{\sim}} F(q-1,\ (p-1)(q-1))$$

해설 일원배치의 경우와 유사함. F_1을 통해 인자 A의 유의성을, F_2을 통해 인자 B의 유의성을 검정한다. 인자 A가 유의하다는 것은 인자 A의 수준에 따라 모평균이 모두 같다는 귀무가설을 기각한다는 의미이다.

(c) 모집단에 대한 가정

일원배치 분산분석에서 k개의 모집단에 대해서는 서로 독립이며, 평균이 다른 정규분포를 따르는 것으로 가정한다.

18.1.3* R을 이용한 관련 분석

(a) 진단그림

분산분석을 수행한 결과에 대한 진단그림(diagnostic plots)은 aov( ) 함수의 수행 결과 객체에 대해 plot( ) 함수를 수행한다.

- plot(fit) # fit: aov( ) 함수의 수행 결과 객체

```
> ## 진단 그림: [예제 1]의 계속
> plot(av)
```

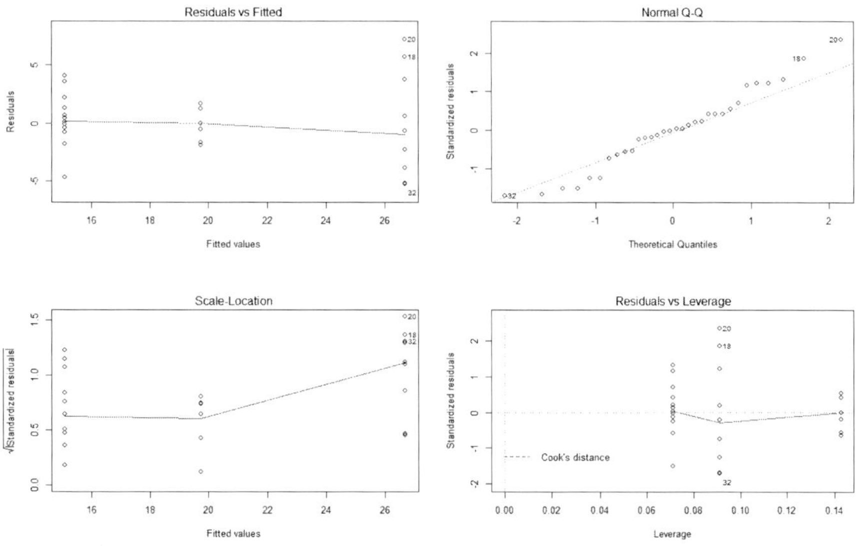

해석 위 그림에 대한 설명은 20.1절을 참고하기 바란다.

(b) 다중비교

TukeyHSD( ) 함수는 Tukey의 정직 유의차(honestly significant differences) 검정을 통한 다중비교(multiple comparisons)를 수행한다. 다중비교에 대한 자세한 내용은 18.3절을 참고하기 바란다.

- TukeyHSD(fit)　　# fit: aov( ) 함수의 수행 결과 객체
- plot(TukeyHSD(fit))　　# 다중비교의 결과를 시각화함

```
> ## 다중비교: [예제 1]의 계속
> (mc <- TukeyHSD(av))
    Tukey multiple comparisons of means
      95% family-wise confidence level

  Fit: aov(formula=mpg ~ as.factor(cyl))

  $`as.factor(cyl)`
              diff        lwr        upr     p adj
  6-4  -6.920779 -10.769350 -3.0722086 0.0003424
  8-4 -11.563636 -14.770779 -8.3564942 0.0000000
  8-6  -4.642857  -8.327583 -0.9581313 0.0112287
```

해석 'p adj'는 위의 방법(TukeyHSD)으로 p-값을 산출(조정)한 결과이다. 실린더의 수에 따른 mpg의 평균 간에 모두 유의한 차이가 있다고 할 수 있다('p adj'가 모두 0.05보다 작음).

```
> plot(mc, las="2")
```

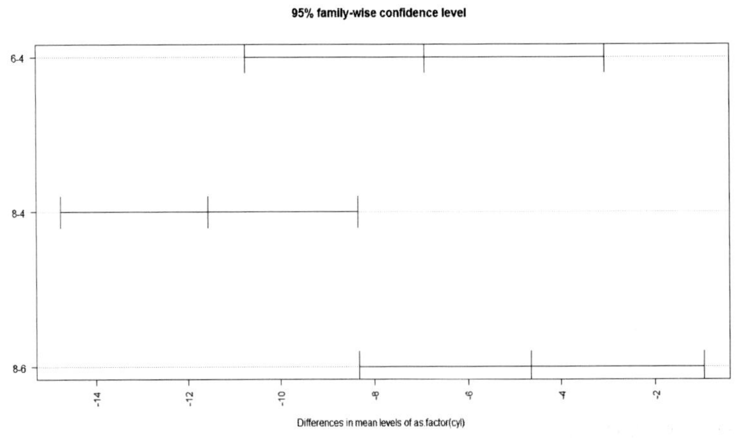

해석 차이에 대한 신뢰구간이 모두 0을 포함하지 않으므로, 3개의 검정 결과가 모두 유의하다고 할 수 있다.

(c) 관련 시각화 함수

분산분석에 유용한 시각화 함수는 다음과 같다.

- boxplot( ), lines( )
- interaction.plot( ): 교호효과 그림
- plotmeans{gplots}: 수준별 평균과 신뢰구간

위 함수 중 interaction.plot( ) 함수는 이원 교호효과 그림(two-way interaction plot)을 제공한다. 이 함수는 두 개의 요인(범주) 조합에서의 반응변수(연속형)의 평균(또는 요약값)을 그려 준다. 실험계획에서 처리에 따른 효과를 비교하는 데 효과적이다. interaction.plot( ) 함수의 일반 형식과 옵션은 다음과 같다.

```
interaction.plot(x.factor, trace.factor, response, fun=mean, type=c("l", "p",
"b", "o", "c"), legend=TRUE, ...)
```

- x.factor는 요인(factor)으로 x축을 형성
- trace.factor는 요인으로 수준은 트레이스(traces)를 형성
- response는 수치형 반응변수
- fun= 요약 함수를 지정
- type= 그림의 형태를 지정
- legend= 논리형으로 범례의 포함 여부를 지정

예제 4

mtcars 자료에 대해 위의 시각화 함수를 수행한 결과는 다음과 같다.

```
> ## 차의 실린더별 mpg의 상자그림
> attach(mtcars)
> boxplot(mpg~cyl, xlab="Cylinders", ylab="Miles per gallon")
```

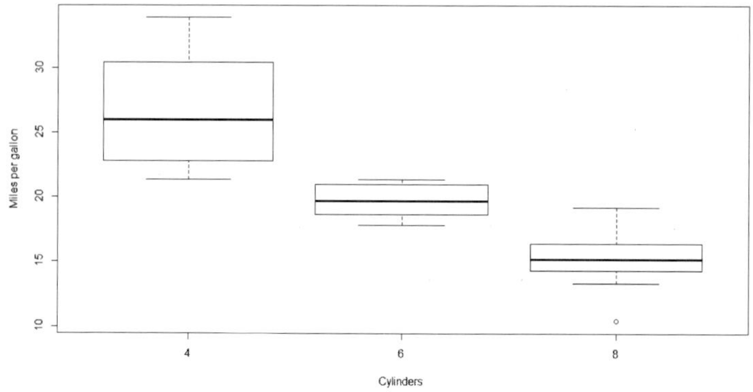


```
> ## 2원 교호효과(two-way interaction) 플롯
> attach(mtcars)
> gear <- factor(gear)
> cyl <- factor(cyl)
> interaction.plot(cyl, gear, mpg, type="b",
                   col=c(1:3), pch=c(1:3))     # legend=T(디폴트)
```

위 함수에서 첫 번째 인자는 x축 요인(x.factor), 두 번째 인자는 트레이스 요인(trace.factor)이고, 세 번째 인자는 수치형(numeric) 반응변수이다.

fixed=T 옵션을 사용하면 트레이스 요인(gear)의 범례의 순서를 3,4,5의 순으로 정렬할 수 있다.

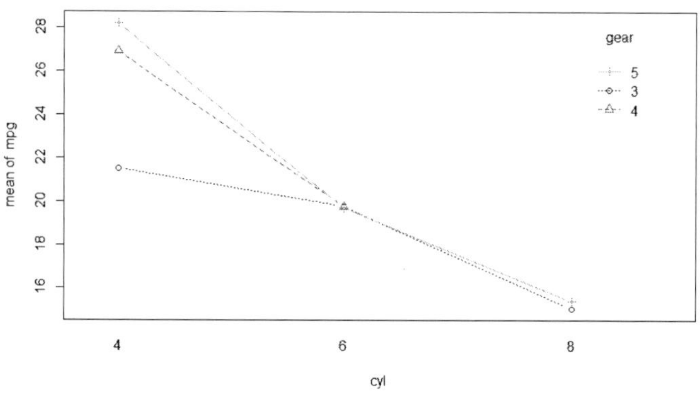

```
> ## 오차막대(error bars)를 가지는 평균 그림
> library(gplots)
> attach(mtcars)
> cyl <- factor(cyl)
> plotmeans(mpg~cyl)      # 95%(default) 신뢰구간을 함께 그려 줌
```

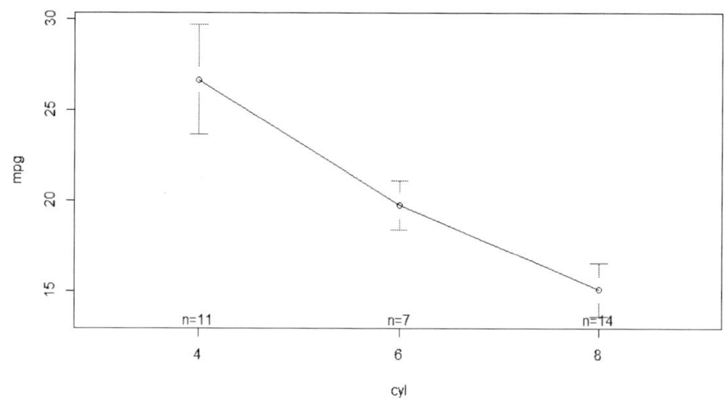

18.2 비모수적 방법

18.2.1 R을 이용한 분석

(a) 일원배치 분산분석(one-way ANOVA): 크루스칼-왈리스(Kruskal- Wallis) 검정

- kruskal.test(y, A)   # y: 수치형 벡터, A: 요인(factor)
- kruskal.test(y~A)   # y: 수치형 벡터, A: 요인(factor)

(b) 블록인자를 포함하는 이원배치 분산분석(two-way ANOVA): 프리드만(Friedman) 검정

- friedman.test(y, A, B)   # y는 수치형, A는 그룹화 요인, B는 블록화 요인임
- friedman.test(y~A|B)   # y는 수치형, A는 그룹화 요인, B는 블록화 요인임

예제 5

(크루스칼-왈리스 검정) PlantGrowth 자료에서 처리(ctrl, trt1, trt2)에 따라 무게(weight)가 같은지에 대한 크루스칼-왈리스 검정을 수행한다.

```
> attach(PlantGrowth)
> boxplot(weight ~ group)
> kruskal.test(weight ~ group)

	Kruskal-Wallis rank sum test

data:  weight by group
Kruskal-Wallis chi-squared = 7.9882, df = 2, p-value = 0.01842
```

(해석) 유의수준 5% 기준에서 처리에 따라 무게에 차이가 없다는 귀무가설을 기각한다.

예제 6

(프리드만 검정) 3가지 처리 방법(Trt1~Trt3)이 서로 다른지를 알아보기 위해 4명의 환자(Subj1~Subj4)에게 각 처리를 적용한 결과를 얻었다. 3가지 처리에 따른 결과가 모두 같은지에 대한 검정을 수행한다.

```
> treatments <- factor(rep(c("Trt1", "Trt2", "Trt3"), each=4))
> people <- factor(rep(c("Subj1", "Subj2", "Subj3", "Subj4"), 3))
> y <- c(0.73,0.76,0.46,0.85,0.48,0.78,0.87,0.22,0.51,0.03,0.39,0.44)
> friedman.test(y ~ treatments | people)

	Friedman rank sum test

data:  y, treatments and people
Friedman chi-squared = 2, df = 2, p-value = 0.3679
```

(해석) 유의수준 5%에서 3가지 처리의 효과가 모두 같다는 귀무가설을 기각하지 않는다.

18.2.2 검정 원리 소개

(a) 크루스칼-왈리스 검정

(i) 자료구조

반복 \ 처리	처리1	처리2	…	처리k	
1 2 · · ·			R_{ij} (전체자료로부터 구한 순위자료)		
합	$R_{1\cdot}$	$R_{2\cdot}$	…	$R_{k\cdot}$	$N=\sum n_i$
평균	$\overline{R}_{1\cdot}$	$\overline{R}_{2\cdot}$	…	$\overline{R}_{k\cdot}$	$\overline{R}_{\cdot\cdot}$

(ii) 가설

H_0: 처리효과들이 모두 같다.

H_1: 모든 처리효과가 같지는 않다.

(iii) 검정통계량과 귀무가설하에서의 분포

$$H=\frac{12}{N(N+1)}\sum_{i=1}^{k}n_i(\overline{R}_{i\cdot}-\frac{N+1}{2})^2$$

$$=\frac{12}{N(N+1)}\sum_{i=1}^{k}\frac{R_{i\cdot}^2}{n_i}-3(N+1)\ \underset{H_0}{\dot{\sim}}\ \chi^2(k-1)\ \text{for large n}$$

($k=2$ 이면 맨-휘트니 검정과 같음.)

(b) 프리드만 검정

블록 인자를 포함하는 이원배치 분산분석 또는 연관된 k-표본 분산분석

(i) 자료구조

블록 \ 처리	처리1	처리2	⋯	처리k	합
1 2 · · · n			R_{ij} (블록 내에서의 순위자료)		
합	$R_{\cdot 1}$	$R_{\cdot 2}$	⋯	$R_{\cdot k}$	$R_{\cdot\cdot}$
평균	$\overline{R}_{\cdot 1}$	$\overline{R}_{\cdot 2}$	⋯	$\overline{R}_{\cdot k}$	$\overline{R}_{\cdot\cdot}$

(ii) 가설

H_0: 처리효과들이 모두 같다.

H_1: 모든 처리효과가 같지는 않다.

(iii) 검정통계량과 귀무가설하에서의 분포

$$S = \frac{12n}{k(k+1)} \sum_{j=1}^{k} (\overline{R}_{\cdot j} - \overline{R}_{\cdot\cdot})^2$$

$$= \frac{12}{nk(k+1)} \sum_{i=1}^{k} R_{\cdot j}^2 - 3n(k+1) \quad \underset{H_0}{\dot{\sim}} \quad \chi^2(k-1) \text{ for large n}$$

(c) 모집단에 대한 가정

크루스칼-왈리스 검정은 비모수적인 검정으로, 이표본의 윌콕슨 순위합 검정과 유사한 방법으로 k개의 독립표본의 위치모수를 비교하는 방법이다. k개의 모집단은 연속이며 같은 분포를 따르나 위치모수는 다르다고 가정한다.

18.3 다중비교

18.3.1 다중비교 소개

다중비교(multiple comparison)는 여러 개의 검정(또는 구간추정)을 동시에 수행하는 것이다. 가령 처리의 수가 5개인 일원배치 ANOVA에서 F-검정의 결과가 유의하게 나왔다고 하자. 이는 단순히 "모든 처리 간에 차이가 없다는 귀무가설을 기각"할 수 있다는 사실 만을 의미하므로, 보다 구체적으로 어떤 처리 간에 차이가 있고 없는지를 알아볼 필요가 있다. 이를 위해 모든 처리 간의 조합(10개)에 대해 모평균의 차이를 동시에 검정할 필요가 있다. 이때 모든 검정을 유의수준 5%에서 수행한다고 하자. 모든 귀무가설이 참인 경우, 이를 올바르게 판단할 확률은 $(1-0.05)^{10} \approx 0.599$(약 60%)이다. 이는 잘못 판단할 확률(제1종 오류에 해당)이 $1-(1-0.05)^{10} \approx 40\%$나 됨을 의미한다. 이 사실은 유의수준 5%인 검정을 여러 개 동시에 수행할 경우, 이 가운데 잘못된 검정의 비율이 매우 커짐을 의미한다(이는 처리의 수가 늘어날수록 더욱 심각해진다).

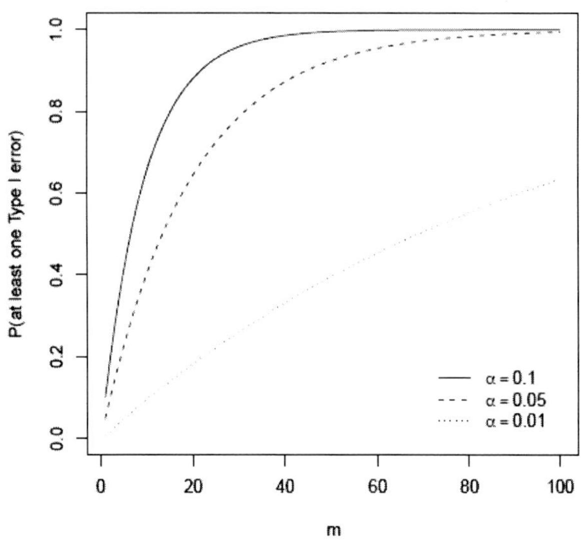

[그림 18.1] 유의수준 α와 가설의 수(m)에 따른 최소 1번의 제1종 오류를 범할 확률

따라서 여러 개의 검정을 동시에 수행하되 전체 오류율 즉, 유의수준을 α로 유지하기 위해서는 어떻게 해야 하는가? 이에 대한 해답은 개별 검정의 유의수준을 낮추어, 보다 엄격한 검정을 수행하면 될 것이다. 수행해야 할 개별 검정의 수를 K라고 할 때, Bonferroni

는 개별 검정의 유의수준으로 α/K를 제안하였고, Sidak은 $1-(1-\alpha)^{1/K}$를 제안하였다($\alpha=0.05, K=10$인 경우 두 값은 각각 0.0050, 0.0051이므로 Bonferroni가 좀 더 보수적인 검정이다).

다중비교는 F-검정의 유의성 여부에 관계없이 적용할 수 있다. 다중비교의 방법은 매우 다양하며, 이 가운데 몇 가지를 소개하면 다음과 같다.

- Tukey의 HSD(honestly significant difference): 상당히 엄격한(보수적인) 검정
- Newman-Keuls(NK) 방법
- Tukey의 스튜던트화 범위(studentized range) 검정: HSD를 완화한 방법(HSD+NK)
  (이상 반복수가 동일한 경우에만 적용)
- Fisher의 LSD(least significant difference) 검정: ANOVA에서 F-검정이 유의한 경우에만 적용
- Scheffe 방법: 많이 사용되는 일반적인 방법으로, 일반성의 댓가로 검정력이 다소 떨어지므로 유의수준을 다소 높게 잡는 것을 추천함($\alpha=0.1$).
- Duncan 방법: : 제1종 오류가 큰 단점
  (이상 반복수가 다른 경우에도 적용)

18.3.2 R을 이용한 분석

다중비교를 수행하는 R 함수는 다음과 같다. 다중비교는 한 가지 방법에만 의존하기보다, 몇 가지를 동시에 수행한 뒤 결론을 도출하는 것이 바람직하다.

- TukeyHSD( )
- scheffe.test{agricolae}, duncan.test{agricolae}
- glht{multicomp}: 모수적 모형에 대한 일반 선형 가설과 다중 비교를 제공한다(glht: general linear hypothesis testing). 가능한 모수적 모형에는 일반화선형모형, 선형혼합모형, 생존모형이 있다.

예제 7

(다중비교: 이원배치 분산분석) TukeyHSD( ) 함수를 이용하여 이원배치 분산분석에서 다중비교를 수행한다.

```
> str(warpbreaks)
'data.frame':	54 obs. of  3 variables:
 $ breaks : num  26 30 54 25 70 52 51 26 67 18 ...
 $ wool   : Factor w/ 2 levels "A","B": 1 1 1 1 1 1 1 1 1 1 ...
 $ tension: Factor w/ 3 levels "L","M","H": 1 1 1 1 1 1 1 1 1 2 ...
```

(설명) 이 자료는 양모(wool)의 종류(A, B)와 강도(L, M , H)에 따라 베틀에서 꼬인 횟수를 측정한 자료이다.

```
> ## 이원배치 ANOVA
> summary(fm1 <- aov(breaks ~ wool + tension, data = warpbreaks))
            Df Sum Sq Mean Sq F value  Pr(>F)
wool         1    451   450.7   3.339 0.07361 .
tension      2   2034  1017.1   7.537 0.00138 **
Residuals   50   6748   135.0
---
Signif. codes:  0 '***' 0.001 '**' 0.01 '*' 0.05 '.' 0.1 ' ' 1
```

(해석) 이원배치 ANOVA를 수행한 결과, 강도(tension)가 유의한 인자로 나타났다.

```
> ## 강도에 따른 상자그림
> boxplot(breaks ~ tension, data=warpbreaks)
```

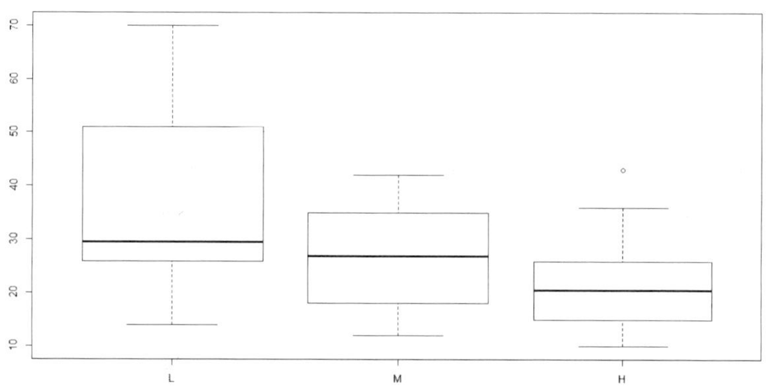


```
> ## 강도에 대해 다중비교를 수행
> TukeyHSD(fm1, "tension", ordered = TRUE)
  Tukey multiple comparisons of means
    95% family-wise confidence level
    factor levels have been ordered

Fit: aov(formula = breaks ~ wool + tension, data = warpbreaks)

$tension
         diff        lwr      upr     p adj
M-H  4.722222 -4.6311985 14.07564 0.4474210
L-H 14.722222  5.3688015 24.07564 0.0011218
L-M 10.000000  0.6465793 19.35342 0.0336262
```

(해석) L–H, L–M 간에는 차이가 존재하나, M–H 간에는 차이가 없다. 따라서 강도를 L과 (M, H)로 그룹화할 수 있다.

```
> plot(TukeyHSD(fm1, "tension"))     # 다중비교의 시각화
```

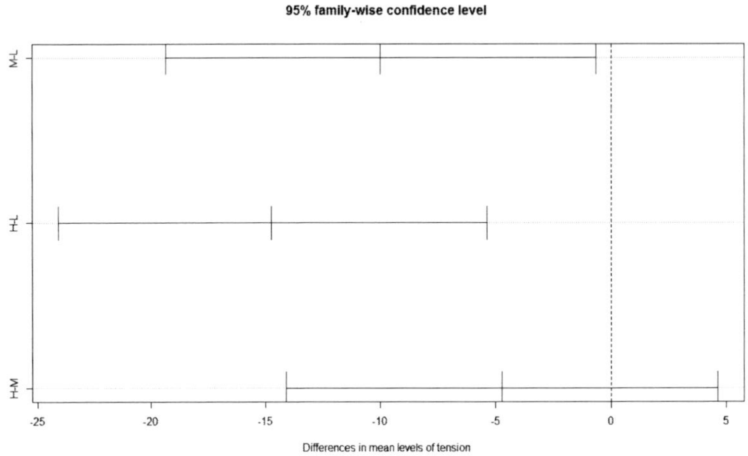

예제 8

(다중비교: 확률화 블록계획) TukeyHSD( ) 함수를 이용하여 확률화 블록계획에서 다중비교를 수행한다.

```
> y <- c(12,14,22,17,51,55,61,54,80,83,92,88)      # 곰팡이 균의 수
> oint=expand.grid(ointment=c("A","B","C","D"),
                   degree=c("heavy","middle","light"))
> oint$fungus <- y
```

(설명) 이 자료는 연고(ointment) 간의 차이를 비교하기 위해, 피부환자의 상태(degree)에 따라 환자를 나눈 뒤, 연고의 종류에 따른 곰팡이 균의 수(fungus)를 측정한 자료이다. 여기서 상태는 블록인자이다.

```
> attach(oint)
> boxplot(fungus~ointment*degree, las=2, cex=0.5)
```

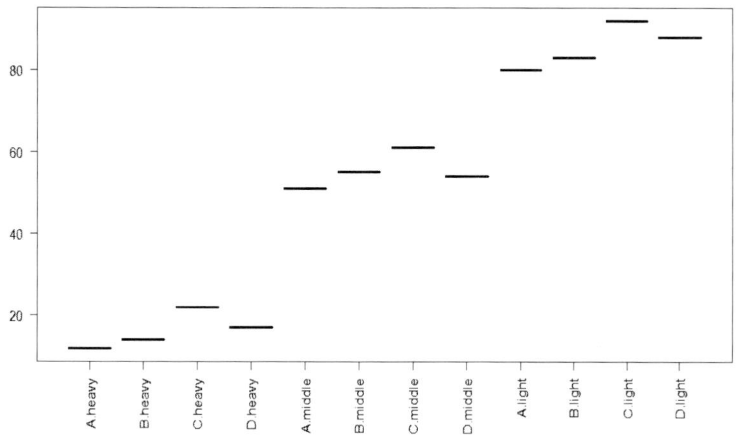


```
> ## 분산분석을 수행: 확률화 블록계획
> oint.aov <- aov(fungus~ointment+degree)
> summary(oint.aov)
            Df Sum Sq Mean Sq F value    Pr(>F)
ointment     3    183      61   32.28 0.000425 ***
degree       2   9709    4854 2569.94 1.59e-09 ***
Residuals    6     11       2
---
Signif. codes:  0 '***' 0.001 '**' 0.01 '*' 0.05 '.' 0.1 ' ' 1
```

(해석) 블록인자인 상태(degree)의 효과가 유의하게 나타났다. 주된 관심사인 연고의 효과도 매우 유의하다. 이에 대한 해석은 다중회귀의 경우와 같다. 즉, 블록 간의 차이를 고려한 후 연고 간에 유의한 차이가 있음을 의미한다.

```
> ## (비교) 블록 간의 차이를 무시할 경우 분산분석 결과
> oint.aov.2=aov(fungus~ointment)
> anova(oint.aov.2)
Analysis of Variance Table

Response: fungus
          Df Sum Sq Mean Sq F value Pr(>F)
ointment   3  182.9   60.97  0.0502 0.9841
Residuals  8 9720.0 1215.00
```

(해석) 연고의 효과가 유의하지 않게 나타남.

```
> ## 다중비교 수행: TukeyHSD() 함수 이용
> oint.tukey=TukeyHSD(oint.aov, which="ointment")
> oint.tukey
  Tukey multiple comparisons of means
    95% family-wise confidence level

Fit: aov(formula = fungus ~ ointment + degree)

$ointment
          diff       lwr       upr     p adj
B-A   3.000000 -0.884619  6.884619 0.1274284
C-A  10.666667  6.782048 14.551286 0.0003227
D-A   5.333333  1.448714  9.217952 0.0124296
C-B   7.666667  3.782048 11.551286 0.0019796
D-B   2.333333 -1.551286  6.217952 0.2597878
D-C  -5.333333 -9.217952 -1.448714 0.0124296

> plot(oint.tukey)
```

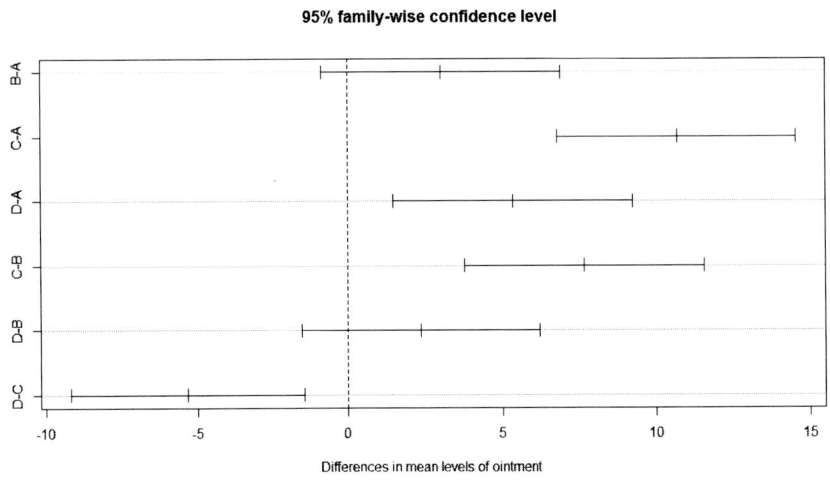

(해석) 위 결과를 요약하면 다음의 그림과 같이 나타낼 수 있다. 즉, 연고 C는 다른 연고에 비해 유의하게 크다고 할 수 있다. 연고 D는 A보다는 유의하게 크나 B와는 차이가 없으며, 연고 A와 B간에는 유의한 차이가 없다.

```
연고   A  B  D  C
          ----
       ----
```

18.3.3 다중비교 이론

여러 가지의 다중비교 가운데 Fisher의 HSD와 Scheffe의 방법을 소개한다.

(a) Fisher의 HSD

이 검정은 아래와 같은 형태의 신뢰구간을 동시(simultaneously)에 제시하는 방법으로, 모든 가능한 두 집단 간의 검정(pairwise comparisons)을 수행한다.

$$(\overline{y}_i - \overline{y}_j) \pm q^* \cdot \sqrt{\frac{1}{2}s^2\left(\frac{1}{n_i} + \frac{1}{n_j}\right)}.$$

위 식에서 q^*는 스튜던트화 범위 분포(studentized range distribution)로 알려진 분포의 분위수(quantile)이다. q^*는 동시 신뢰영역의 신뢰계수가 $1-\alpha$이도록 선택된다.

(b) Scheffe의 방법

처리 모평균들의 선형 결합($L = c_1\mu_1 + c_2\mu_2 + \cdots + c_r\mu_r$. $\sum c_i = 0$)이 영인지를 검정하는 방법이다(이때 L을 대비(contrast)라고 함).

(i) 가설: $H_0 : L = 0 \quad vs \quad H_1 : L \neq 0$

(ii) 검정통계량: $\hat{L} = \sum c_i \overline{Y}_i$

(iii) 기각역(유의수준 α): $|\hat{L}| \geq T \cdot SE(\hat{L}),\quad T = \sqrt{(r-1)F_\alpha(r-1,\, n_T - r)}$

[18장] 연습문제

01 PlantGrowth 자료는 세 가지 처리 방법에 따른 식물의 무게를 측정한 자료이다. 세 가지 처리 방법에 따른 무게의 모평균이 모두 같은지에 대한 검정을 수행하여라.

02 morley 자료는 5개의 실험에 따라 빛의 속도를 20번씩 측정한 자료이다. 실험에 따른 속도의 모평균이(또는 위치모수가) 모두 같은지에 대한 검정을 수행하고자 한다. 단, Run 변수를 단순 반복으로 간주한다.

(a) 상자그림을 그리고, 일원배치 분산분석을 수행하여라.

(b) 진단그림을 통해 분석 결과에 대한 진단을 수행하여라.

(c) 다중비교를 실시하여라.

(d) 크루스칼-왈리스 검정을 수행하여라.

03 **(2번 계속)** morley 자료에 대해 Run 변수를 블록인자로 간주하여 분산분석을 수행하여라.

(a) 이원배치 분산분석을 수행하여라.

(b) 프리드만 검정을 수행하고, 위의 결과와 비교하여라.

(c) Expt와 Run 변수 간의 교호효과 그림을 그려라.

04 어느 극장 운영자가 고객이 느끼는 만족도를 알아보기 위해 실험을 실시하였다. 두 종류의 좌석(Seat: SA, SB)과 두 종류의 음식(Food: FA, FB)의 조합에서 임의로 배정된 16명 고객의 만족도를 100점 만점으로 측정하였다.

Food Seat	SA				SB			
FA	90	82	80	78	58	61	56	52
FB	65	63	70	64	65	58	52	60

좌석과 음식의 종류가 만족도에 영향을 미치는지를 알아보고자 한다.

(a) 반복이 있는 이원배치 분산분석을 실시하여라.

(b) 교호효과 그림을 그리고, 이를 해석하여라.

05 OrchardSprays 자료에 대해 처리방법에 따른 용해액의 감소량을 분석하고자 한다.

(a) 처리방법과 행범주(rowpos) 간에 교호작용이 존재하는지를 교호효과 그림을 통해 확인하여라.

(b) 처리방법과 열범주(colpos) 간에 교호작용이 존재하는지를 교호효과 그림을 통해 확인하여라.

06 sweetpotato{agricolae} 자료에 대해 다중비교를 수행하여라.

(a) Scheffe의 방법을 적용하고, 그 결과를 해석하여라.

(b) Tukey의 HSD 방법을 적용하고, 그 결과를 해석하여라.

[19장]

상관분석

19.1 상관계수
19.2 상관분석 시각화
19.3 그림행렬 소개

19.1 상관계수

표본상관계수(이하 상관계수)는 두 변수 간의 선형적인(또는 직선적인) 관계를 나타내는 측도이다. 상관계수는 −1과 1 사이의 값을 가지며, 1 또는 −1에 가까울수록 선형적인 관계가 강하며, 0에 가까울수록 그 관계가 약하다고 할 수 있다.

상관계수의 종류에는 피어슨 상관계수, 스피어만 상관계수, 켄달의 타우 등이 있다. 이 가운데 피어슨 상관계수는 모수적, 나머지는 비모수적 상관계수로 구분된다.

cor( ) 함수는 상관분석을 수행한다. cor( ) 함수의 일반 형식은 다음과 같다.

```
cor(x, y=NULL, use="everything",
    method=c("pearson", "kendall", "spearman"))   # 디폴트는 "pearson"임
```

(a) 피어슨 상관계수

피어슨(Pearson) 상관계수 r은 두 개의 데이터 셋 $\{x_1, x_2, \cdots, x_n\}$과 $\{y_1, y_2, \cdots, y_n\}$으로부터 다음과 같이 정의된다.

$$r = r_{xy} = \frac{\sum_{i=1}^{n}(x_i - \overline{x})(y_i - \overline{y})}{\sqrt{\sum_{i=1}^{n}(x_i - \overline{x})^2}\sqrt{\sum_{i=1}^{n}(y_i - \overline{y})^2}}.$$

예제 1

longley 자료에 대해 상관분석을 수행한다.

```
> data(longley)
> str(longley)
 'data.frame':    16 obs. of  7 variables:
  $ GNP.deflator: num  83 88.5 88.2 89.5 96.2 ...
  $ GNP         : num  234 259 258 285 329 ...
  $ Unemployed  : num  236 232 368 335 210 ...
  $ Armed.Forces: num  159 146 162 165 310 ...
  $ Population  : num  108 109 110 111 112 ...
  $ Year        : int  1947 1948 1949 1950 1951 1952 1953 1954 1955 1956 ...
  $ Employed    : num  60.3 61.1 60.2 61.2 63.2 ...

> cor(longley)      # 피어슨 상관계수
             GNP.deflator   GNP Unemployed Armed.Forces Population  Year  Employed
GNP.deflator        1.000 0.992      0.621        0.465      0.979 0.991     0.971
GNP                 0.992 1.000      0.604        0.446      0.991 0.995     0.984
Unemployed          0.621 0.604      1.000       -0.177      0.687 0.668     0.502
Armed.Forces        0.465 0.446     -0.177        1.000      0.364 0.417     0.457
Population          0.979 0.991      0.687        0.364      1.000 0.994     0.960
Year                0.991 0.995      0.668        0.417      0.994 1.000     0.971
Employed            0.971 0.984      0.502        0.457      0.960 0.971     1.000

> pairs(longley)      # 다변량 산점도
```

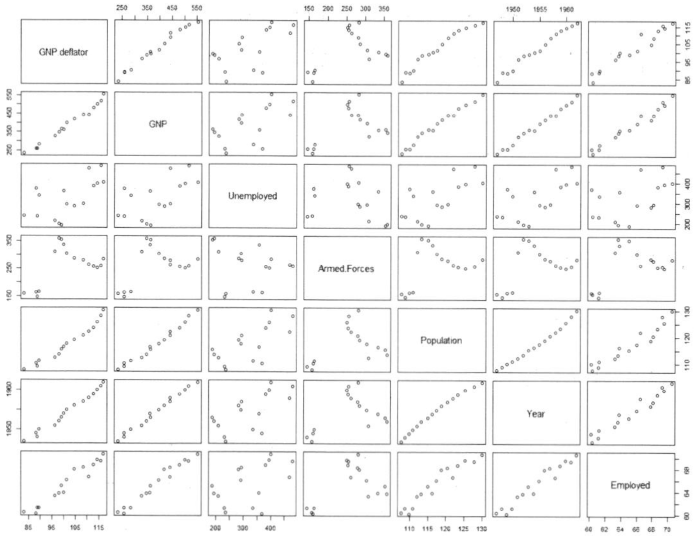

(b) 스피어만 상관계수

스피어만(Spearman) 상관계수 r_s는 일종의 비모수적 상관계수로 다음과 같이 구해진다. 먼저 두 개의 데이터 셋(원 자료)을 각각 순위(rank) 자료로 전환한 뒤, 전환된 자료로부터 피어슨 상관계수를 구한 것으로 정의된다. 즉 전환된 순위 자료를 각각 $\{r_1, r_2, \cdots, r_n\}$과 $\{s_1, s_2, \cdots, s_n\}$이라고 할 때

$$r_s = \frac{\sum_{i=1}^{n}(r_i - \bar{r})(s_i - \bar{s})}{\sqrt{\sum_{i=1}^{n}(r_i - \bar{r})^2}\sqrt{\sum_{i=1}^{n}(s_i - \bar{s})^2}}$$

으로 정의된다. 스피어만 상관계수는 원 자료 대신 순위자료를 사용하므로 피어슨 상관계수보다 이상치 자료에 대해 덜 민감하게 반응한다. 따라서 스피어만 상관계수는 이상치가 포함된 자료에 대해 피어슨 상관계수보다 선호될 수 있다.

자료분석 과정에서 두 상관계수의 차이가 클 경우에는 두 변수 간의 비선형성을 의심해 볼 필요가 있다. 예를 들어 아래의 [그림 19.1]과 같이 비선형성이 강한 자료에 대해 스피어만 상관계수는 피어슨 상관계수에 비해 훨씬 큰 값을 제공한다.

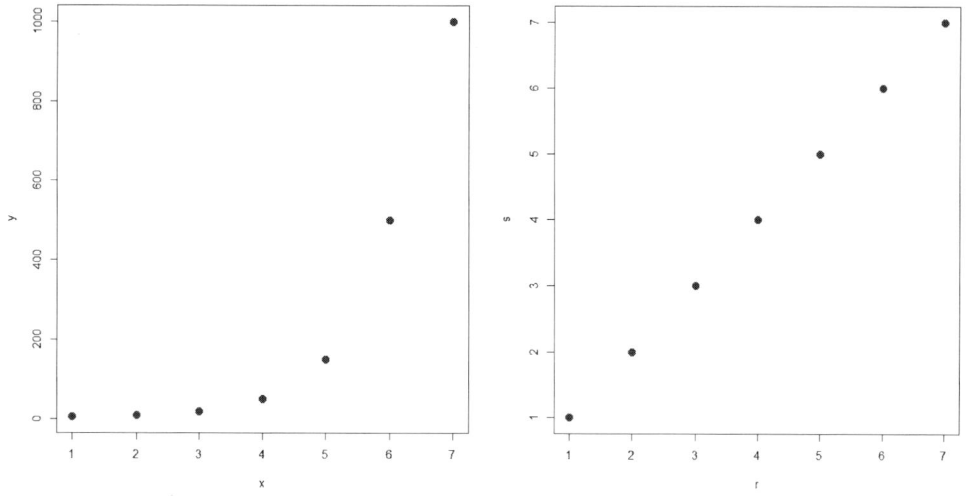

(a) 원자료($r = 0.84$) (b) 순위자료($r_s = 1$)

[그림 19.1] 피어슨과 스피어만 상관계수

위의 longley 자료에 대해 스피어만 상관계수를 구하면 다음과 같다.

```
> cor(longley, method="spearman")
             GNP.deflator   GNP Unemployed Armed.Forces Population  Year  Employed
GNP.deflator        1.000 0.997      0.665        0.221      0.997 0.997     0.982
GNP                 0.997 1.000      0.638        0.224      0.994 0.994     0.985
Unemployed          0.665 0.638      1.000       -0.341      0.685 0.685     0.565
Armed.Forces        0.221 0.224     -0.341        1.000      0.226 0.226     0.226
Population          0.997 0.994      0.685        0.226      1.000 1.000     0.976
Year                0.997 0.994      0.685        0.226      1.000 1.000     0.976
Employed            0.982 0.985      0.565        0.226      0.976 0.976     1.000
```

(c) 켄달의 타우

켄달(Kendall)의 타우(τ) 역시 일종의 비모수적 상관계수로 다음과 같이 정의된다. 원자료셋으로부터 부합(concordant pairs)인 쌍의 수를 P, 비부합인 쌍의 수(discordant pairs)를 Q라고 할 때

$$\tau = \frac{P-Q}{P+Q}$$

으로 정의된다. 여기서 P와 Q는 각각 다음의 그림에서 기울기가 양인 직선과 음인 직선의 수를 의미한다. 즉 기울기가 양(또는 음)인 직선의 수 P(또는 Q)는 x값이 증가할 때, y값도 따라 증가하는(또는 감소하는) 점의 쌍이 몇 개인지를 나타내는, 즉 부합인(또는 비부합인) 직선의 수가 몇 개인가를 나타내는 값으로 이해될 수 있다.

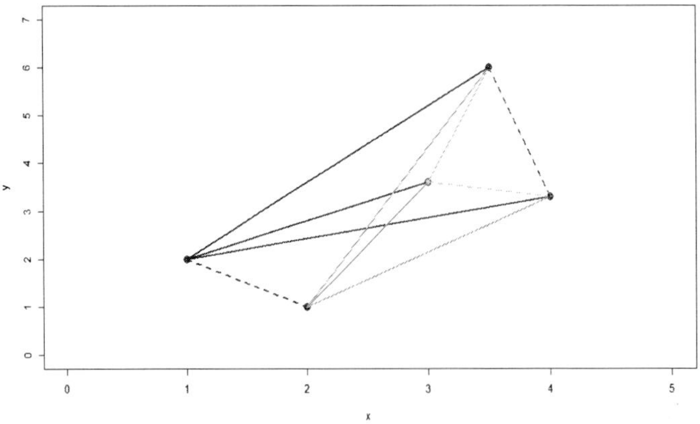

[그림 19.2] 켄달의 타우($\tau = 0.4$: $P = 7$, $Q = 3$)

위의 longley 자료에 대해 켄달의 타우(τ)를 구하면 다음과 같다.

```
> cor(longley, method="kendall")
             GNP.deflator   GNP Unemployed Armed.Forces Population  Year Employed
GNP.deflator       1.0000 0.983      0.450       0.0333      0.983 0.983    0.917
GNP                0.9833 1.000      0.433       0.0500      0.967 0.967    0.933
Unemployed         0.4500 0.433      1.000      -0.2167      0.467 0.467    0.367
Armed.Forces       0.0333 0.050     -0.217       1.0000      0.050 0.050    0.050
Population         0.9833 0.967      0.467       0.0500      1.000 1.000    0.900
Year               0.9833 0.967      0.467       0.0500      1.000 1.000    0.900
Employed           0.9167 0.933      0.367       0.0500      0.900 0.900    1.000
```

(d) 상관계수에 대한 검정

이상에서 소개한 세 가지 종류의 상관계수에 대한 검정은 cor.test( ) 함수를 이용한다.

```
• cor.test(x, y, alternative c("two.sided", "less", "greater"),
         method=c("pearson", "kendall", "spearman"),
         exact=NULL, conf.level=0.95, continuity=FALSE,...)

• cor.test(formula, data, subset, na.action, ...)
```

이 가운데 피어슨 상관계수에 대한 검정은 다음의 t-검정을 이용한다. 모집단의 분포가 이변량 정규분포라는 가정하에서 다음의 가설

$$H_o : \rho = 0, \quad H_1 : \rho \neq 0$$

에 대한 검정은 표본상관계수를 이용한 다음의 검정통계량

$$t = \frac{r\sqrt{n-2}}{\sqrt{1-r^2}}$$

이 귀무가설하에서 자유도가 $(n-2)$인 t-분포를 따르는 사실에 기초한다.

예제 2

cats 자료에 대해 상관분석을 수행한다. cats 자료는 다 큰 고양이 144마리의 몸무게(kg)와 심장의 무게(g)를 측정한 자료이다.

```
> library("MASS")
> data(cats)
> str(cats)
```

```
'data.frame':   144 obs. of  3 variables:
 $ Sex: Factor w/ 2 levels "F","M": 1 1 1 1 1 1 1 1 1 1 ...
 $ Bwt: num  2 2 2 2.1 2.1 2.1 2.1 2.1 2.1 2.1 ...
 $ Hwt: num  7 7.4 9.5 7.2 7.3 7.6 8.1 8.2 8.3 8.5 ...

> summary(cats)
 Sex         Bwt             Hwt
 F:47   Min.   :2.000   Min.   : 6.30
 M:97   1st Qu.:2.300   1st Qu.: 8.95
        Median :2.700   Median :10.10
        Mean   :2.724   Mean   :10.63
        3rd Qu.:3.025   3rd Qu.:12.12
        Max.   :3.900   Max.   :20.50
```

위의 자료는 결측치를 가지는 변수가 없으며, 산점도는 다음과 같다.

```
> with(cats, plot(Bwt, Hwt))   # with(cats, plot(Hwt ~ Bwt))과 같음
> title(main="Heart Weight (g) vs. Body Weight (kg)\nof Domestic Cats")
```

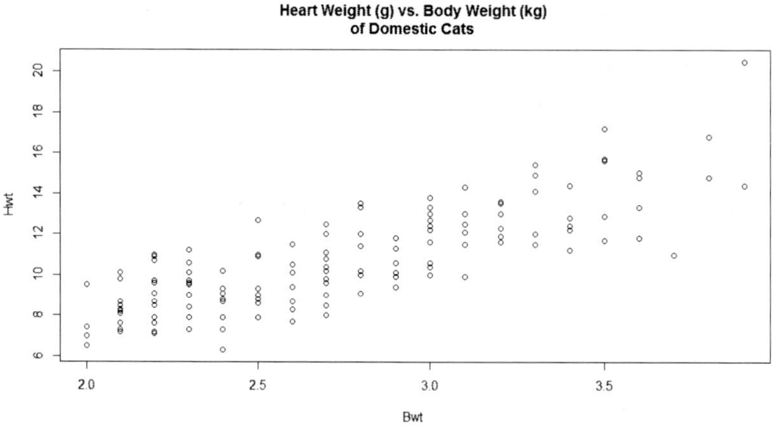

cor( ) 함수를 통해 두 변수 간의 피어슨 상관계수(Pearson's correlation coefficient)와 결정계수(coefficient of determination)를 구하면 다음과 같다. 결정계수(R^2)는 단순회귀(20.1절 참고)에서 적합된 회귀식의 설명력을 나타낸다.

```
> with(cats, cor(Bwt, Hwt))
 [1] 0.8041274

> with(cats, cor(Bwt, Hwt))^2   # 단순회귀에서는 결정계수=(상관계수의 제곱)임
 [1] 0.6466209
```

cor.test( ) 함수를 통해 상관계수에 대한 검정을 수행한다.

```
> with(cats, cor.test(Bwt, Hwt))  # with(cats, cor.test(~ Bwt + Hwt))와 같음

	Pearson's product-moment correlation

data:  Bwt and Hwt
t = 16.1194, df = 142, p-value < 2.2e-16
alternative hypothesis: true correlation is not equal to 0
95 percent confidence interval:
 0.7375682 0.8552122
sample estimates:
      cor
0.8041274
```

cor.test( ) 함수는 다음과 같이 공식(formula)을 사용할 수도 있다. 이 경우에는 subset= 옵션을 지원한다.

```
> with(cats, cor.test(~ Bwt + Hwt, subset=(Sex=="F")))

	Pearson's product-moment correlation

data:  Bwt and Hwt
t = 4.2152, df = 45, p-value = 0.0001186
alternative hypothesis: true correlation is not equal to 0
95 percent confidence interval:
 0.2890452 0.7106399
sample estimates:
      cor
0.5320497
```

이 결과(cor ≈ 0.53)는 전체 자료의 결과(cor ≈ 0.80)와 큰 차이를 보인다. 그 차이를 산점도를 통해 확인해 보면 다음과 같다.

```
> with(cats, plot(Bwt, Hwt, type="n", xlab="Body Weight in kg",
       ylab="Heart Weight in g",
       main="Heart Weight vs. Body Weight of Cats"))
> with(cats,points(Bwt[Sex=="F"], Hwt[Sex=="F"], pch=16, col="red"))
> with(cats,points(Bwt[Sex=="M"], Hwt[Sex=="M"], pch=17, col="blue"))
```

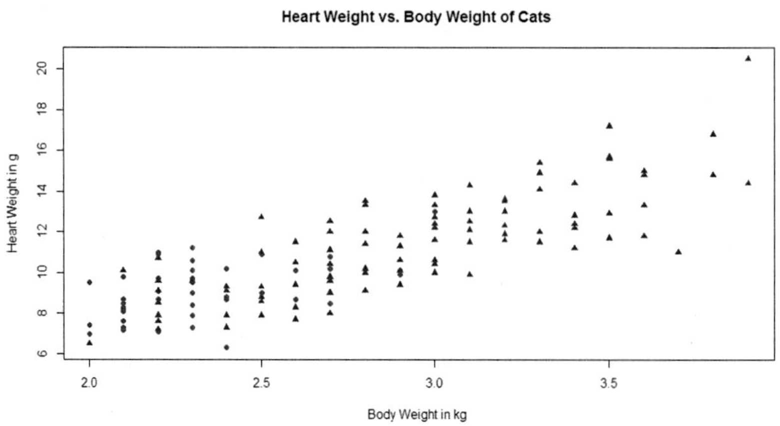

19.2 상관분석 시각화

19.2.1 {psych} 패키지

상관행렬의 시각화를 위해 R 패키지 {psych}의 pairs.panel( ) 함수와 cor.plot( ) 함수를 이용한다.

(a) pairs.panel{psych} 함수

pairs.panels( ) 함수는 산점도와 함께 모든 변수들 간의 상관계수를 보여 준다. 변수의 수가 6 ~ 10개 이내인 경우 효과적이다. pairs.panels( )의 일반형식과 주요 옵션은 다음과 같다.

```
pairs.panels(x, smooth=TRUE, scale=FALSE, density=TRUE, ellipses=TRUE,
      lm=FALSE, digits=2, method="pearson", pch=20, lm=FALSE, cor=TRUE,
      jiggle=FALSE, factor=2, hist.col="cyan", show.points=TRUE, rug=TRUE,
      breaks=, cex.cor=, ...)
```

- x는 데이터프레임 또는 행렬
- smooth= loess 평활곡선 그림
- scale= FALSE(디폴트), TRUE는 상관계수값을 절댓값의 크기에 비례하게 폰트를 사용함
- method= "pearson", "spearman", "kendall"

- pch= 점의 형태 지정, 0~25까지 가능
- jiggle= 플롯에 흐트림(jitter) 적용 여부
- factor= 흐트림에 대한 인자(1–5)

```
> ## pairs.panels( ) 함수의 적용 예: iris 자료 이용
> data(iris)
> pairs.panels(iris[1:4], scale=T)     # |상관계수|에 비례한 크기로 값을 출력
```

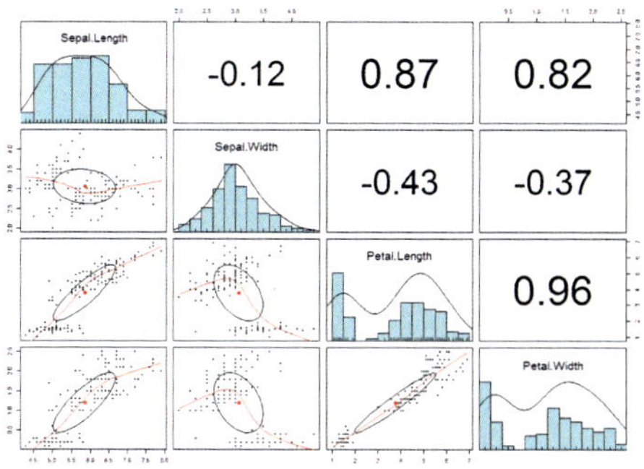

(a) scale=FALSE(디폴트)

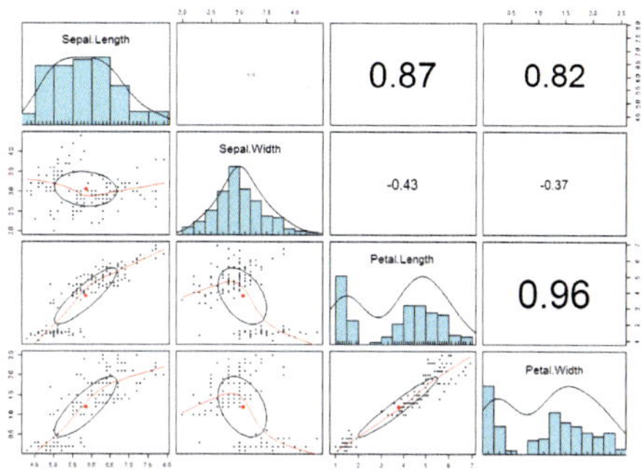

(b) scale=TRUE

```
> # Species별로 점의 색상을 다르게 지정
> pairs.panels(iris[1:4], bg=c("red","yellow","blue")[iris$Species],
         pch=21, main="Fisher Iris data by Species")    # 그룹별로 색상지정
```

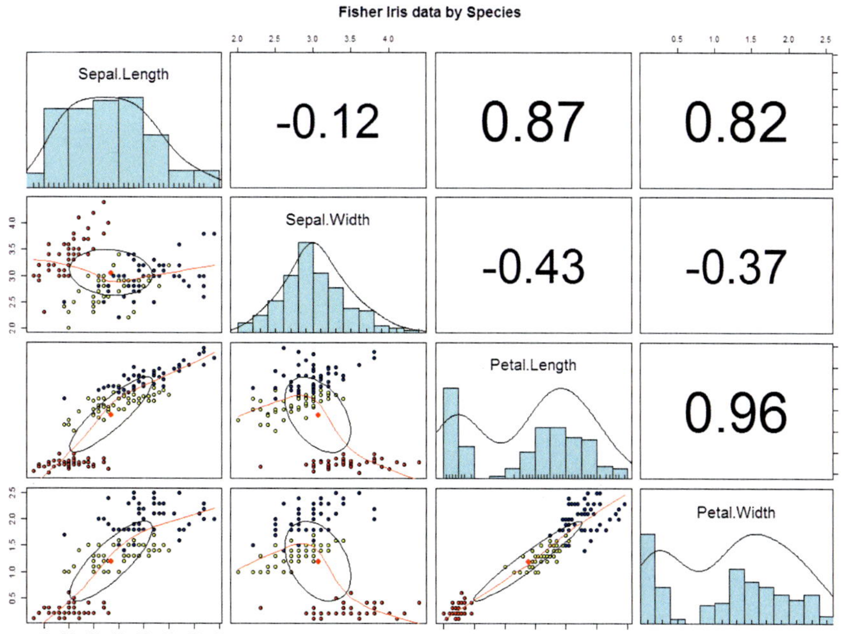

(b) cor.plot{psych} 함수

cor.plot()는, 변수의 수가 많을 경우에 유용한 방법으로, 상관 또는 요인행렬에 대해 이미지 플롯을 제공한다.

- cor.plot( )

```
> ## cor.plot( ) 함수의 적용 예: mtcars 자료 이용
> cor.plot(cor(mtcars))
```

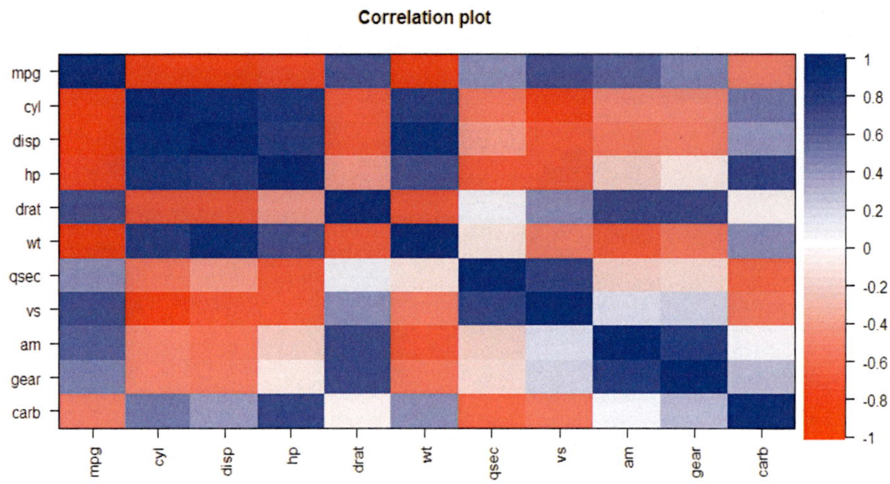

19.2.2 {corrplot} 패키지

R 패키지 {corrplot}의 corrplot() 함수와 corrplot.mixed() 함수를 이용한 상관행렬의 시각화 방법을 소개한다.

(a) corrplot{corrplot} 함수

corrplot{corrplot} 함수는 상관행렬과 신뢰구간을 시각적으로 보여 준다. 일반 행렬의 시각화에도 사용될 수 있으며, 이 경우 is.corr=FALSE로 지정한다. 이 함수는 매우 다양한 옵션을 지원한다.

```
corrplot(corr, method= , typ= , add=FALSE,
  col=NULL, bg="white", title="",
          is.corr=TRUE, diag=TRUE,
  ...
```

```
order=c("original", "AOE", "FPC", "hclust", "alphabet"),
hclust.method=c("complete", "ward", "single", "average",
                "mcquitty", "median", "centroid"),
addrect=NULL, rect.col="black", rect.lwd=2,
...
p.mat=NULL, sig.level=0.05,
insig=c("pch","p-value","blank", "n"),
pch=4, pch.col="black", pch.cex=3,

plotCI=c("n","square", "circle", "rect"),
lowCI.mat=NULL, uppCI.mat=NULL, ...)
```

- method= "circle"(default), "square", "ellipse", "number", "shade", "color", "pie"
- type= "full"(default), "upper" or "lower" (layout type 지정)

```
> ## corrplot{corrplot} 함수의 적용 예
> library(corrplot)
> M <- cor(mtcars)
> corrplot(M, method="ellipse", type="lower")     # 하-대각 위치에 타원형을 지정
```

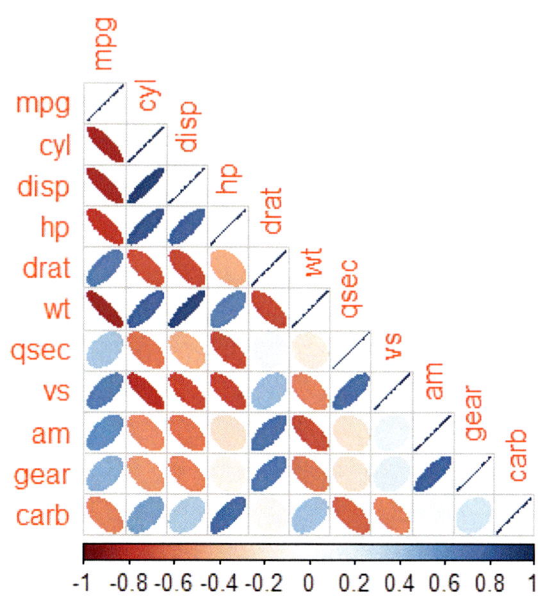

(b) corrplot.mixed{corrplot} 함수

corrplot.mixed{corrplot} 함수는 상관행렬에 대해 혼합된 방법으로 시각화를 제공한다.

```
corrplot.mixed(corr, lower="number", upper="circle",
  tl.pos=c("d","lt","n"), diag=c("n","l","u"),
  bg="white", addgrid.col="gray", ...)
```

- lower=, upper= 옵션: "circle"(upper default), "square", "ellipse", "number"(lower default), "shade", "color", "pie"

```
> ## corrplot.mixed{corrplot}의 적용 예
> corrplot.mixed(M)    # corrplot.mixed(M, lower="number", upper="circle")와 같음
```

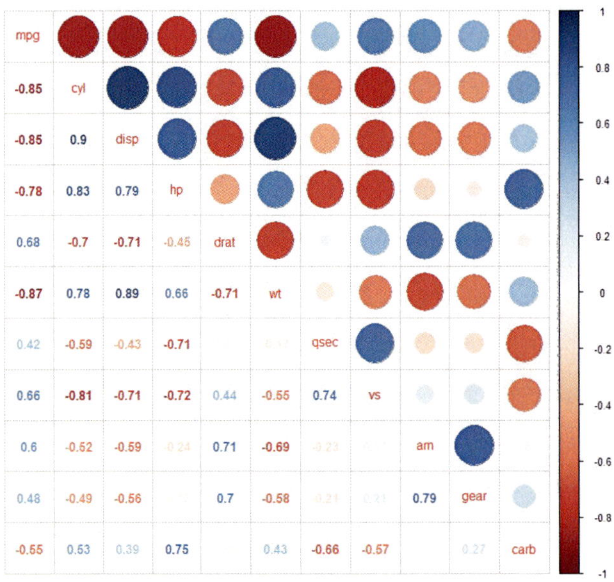

(c) 상관행렬의 재배열(reorder)

행렬의 재배열은 행렬에서 숨겨진 구조와 패턴의 마이닝을 위해 매우 중요하다. corrplot() 함수에서 order= 옵션을 사용하며, 옵션에는 "AOE", "FPC", "hclust", "alphabet"이 있다.

- AOE: 고유벡터의 각 순서(the angular order of the eigenvectors)
- FPC: 제1주성분 순서(the first principal component order)
- hclust: 위계적 군집 순서(hierarchical clustering order)
- alphabet: 알파벳 순서(alphabetical order)

아래에서 addrect= 옵션은 hclust의 경우에 사용되며, 위계적 군집에 따라 그래프에 포함되는 사각형의 수를 지정한다.

```
> ## 위계적 군집분석에서 군집의 수를 3개로 지정함
> corrplot(M, order="hclust", addrect=3)
```

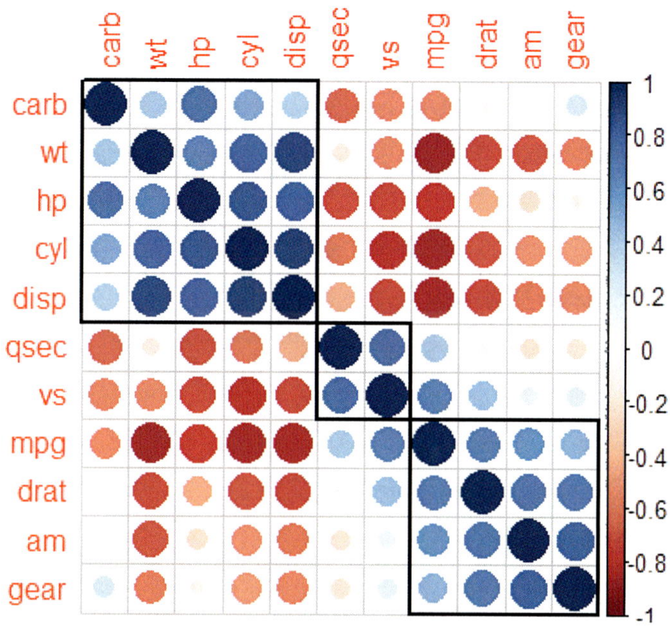

(d) 컬러 스펙트럼 변경하기

```
> ## 색상 palette 생성: colorRampPalette( ) 함수 이용(9장 참고)
> col.1 <- colorRampPalette(c("red", "white", "blue"))
> wb <- c("white", "black")

> ## 컬러 스펙트럼 지정
> par(mfrow=c(1,2))
> corrplot(M, order="hclust", addrect=2, col=col.1(20))
> ## col.1 palette(red, white, blue 색상)으로부터 20가지 색상 스펙트럼을 사용
> corrplot(M, order="hclust", addrect=2, col=wb, bg="gold2")
```

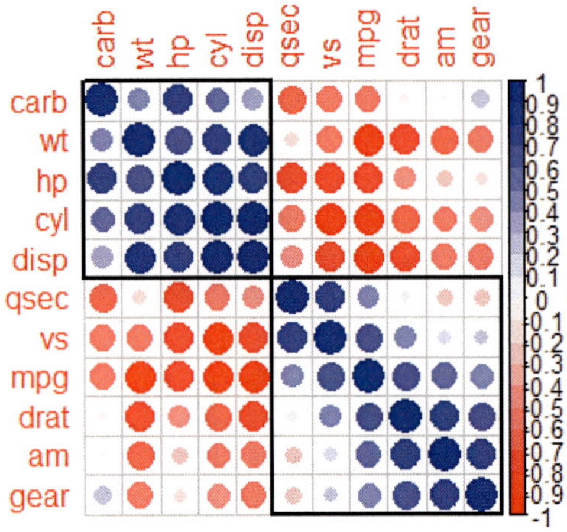

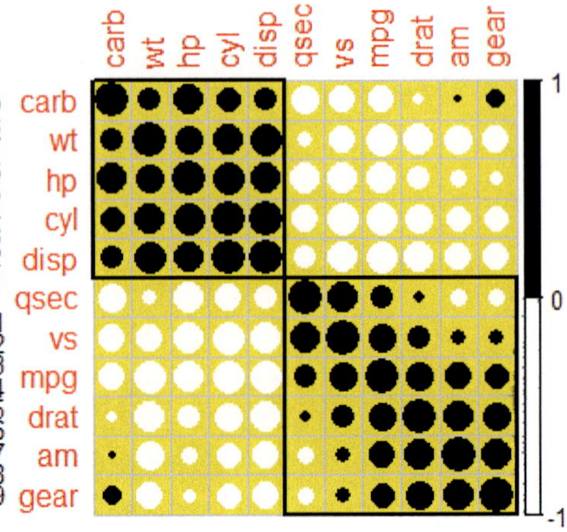

(e) 컬러 범례와 텍스트 범례 지정

컬러 범례(color legend)와 텍스트 범례(text legend)는 cl.*= 와 tl.*= 옵션을 이용한다.

```
> corrplot(M, order="AOE", cl.pos="b", tl.pos="d", tl.srt=60)
> # cl.pos="r"(right), "b"(below), "n"(none)이 가능
> # tl.pos="lt"(left top), "ld"(left diagonal), "td", "d", "n"이 가능
> # tl.str= 은 텍스트 범례의 문자열 회전 각도(string rotation in degrees)
```

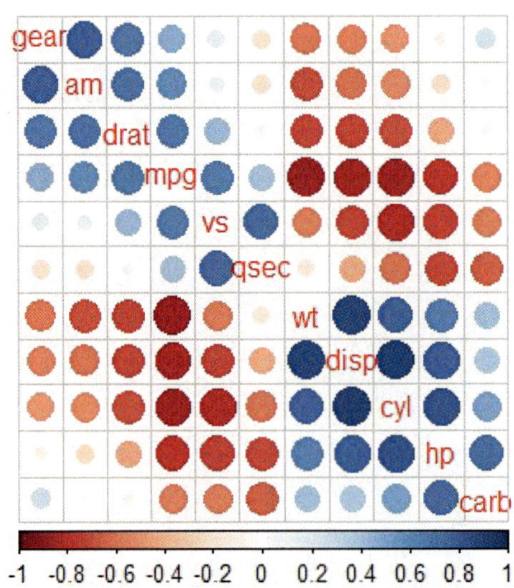

이외에도 R 패키지 {corrplot}은 상관계수에 대한 신뢰구간이나 검정결과를 표시해 주는 등의 매우 다양한 옵션을 제공하므로, 자세한 활용은 도움말을 참고하기 바란다.

19.3 그림행렬 소개

R 패키지 {GGally}는 {ggplot2}에 기초하여 개발된 패키지로 서로 다른 그림을 ggpairs() 함수를 통해 그림행렬(plot matrix)로 결합해 주는 탬플릿을 포함하는 편리한 패키지이다. ggpairs() 함수는 보다 제한된 pairs() 함수에 대한 훌륭한 대안이 된다. {GGally} 패키지는 평행좌표와 네트워크 플롯을 다루는 함수도 포함한다.

아래의 R 코드는 매우 쉬운 방법으로 유용한 그림을 그려 준다.

```
> require(GGally)
> data(tips, package="reshape")
> ggpairs(data=tips,     # 데이터프레임
          columns=1:3,     # 그림을 그릴 컬럼 지정. 디폴트는 모든 변수
          title="tips data",     # 제목
          mapping=ggplot2::aes(color=sex))     # 미적 요소(색상), ggplot2 스타일
```

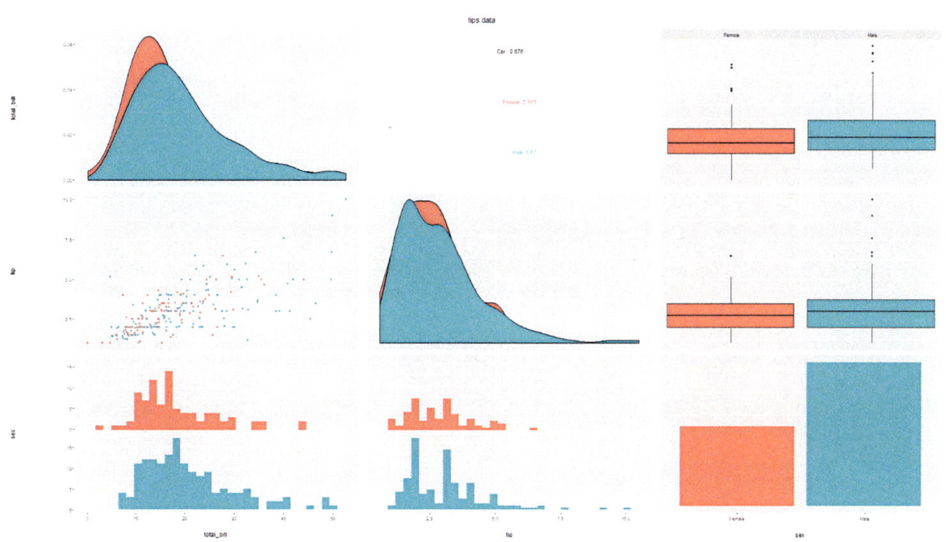

위의 그림은 군집 라벨이 주어진 예측변수를 분석하고자 하는 분류 문제의 전처리 단계에서 다른 방법보다 매우 유용하다. 이 방법은 ggplot2{ggplot2}에서 제공하는 colour, shape, size와 alpha 등의 다양한 옵션을 사용하면 더욱 놀라운 그림을 제공한다.

(a) 플롯 형태의 조절

어떤 그림을 사용할지에 대한 조절이 가능하다. 연속형 vs 연속형(연속형), 연속형 vs 이산형(혼합형), 이산형 vs 이산형(이산형)에 따라 어떤 형태의 그림을 사용할지를 선택할 수 있다. 또한 상-대각과 하-대각에 다른 그림을 그릴 수 있다.

아래의 R 코드는 상-대각에는 연속형에 대해 밀도함수그림을 그리고, 하-대각에는 혼합형에 대해 이산형 변수의 범주별로 밀도함수그림를 그려 준다.

```
> pm <- ggpairs(data=tips,
                columns=1:3,
                upper=list(continuous="density"),
                lower=list(combo="facetdensity"),
                title="tips data",
                mapping=ggplot2::aes(color=sex))
> print(pm)
```

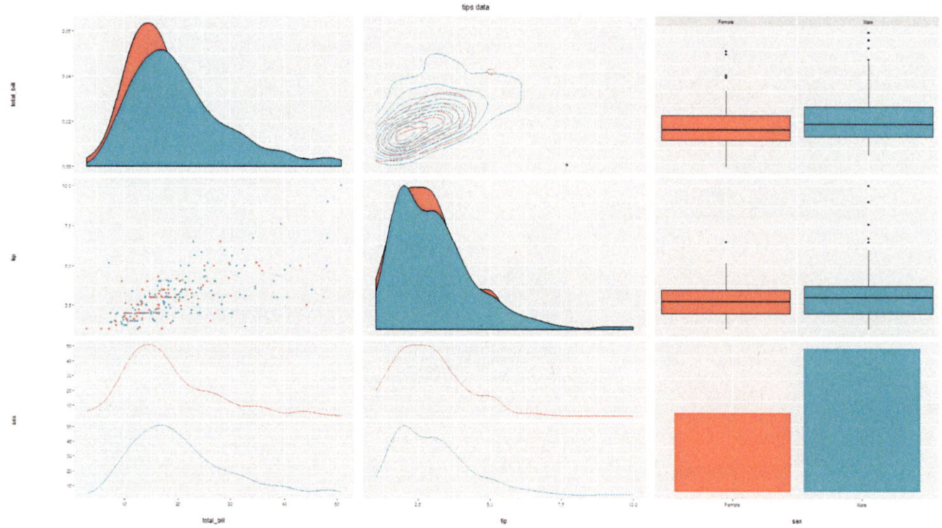

ggpairs() 함수에서 변수의 형태별로 제공되는 그림의 형태를 정리하면 다음과 같다.

- 연속형: points, smooth, density, cor, blank
- 혼합형: box, dot, facethist, facetdensity, denstrip, blank
- 이산형: facetbar, ratio, blank

(b) 보조함수

ggpairs( ) 함수로 그려진 그림행렬에 putPlot( ) 함수를 이용하여 주문된(customized) 그림을 삽입할 수 있다. 아래의 R 코드는 주문된 ggplot 객체(cp)를 생성하고, ggpairs 객체(pm)의 2행 3열에 삽입한다.

```
> cp <- ggplot(data.frame(x=1:10, y=1:10)) +
            geom_point(aes(x, y))

> putPlot(pm, cp, 2, 3)
```

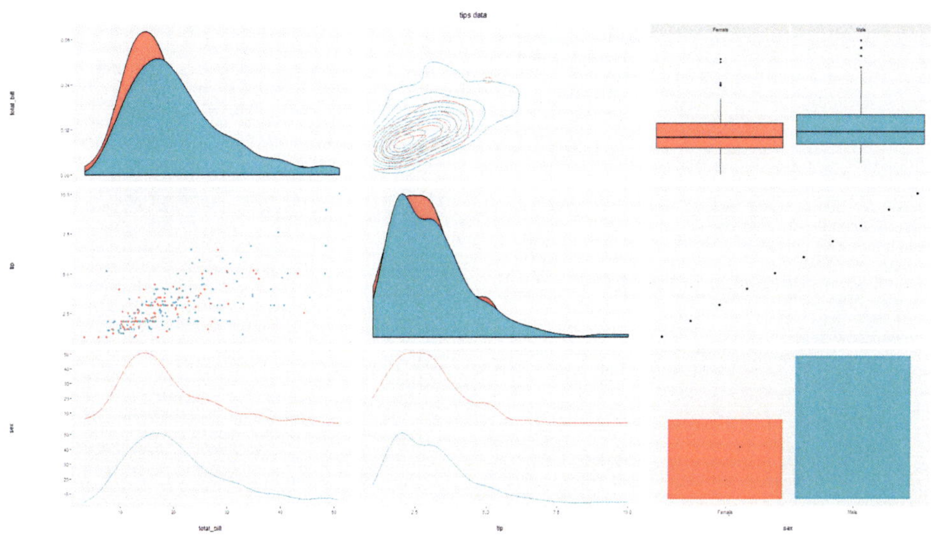

또한 getPlot( ) 함수를 이용하여 ggpairs 객체로부터 특정 ggplot 객체를 가져올 수도 있다. 사용되는 형식과 예는 다음과 같다.

```
> ## getPlot(plotMatrix, rowFromTop, columnFromLeft)
> getPlot(pm, 2, 1)
```

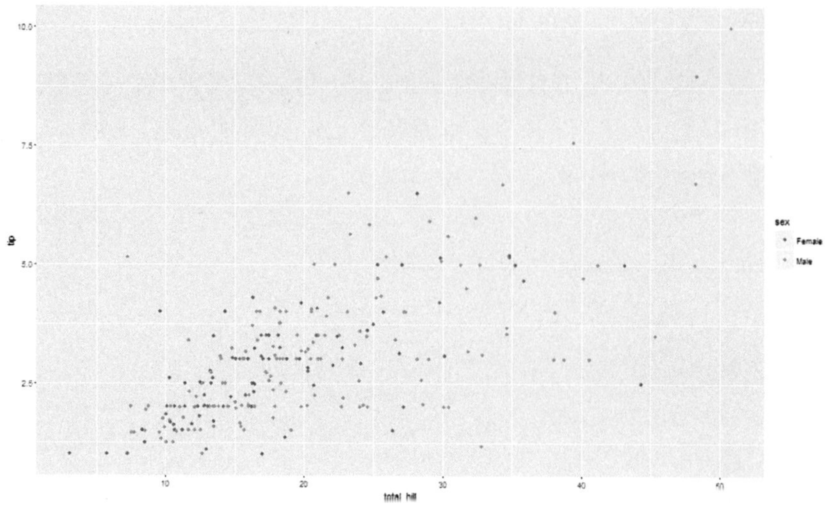
10.0
7.5
5.0
2.5
tip
10
20
30
40
50
total_bill
sex
Female
Male

[19장] 연습문제

01 trees 자료에서 세 변수(Volume, Girth, Height) 간의 관계를 알아보고자 한다.

(a) 산점도 행렬을 그리고, 변수들 간의 상관계수를 구하여라.

(b) pairs.panel{psych} 함수를 이용하여 상관분석 결과를 시각화하여라.

(c) ggpairs{GGally} 함수를 이용하여 그림행렬을 그려라.

02 Cars93{MASS} 자료는 1993년 미국에서 판매 중인 차량 중 임의로 선택된 93종의 차량에 대한 소비자 보고서의 기록 자료이다. 93행(차종)과 27열(변수)로 구성된 데이터프레임이다. 이 자료에 대해 상관분석을 실시하여라.

03 mtcars 자료에서 마력(hp)과 연비(mpg) 간의 상관분석을 수행하고자 한다.

(a) 피어슨, 스피어만, 캔달의 상관계수를 구하고, 이 값들을 비교하여라.

(b) 세 종류의 모상관계수가 영(zero)인지에 대한 검정을 수행하여라.

[20장]

회귀분석

20.1 단순회귀분석
20.2* 다중회귀분석

회귀분석(Regression Analysis)은 데이터로부터 독립변수(또는 예측변수)들의 함수를 다음과 같이

$$\hat{y} = f(x_1, x_2, \cdots, x_p)$$

으로 추정하여 종속변수(또는 반응변수)를 예측하는 방법이다. 여기서 $x = (x_1, x_2, \cdots, x_p)'$는 주어지는 값이며, y는 주어진 x에서 측정되는 값으로 벡터로 주어질 수도 있다.

20.1 단순회귀분석

20.1.1 단순회귀의 원리

단순선형회귀(simple linear regression)는 예측변수와 종속변수가 모두 1개인 경우에 해당하며, 예측변수의 일차식으로 반응변수를 예측하는 방법으로 모형식은 다음과 같다.

$$y = \beta_o + \beta_1 x + \epsilon$$

모형식의 의미는 예측변수와 반응변수 간에 선형관계가 성립된다고 전제될 때, 주어진 x에서 미지의 선형관계($\beta_0 + \beta_1 x$)로부터 오차(ϵ)가 더해져 관측값 y가 주어짐을 뜻한다.

여기서 n개의 오차(ϵ_i, $1=1,2,\cdots,n$)는 서로 독립이며, 같은 분포 $N(0, \sigma^2)$을 따른다고 가정한다.

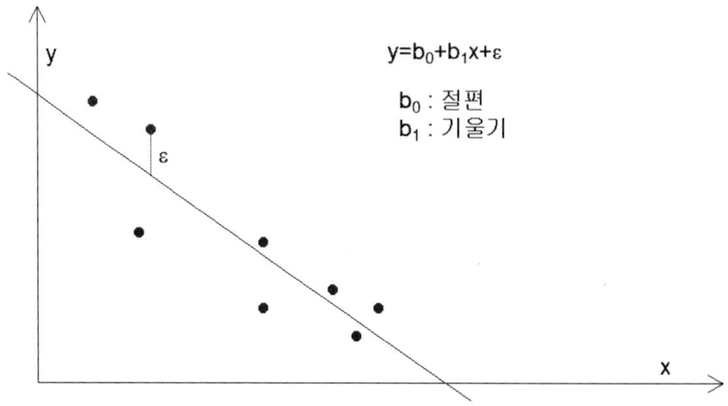

[그림 20.1] 단순회귀의 원리

이제 데이터로부터 미지의 모수(β_0, β_1)를 추정하는 방법은 위 그림에서 관측값 y와 미지인 직선식(모형식)까지의 y축 방향으로의 수직거리의 제곱합, 즉 오차(ϵ)들의 제곱합 $\sum_{i=1}^{n} \epsilon_i^2$을 최소로 하는 모수($b_0$, b_1)를 찾는 것이다(이를 최소제곱법이라고 함). 추정된 모수값(b_0, b_1)을 통해 두 변수 간에 존재하는 미지인 선형관계를

$$\hat{y} = b_0 + b_1 x$$

으로 추정하게 되고, 이 식을 최소제곱회귀직선(least square regression line) 또는 적합된(추정된) 회귀식이라고 한다. 최소제곱법으로부터

$$b_1 = \frac{s_{xy}}{s_{xx}} = \frac{\sum_{i=1}^{n}(x_i - \bar{x})(y_i - \bar{y})}{\sum_{i=1}^{n}(x_i - \bar{x})^2}, \quad b_0 = \bar{y} - b_1 \bar{x}$$

으로 주어진다.

단순회귀는 관측값(y_i)과 추정값($\hat{y}_i$) 간의 y축 방향으로의 거리의 제곱합이 최소가 되는 직선식 또는 두 값들 $(y_i, \hat{y}_i)$ 간의 표본상관계수가 가장 커지도록 하는 직선식을 데이터로부터 추정하는 것이다.

20.1.2 예제: 단순회귀분석

다음의 예제는 lm() 함수를 통해 단순회귀분석을 수행한 것이다.

예제 1

cats 자료를 이용하여 단순회귀분석을 수행한다.

```
> attach(cats)
> lm.out <- lm(Hwt ~ Bwt)
> summary(lm.out)

  Call:
  lm(formula = Hwt ~ Bwt)

  Residuals:
      Min      1Q  Median      3Q     Max
  -3.5694 -0.9634 -0.0921  1.0426  5.1238

  Coefficients:
              Estimate Std. Error t value Pr(>|t|)
  (Intercept)  -0.3567     0.6923  -0.515    0.607
  Bwt           4.0341     0.2503  16.119   <2e-16 ***
  ---
  Signif. codes:  0 '***' 0.001 '**' 0.01 '*' 0.05 '.' 0.1 ' ' 1

  Residual standard error: 1.452 on 142 degrees of freedom
  Multiple R-squared:  0.6466,          Adjusted R-squared:  0.6441
  F-statistic: 259.8 on 1 and 142 DF,  p-value: < 2.2e-16
```

(해석) 회귀계수가 매우 유의한 것으로 나타났다(p-값≈ 0). 단순회귀의 경우 모형의 적합도 검정의 결과(F-검정)는 회귀계수에 대한 유의성 검정 결과와 같다. 단순회귀의 경우, 다중상관계수(multiple R^2)는 결정계수(coefficient of determination) R^2을 의미하며, 이는 상관계수의 제곱과도 같다. 결정계수는 적합된 회귀직선의 설명력을 나타낸다. 이 예제의 경우 적합된 회귀식이 총변동의 약 65%를 설명한다.

단순회귀에 대한 분산분석을 통해 회귀계수에 대한 유의성 검정을 실시한다.

```
> options(show.signif.stars=F)      # 유의성 검정 결과에 * 표시를 생략
> anova(lm.out)
  Analysis of Variance Table

  Response: Hwt
             Df Sum Sq Mean Sq F value    Pr(>F)
  Bwt         1 548.09  548.09  259.83 < 2.2e-16
  Residuals 142 299.53    2.11
```

산점도 상에 추정된 회귀선을 그리면 다음과 같다.

```
> plot(Hwt ~ Bwt, main="Kitty Cat Plot")
> abline(lm.out, col="red")
```

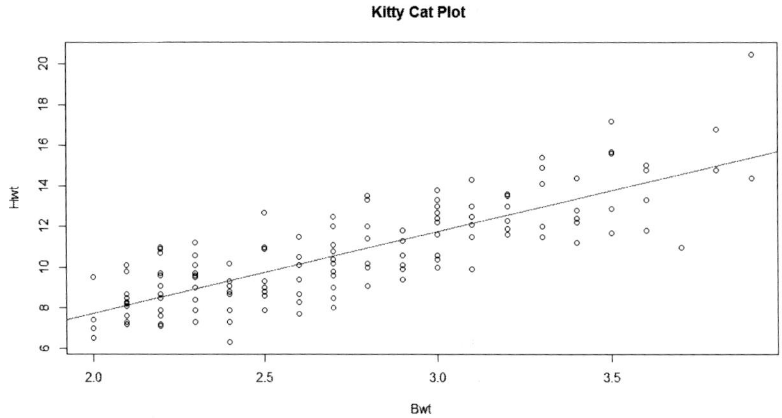

다양한 회귀진단(regression diagnostics) 결과를 제시하면 다음과 같다. 아래에서 첫 번째 그림은 적합값에 대한 잔차 그림(residual plot)으로, 어떤 특별한 패턴도 보이지 않으므로 선형모형이 적절하다고 할 수 있다. 두 번째는 잔차에 대한 정규확률그림으로 점들이 기울기가 1인 직선을 잘 따르므로 정규성 가정에도 문제가 없다고 할 수 있다. 세 번째 그림은 적합값에 따른 표준화 잔차(standardized residuals) 그림으로, y축의 제곱값(표준화 잔차)이 대략 (−3, 3) 범위 내에 있으므로, 표준정규분포의 가정을 잘 따른다고 할 수 있다. 마지막 그림은 지렛값(leverage)에 대한 표준화 잔차의 그림으로, 라벨이 붙은 3개의 점은 회귀선에 심하게 영향을 끼지는 점으로 면밀한 조사가 필요하다(예를 들어 144번 관측값).

```
> par(mfrow=c(2,2))
> plot(lm.out)
```

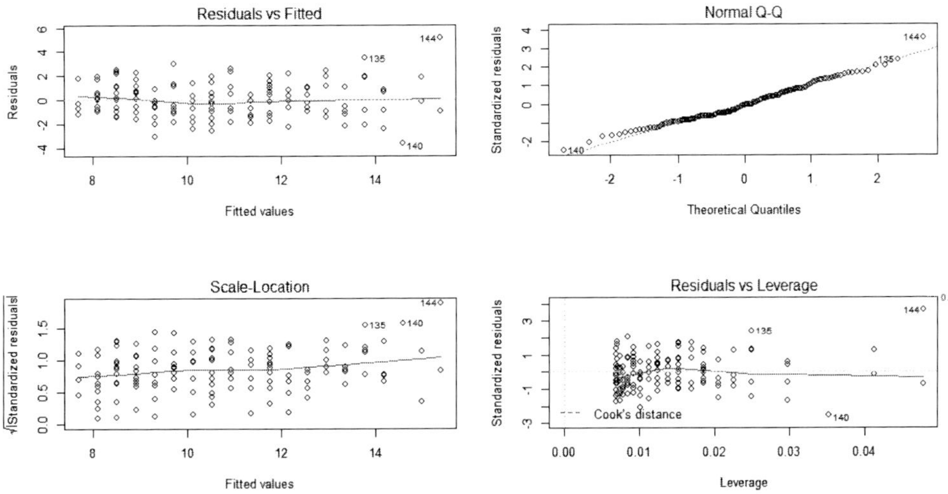

144번 자료에 대한 정보를 확인하면 다음과 같다.

```
> cats[144,]
    Sex Bwt  Hwt
144   M 3.9 20.5
> lm.out$fitted[144]
     144
15.37618
> lm.out$residuals[144]
     144
5.123818
```

다음 그림은 Cook의 거리(Cook's distance)를 나타내는 것으로, 이 값이 클수록 회귀선에 영향을 크게 미치는 영향점(influential point)이라고 할 수 있다.

```
> par(mfrow=c(1,1))
> plot(cooks.distance(lm.out))
```

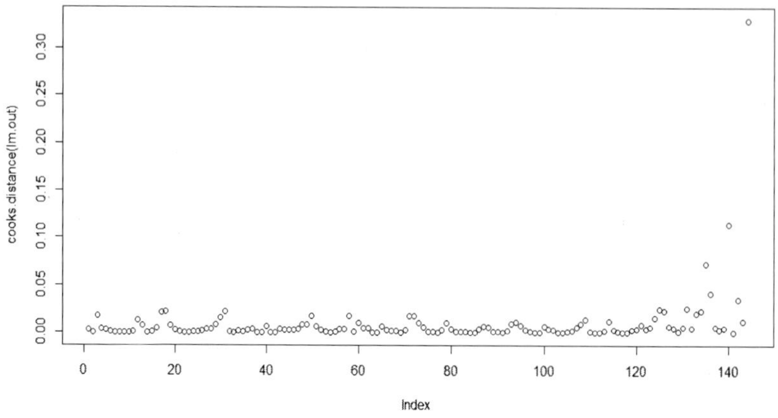

과다하게 영향을 크게 미치는 144번 자료를 제외한 후, 단순회귀를 수행한 결과는 다음과 같다.

```
> lm.without144 <- lm(Hwt ~ Bwt, subset=(Hwt<20.5))
> lm.without144

  Call:
  lm(formula = Hwt ~ Bwt, subset = (Hwt < 20.5))

  Coefficients:
  (Intercept)          Bwt
        0.118        3.846
```

이상점에 영향을 적게 받는 회귀 방법으로 로버스트(robust) 회귀를 사용할 수도 있다. rlm() 함수는 로버스트 회귀를 수행한다.

```
> rlm(Hwt ~ Bwt)
  Call:
  rlm(formula = Hwt ~ Bwt)
  Converged in 5 iterations

  Coefficients:
  (Intercept)         Bwt
   -0.1361777   3.9380535

  Degrees of freedom: 144 total; 142 residual
  Scale estimate: 1.52
```

loess() 함수는 국소가중산점도평활(locally weighted scatterplot smoothing)을 수행한다. 이 방법은 산점도로부터 평활곡선(smoothing curve)을 그리기 위한 비모수적 방법이다.

```
> plot(Hwt ~ Bwt)
> lines(lowess(Hwt ~ Bwt), col="red")
```

또는

```
> scatter.smooth(Hwt ~ Bwt)
```

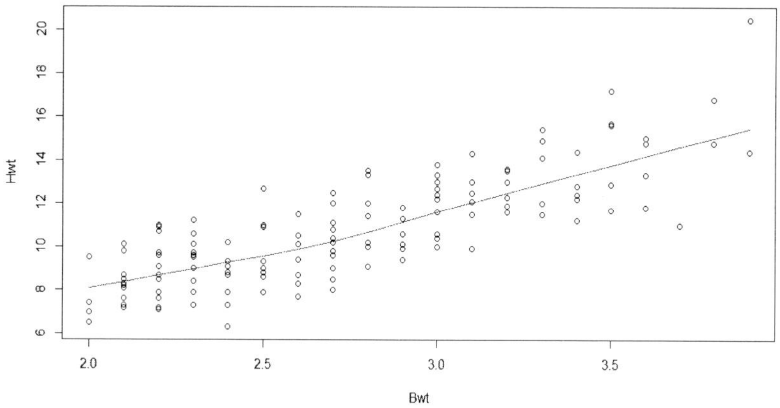


```
> detach(cats)
```

20.2 다중회귀분석

20.2.1 다중회귀의 원리

다중선형회귀(multiple linear regression)는 단순선형회귀의 확장으로 독립변수의 수가 여러 개인 경우에 해당하며, 모형은 다음과 같다. 오차(ϵ)에 대한 가정은 단순선형회귀의 경우와 같다.

$$y = \beta_o + \beta_1 x_1 + \beta_2 x_2 + \cdots + \beta_p x_p + \epsilon .$$

다중선형회귀는 아래 그림에서와 같이 관측값 y와 미지인 초평면(hyperplane) $y = \beta_o + \beta_1 x_1 + \beta_2 x_2 + \cdots + \beta_p x_p$까지의 ($y$축 방향으로의) 거리의 제곱합, 즉 오차($\epsilon$)들의 제곱합 $\sum_{i=1}^{n} \epsilon_i^2$을 최소로 하는 모수($b_0, b_1, \cdots, b_p$)를 찾는 것이다.

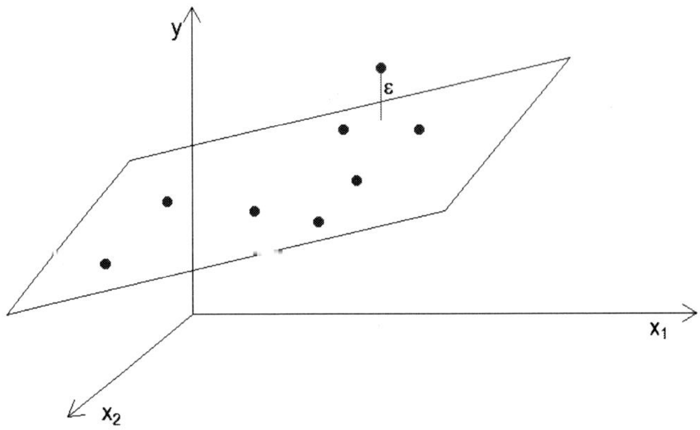

[그림 20.2] 다중회귀의 원리

최소제곱법 또는 OLS(Ordinary least square)에 의해 회귀계수($\beta_0, \beta_1, \cdots, \beta_p$)는 다음 식

$$b = (X'X)^{-1} X'y$$

으로부터 추정된다. 위 식에서 X, y에 대한 정의는 다음 [그림 20.3]과 같다.

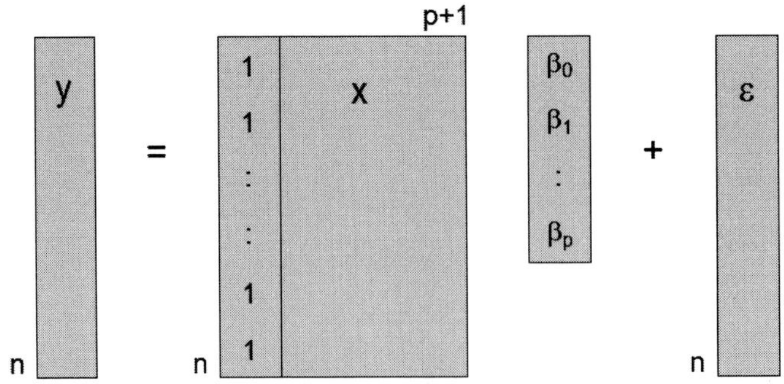

[그림 20.3] 다중회귀의 모형식

20.2.2 다중상관계수와 결정계수

다중상관계수(coefficient of multiple correlation, multiple R)는 다중회귀에서 적합값과 관측값 사이의 상관계수를 의미한다. 이 값은 0(−1이 아님)과 1사이의 값을 가진다. 다중회귀에서 모형의 설명력은 주로 다중상관계수의 제곱(또는 제곱다중상관계수)으로 나타낸다. 제곱다중상관계수(squared multiple correlation coefficient, multiple R^2)는 결정계수(coefficient of determination)로도 잘 알려져 있으며, 이 값은 독립변수에 의해 설명되어지는 반응변수의 변동(제곱합)의 비율로도 해석된다. 결정계수는 총제곱합(SST)에서 회귀제곱합(SSR)이 차지하는 비율로 다음과 같이 정의된다.

$$R^2 = \frac{SSR}{SST}.$$

만약 독립변수들이 pairwise 독립이면, 다중회귀에서의 결정계수는 각 독립변수와 반응변수 간의(단순회귀의) 결정계수들의 합과 같아진다. 결정계수의 통계적 유의성은 F−검정을 이용한다.

유의 다중회귀에서 결정계수를 제곱다중상관계수 대신 다중상관계수로 부르기도 하므로 유의하기 바란다.

결정계수는 모결정계수를 과대추정(overestimate)하는 경향이 있다. 수정된 결정계수(adjusted R^2)는 이를 보완한 추정량으로 다음과 같이 정의된다.

$$\widetilde{R}^2 = 1 - \left(\frac{N-1}{N-J-1}\right)(1-R^2).$$

위 식에서 N은 표본의 크기, J는 예측변수의 수를 나타낸다.

20.2.3 다중공선성

다중선형회귀에서는 자료의 수가 모수의 수보다 많아야 하며($n \geq p+1$), 회귀계수의 추정에 $(X'X)^{-1}$의 계산이 요구된다. (두 개 또는 그 이상의) 예측변수들 간에 상관성이 높은 현상을 다중공선성(multicollinearity)이라고 하는데, 완전한 다중공선성이(독립변수들 간에 정확한 직선관계가) 존재하는 경우에는 역행렬 $(X'X)^{-1}$의 계산이 불가능해진다. 따라서 강한 상관은 계산의 불안정성을 초래하며, OLS 추정치가 더 이상 BLUE(Best Linear Unbiased Estimator)가 되지 않는다.

다음 [그림 20.4]에서와 같이 예측변수들 간에 높은 상관이 존재하는 경우를 생각해 보자.

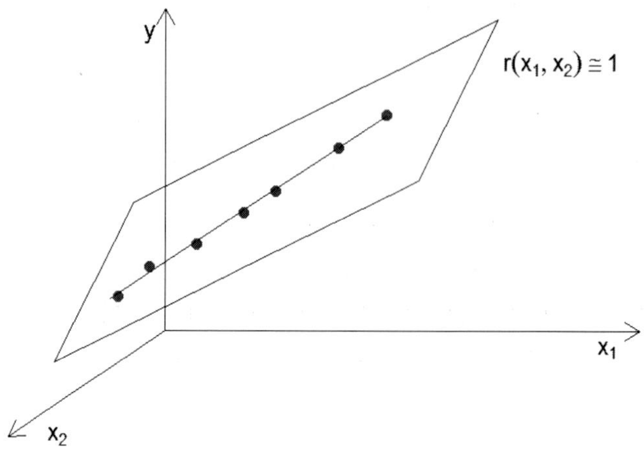

[그림 20.4] 다중공선성이 존재하는 경우

이 경우에는 초평면이 아닌 직선식으로도 y값에 추정이 가능해지며, 이를 초평면으로 추정하게 되면 자료의 작은 변화에도 추정 결과가(추정된 초평면이) 크게 달라질 수 있다(불안정한 추정이 이루어짐).

다중공선성이 발생되는 원인으로는 1.(데이터 수집) 데이터가 매우 좁은 독립변수의 영역에서 수집되었거나, 2.(물리적 제약) 많은 제조 또는 서비스 공정에서 독립변수들이 물리적, 정치적, 법적으로 범위에 제한을 받거나, 3.(과-정의된 모형, over-defined model) 변수의 수가 자료의 수보다 많거나, 4.(모형 선택 또는 지정) 원 변수의 멱(power) 또는 교호(interaction) 변수를 예측변수로 사용하거나, 5.(이상치) 예측변수-공간에서의 이상치 등이 있다.

다중회귀에서 다중공선성이 존재할 때의 징후는 다음과 같다.

- 반응변수와의 상관이 높을 것으로 (이론적으로) 생각되는 변수임에도 불구하고 회귀계수가 유의하지 않을 때
- X 변수를 추가하거나 제외하였을 때, 회귀계수의 변화가 심하게 일어날 때
- X에 따라 반응변수가 증가해야 함에도 회귀계수가 음의 값을 가질 때
- X의 증가에 따라 반응변수가 감소해야 하는 상황에서 양의 회귀계수를 가질 때
- X 변수들 간에 높은 상관계수가 존재할 때 등이다.

다중공선성에 대한 측도로는 분산팽창요인(VIF, variance inflation factor)과 조건지수(condition number, k)가 대표적이다. VIF와 k의 정의는 다음과 같다.

$$VIF_j = \frac{1}{1-R_j^2} \quad \& \quad k = \sqrt{\frac{\lambda_{\max}}{\lambda_{\min}}}.$$

위 식에서 R_j^2는 예측변수(x_j)를 나머지 $p-1$개의 예측변수로 회귀를 수행하여 구해지는 결정계수를 나타내며, $\lambda_{\max}$와 $\lambda_{\min}$는 $X'X$ 행렬의 고유치의 최댓값과 최솟값을 나타낸다.

VIF는 변수가 상관될 때 분산의 추정된 회귀계수의 분산이 얼마나 커지는지를 나타내는 값으로 이 값이 매우 크거나(5 또는 10 이상), 독립변수들의 상관행렬의 고유치가 0에 가까운 값을 가질 때, 즉 조건지수가 15(또는 30)보다 크면 다중공선성이 존재하는 것으로 생각할 수 있다.

다중선형회귀에서 다중공선성의 문제를 해결하는 방법에는 다음과 같은 방법들이 있다.

- 상관된 예측변수를 제거: 변수선택법, 최적부분회귀 등의 방법으로 상관성이 높은 변수를 제거해 나가되, R^2가 높은 모형을 선택한다.
- 벌점회귀(penalty regression)를 적용: 능형(ridge) 회귀, 라소(lasso) 회귀, 주성분회귀(PCR) 또는 부분최소제곱회귀(PLS)를 수행한다.
- 통계적 학습 회귀(statistical learning regression)의 적용: 회귀나무, 베깅회귀, 랜덤포리스트, 신경망, 지지벡터회귀를 수행한다.

R의 vif{car} 함수는 선형모형과 일반화 선형모형에서 (일반화) 분산팽창요인(VIF)값을 제공한다.

```
vif(mod, ...)
```

- mod는 lm 또는 glm 객체임

20.2.4 예제: 다중회귀분석

다음의 [예제 2]는 lm() 함수를 통해 다중회귀분석을 수행한다.

예제 2

분석에 사용될 자료(state.x77)는 미국의 50개 주에서 여러 변수값(인구, 수입, 문맹비율, 기대수명, 살인율, 고졸비율, 연평균영하기온일수, 면적)을 측정한 자료이다. 이 가운데 기대수명(Life Exp)을 반응변수로 하여 다중회귀분석을 실시한다. 모든 변수는 연속형이다.

```
> data(state)
```

attach(state)는 실행 안 됨. attach( ) 함수는 데이터프레임 또는 리스트 객체에 대해서만 적용됨

```
> st <- as.data.frame(state.x77)     # state.x77은 행렬 객체임
> str(st)
> colnames(st)[4] <- "Life.Exp"    # 변수명에 빈칸을 제외
> colnames(st)[6] <- "HS.Grad"
```

인구밀도를 나타내는 새로운 변수(Density)를 생성한다[이를 파생변수(derived variable) 라고 함]. 잘 고안된 파생변수는 회귀모형에서 매우 중요한 변수로 작용할 수 있다.

```
> st[,9] <- st$Population*1000/st$Area
> colnames(st)[9] <- "Density"    # 새로운 열을 생성하고 이름 부여
> str(st)
  'data.frame':  50 obs. of  9 variables:
   $ Population: num  3615 365 2212 2110 21198 ...
   $ Income    : num  3624 6315 4530 3378 5114 ...
   $ Illiteracy: num  2.1 1.5 1.8 1.9 1.1 0.7 1.1 0.9 1.3 2 ...
   $ Life.Exp  : num  69 69.3 70.5 70.7 71.7 ...
   $ Murder    : num  15.1 11.3 7.8 10.1 10.3 6.8 3.1 6.2 10.7 13.9 ...
   $ HS.Grad   : num  41.3 66.7 58.1 39.9 62.6 63.9 56 54.6 52.6 40.6 ...
   $ Frost     : num  20 152 15 65 20 166 139 103 11 60 ...
   $ Area      : num  50708 566432 113417 51945 156361 ...
   $ Density   : num  71.291 0.644 19.503 40.62 135.571 ...
```

자료에 대한 기초분석(기술통계, 상관계수)을 수행한다.

```
> summary(st)
> cor(st)
> pairs(st)
```

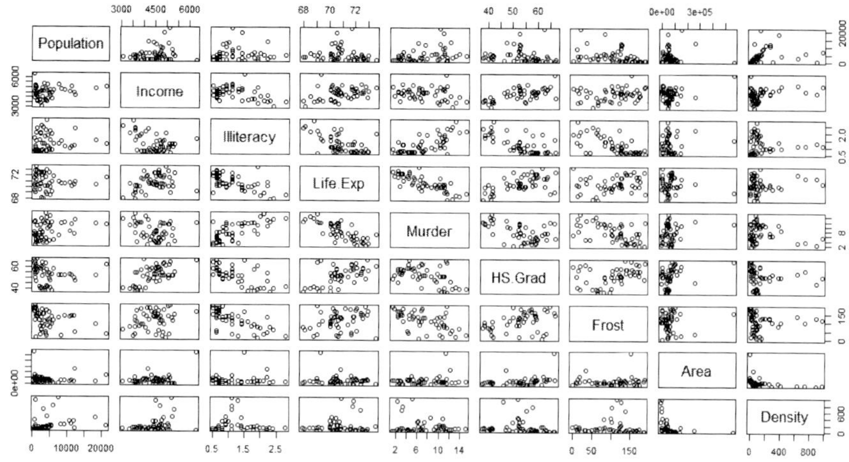

lm() 또는 step() 함수를 통해 다중회귀모형을 적합한다.

lm() 함수를 통해 다중회귀모형을 적합하는 과정은 다음과 같다. 단계별로 p-값이 가장 큰 변수를 하나씩 제거해 나가면서 모형을 적합한다(모든 변수의 p-값이 0.05보다 작아질 때까지).

```
> model1 <- lm(Life.Exp ~ ., data=st)
> summary(model1)

Call:
lm(formula = Life.Exp ~ ., data = st)

Residuals:
     Min       1Q   Median       3Q      Max 
-1.47514 -0.45887 -0.06352  0.59362  1.21823 

Coefficients:
              Estimate Std. Error t value Pr(>|t|)    
(Intercept)  6.995e+01  1.843e+00  37.956  < 2e-16 ***
Population   6.480e-05  3.001e-05   2.159   0.0367 *  
Income       2.701e-04  3.087e-04   0.875   0.3867    
Illiteracy   3.029e-01  4.024e-01   0.753   0.4559    
Murder      -3.286e-01  4.941e-02  -6.652 5.12e-08 ***
HS.Grad      4.291e-02  2.332e-02   1.840   0.0730 .  
Frost       -4.580e-03  3.189e-03  -1.436   0.1585    
Area        -1.558e-06  1.914e-06  -0.814   0.4205    
Density     -1.105e-03  7.312e-04  -1.511   0.1385    
---
Signif. codes:  0 '***' 0.001 '**' 0.01 '*' 0.05 '.' 0.1 ' ' 1
```

```
Residual standard error: 0.7337 on 41 degrees of freedom
Multiple R-squared:  0.7501,            Adjusted R-squared:  0.7013
F-statistic: 15.38 on 8 and 41 DF,  p-value: 3.787e-10

> model2 <- update(model1, .~.-Illiteracy)
> summary(model2)
> anova(model1, model2)     # 모형 간 비교

> model3 <- update(model2, .~.-Area)
> summary(model3)
> model4 <- update(model3, .~.-Income)
> summary(model4)
> model5 <- update(model4, .~.-Density)
> summary(model5)
> model6 <- update(model5, .~.-Population)
> summary(model6)

Call:
lm(formula = Life.Exp ~ Murder + HS.Grad + Frost, data = st)

Residuals:
     Min      1Q  Median      3Q     Max
  -1.5015 -0.5391  0.1014  0.5921  1.2268

  Coefficients:
               Estimate Std. Error t value Pr(>|t|)
  (Intercept) 71.036379   0.983262  72.246  < 2e-16
  Murder      -0.283065   0.036731  -7.706 8.04e-10
  HS.Grad      0.049949   0.015201   3.286  0.00195
  Frost       -0.006912   0.002447  -2.824  0.00699

  Residual standard error: 0.7427 on 46 degrees of freedom
  Multiple R-squared: 0.7127,     Adjusted R-squared: 0.6939
  F-statistic: 38.03 on 3 and 46 DF,  p-value: 1.634e-12
```

step() 함수를 이용하여 다중회귀를 수행한다. direction= 옵션을 통해 변수선택법을 지정할 수 있다. 옵션에는 "backward(디폴트)", "forward", "both"가 있다. 이 옵션은 차례대로 후진제거법, 전진선택법, 단계별선택법을 나타낸다.

```
> model.step <- step(model1, direction="backward")
> summary(model.step)
  Call:
  lm(formula = Life.Exp ~ Population + Murder + HS.Grad + Frost,
```

```
    data = st)

Residuals:
     Min       1Q   Median       3Q      Max
-1.47095 -0.53464 -0.03701  0.57621  1.50683

Coefficients:
              Estimate Std. Error t value Pr(>|t|)
(Intercept)  7.103e+01  9.529e-01  74.542  < 2e-16
Population   5.014e-05  2.512e-05   1.996  0.05201
Murder      -3.001e-01  3.661e-02  -8.199 1.77e-10
HS.Grad      4.658e-02  1.483e-02   3.142  0.00297
Frost       -5.943e-03  2.421e-03  -2.455  0.01802
Residual standard error: 0.7197 on 45 degrees of freedom
Multiple R-squared:  0.736,        Adjusted R-squared:  0.7126
F-statistic: 31.37 on 4 and 45 DF,  p-value: 1.696e-12
```

해석 인구(Population)와 고졸비율(HS.Grad)이 높을수록 기대수명(Life.Exp)은 증가하는 반면, 살인율(Murder)과 연평균 영하기온일수(Frost)가 높을수록 기대수명이 줄어듦을 알 수 있다.

confint( ) 함수를 통해 회귀계수에 대한 신뢰구간을 구할 수 있다.

```
> confint(model.step)
                    2.5 %        97.5 %
(Intercept)  6.910798e+01 72.9462729104
Population  -4.543308e-07  0.0001007343
Murder      -3.738840e-01 -0.2264135705
HS.Grad      1.671901e-02  0.0764454870
Frost       -1.081918e-02 -0.0010673977
```

predict( ) 함수를 통해 주어진 자료에 대한 예측값을 구할 수 있다.

```
> predict(model.step, list(Population=4000, Murder=10.5, HS.Grad=48, Frost=100))
       1
69.71774
```

여러 가지 회귀진단의 결과는 다음과 같다. 각 결과에 대한 해석은 단순회귀의 경우를 참고하기 바란다.

```
> par(mfrow=c(2,2))
> plot(model.step)
```

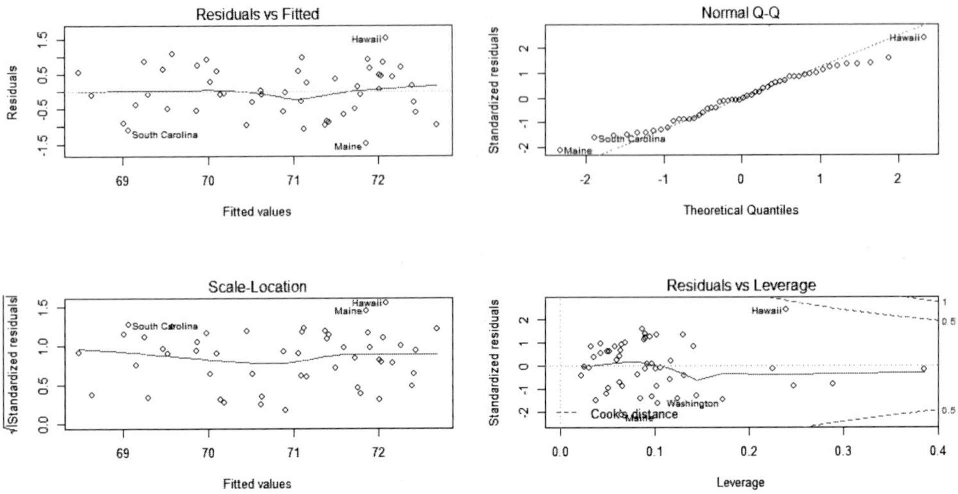


```
> par(mfrow=c(1,1))
```

다중회귀모형의 자세한 적합결과는 다음의 방법으로 추출(확인)할 수 있다.

```
> names(model.step)
 [1] "coefficients" "residuals"     "effects"       "rank"
 [5] "fitted.values" "assign"       "qr"            "df.residual"
 [9] "xlevels"       "call"         "terms"         "model"
[13] "anova"

> model.step[[1]]
  (Intercept)    Population        Murder       HS.Grad         Frost
 7.102713e+01  5.013998e-05 -3.001488e-01  4.658225e-02 -5.943290e-03

> model.step[[2]]
       Alabama        Alaska       Arizona      Arkansas    California
    0.56888134   -0.54740399   -0.86415671    1.08626119   -0.08564599
      Colorado   Connecticut      Delaware       Florida       Georgia
    0.95645816    0.44541028   -1.06646884    0.04460505   -0.09694227
                                  (생략)
   -0.06691392   -0.96272426   -0.96982588    0.47004324   -0.58678863

> sort(model.step$resid)
          Maine South Carolina      Delaware West Virginia    Washington
```

```
   -1.47095411    -1.10109172    -1.06646884    -0.96982588    -0.96272426
  Pennsylvania    Mississippi        Arizona        Montana     New Jersey
   -0.95045527    -0.91535384    -0.86415671    -0.84024805    -0.66612086
                                    (생략)
  North Dakota          Texas       Colorado       Arkansas         Hawaii
    0.90350550     0.92114057     0.95645816     1.08626119     1.50683146
```

베타계수(beta coefficients) 또는 표준화계수(standardized coefficients)는 모든 변수들이 표준화되었을 때의 회귀계수를 의미한다. 베타계수는 예측변수들의 상대적인 중요도를 비교하는 데 유용하다(비표준화 계수 또는 p-값만으로는 상대적인 중요도를 알 수 없다). 모든 변수에 scale( ) 함수를 적용한 후 lm( )을 수행한다.

```
> model.beta <- lm(Life.Exp ~ scale(Population) + scale(Murder) +
                scale(HS.Grad) + scale(Frost), data=st)
> summary(model.beta)

 Call:
 lm(formula = Life.Exp ~ scale(Population) + scale(Murder) + scale(HS.Grad) +
     scale(Frost), data = st)

 Residuals:
      Min       1Q   Median       3Q      Max
 -1.47095 -0.53464 -0.03701  0.57621  1.50683

 Coefficients:
                   Estimate Std. Error t value Pr(>|t|)
 (Intercept)        70.8786     0.1018 696.392  < 2e-16 ***
 scale(Population)   0.2238     0.1121   1.996  0.05201 .
 scale(Murder)      -1.1080     0.1351  -8.199 1.77e-10 ***
 scale(HS.Grad)      0.3762     0.1198   3.142  0.00297 **
 scale(Frost)       -0.3089     0.1258  -2.455  0.01802 *
 ---
 Signif. codes:  0 '***' 0.001 '**' 0.01 '*' 0.05 '.' 0.1 ' ' 1

 Residual standard error: 0.7197 on 45 degrees of freedom
 Multiple R-squared:  0.736,	Adjusted R-squared:  0.7126
 F-statistic: 31.37 on 4 and 45 DF,  p-value: 1.696e-12
```

해석 베타계수의 절댓값을 비교해 보면 변수의 중요도는 Murder 〉 HS.Grad 〉 Frost 〉 Population 순이다.

[20장] 연습문제

01 trees 자료에서 둘레(Girth, 단위: inches)를 통해 체적(Volume, 단위: cubic feet)을 모형화하고자 한다.

(a) 단순회귀모형을 적합하여라.

(b) 둘레(Girth)가 18인 나무의 체적(Volume)은 얼마로 예측되는가?

(c) 적합모형에 대해 잔차분석을 수행하여라.

02 **(1번 계속)** trees 자료에서 높이(Height)를 예측변수로 하는 모형을 적합하고자 한다.

(a) 단순회귀모형을 적합하여라.

(b) 적합모형의 결정계수를 구하고 해석하여라. 또한 1번의 결과와 비교하여라.

(c) 단순회귀에서의 결정계수가 두 변수 간의 상관계수와는 어떤 관계가 있는가?

03 Cars93{MASS} 자료에서 고속도로 주행 연비(MPG.highway)를 엔진크기(EngineSize), 무게(Weight), 최대 승객수(Passengers), 가격(Price)으로 모형화하고자 한다.

(a) lm( ) 함수를 이용하여 단계별로 변수를 제거해 나가는 방식으로, 최적의 다중회귀모형을 적합하여라.

(b) step( ) 함수를 이용하여 AIC 기준으로 최적의 다중회귀모형을 적합하여라. 변수선택법(후진제거법과 단계별선택법)에 따라 최적모형이 달라지는가?

(c) 다음 제원을 가진 차량의 고속도로 주행 연비(단위: miles/gallon)의 예측값은 얼마인가? 엔진크기=3.2, 무게=3500, 최대 승객수=6, 가격=28.

(d) 적합된 회귀모형에 대해 잔차 분석을 실시하여라.

(e) 적합모형의 예측변수를 기여도(상대적 중요도)가 높은 순으로 제시하여라.

[21장]

분할표 분석과 적합도 검정

21.1 분할표 분석
21.2 분포에 대한 적합도 검정
21.3 분포 적합

21.1 분할표 분석

21.1.1 카이제곱 검정

chisq.test( ) 함수는 분할표 자료에 대해 적합도(goodness of fit) 검정과 독립성(independence) 및 동일성 검정(test of homogeneity)을 수행한다.

(a) 적합도 검정

적합도 검정은 각 범주에서 관측된 빈도가 특정 비율을 따르는지에 대한 검정을 수행한다.

- p= 옵션으로 확률을 지정할 수 있음

예를 들어, 4개의 범주를 가지는 일차원 분할표에서 관측값이 25, 32, 18, 20일 때, 각 범주에 속할 확률이 같은지에 대한 적합도 검정은 다음과 같다.

```
> chisq.test(c(25,32,18,20))     # 디폴트로 p=c(1/4,1/4,1/4,1/4) 옵션이 사용됨

        Chi-squared test for given probabilities
```

```
data:  c(25, 32, 18, 20)
X-squared = 4.9158, df = 3, p-value = 0.1781
```

해석 유의수준 5%에서 확률이 같다는 귀무가설을 기각할 수 없다.

예제 1

HairEyeColor 자료를 이용하여 카이제곱 적합도 검정을 수행한다. 어느 생리학자가 눈의 색깔이 Brown 50%, Blue 25%, Hazel 15%, Green 10%라고 주장할 때, 이 주장이 타당한지를 검정하고자 한다.

```
> HairEyeColor
  , , Sex = Male

         Eye
  Hair    Brown Blue Hazel Green
    Black    32   11    10     3
    Brown    53   50    25    15
    Red      10   10     7     7
    Blond     3   30     5     8

  , , Sex = Female

         Eye
  Hair    Brown Blue Hazel Green
    Black    36    9     5     2
    Brown    66   34    29    14
    Red      16    7     7     7
    Blond     4   64     5     8

> Eye <- margin.table(HairEyeColor, 2)
> Eye
  Eye
  Brown  Blue Hazel Green
    220   215    93    64

> chisq.test(Eye, p=c(.5, .25, .15, .1))

  Chi-squared test for given probabilities

  data:  Eye
  X-squared = 50.4324, df = 3, p-value = 6.462e-11
```

해석 p-값이 거의 0이므로, 위 생리학자의 주장을 기각할 만한 통계적 근거가 충분하다고 말할 수 있다.

(b) 독립성 검정

독립성 검정은 이원분할표를 구성하는 두 개의 범주형 변수가 서로 독립인지에 대한 검정을 수행한다.

예제 2

HairEyeColor 자료에서 Hair와 Eye 변수가 서로 독립인지를 검정한다.

```
> HairEye <- margin.table(HairEyeColor, c(1,2))
> HairEye
       Eye
Hair    Brown Blue Hazel Green
  Black    68   20    15     5
  Brown   119   84    54    29
  Red      26   17    14    14
  Blond     7   94    10    16

> chisq.test(HairEye)

    Pearson's Chi-squared test

data:  HairEye
X-squared = 138.2898, df = 9, p-value < 2.2e-16
```

해석 p-값이 매우 작으므로 머리와 눈의 색깔 간에는 독립이라는 가설을 기각할 만한 근거가 충분하다고 말할 수 있다.

Fisher의 정확검정

이원 분할표(two-way contingencey table)에서 칸 도수가 크지 않을 때는 카이제곱을 통한 근사적 검정보다 피셔의 정확검정(Fisher's Exact Test)이 보다 정확한 결과를 제공한다. R의 fisher.test() 함수는 피셔의 정확검정을 제공한다.

- fisher.test( ): Fisher의 정확검정은 통상적으로 2×2 분할표에 국한되어 수행되나, R의 fisher.test( ) 함수는 칸 도수가 크지 않은 경우에는 보다 큰 테이블($r \times c$ 이원 분할표)에 대해서도 적용된다.

(c) 동일성 검정

두 집단 간에 각 범주에 속할 비율이 같은지에 대한 검정을 수행한다.

예제 3

HairEyeColor 자료에서 남성과 여성 간에 눈의 색의 비율이 같은지를 검정하고자 한다.

```
> a <- margin.table(HairEyeColor, c(3,2))
> a
        Eye
 Sex      Brown Blue Hazel Green
   Male      98  101    47    33
   Female   122  114    46    31

> chisq.test(a)    # 독립성 검정의 경우와 같음

   Pearson's Chi-squared test

 data:  a
 X-squared = 1.5298, df = 3, p-value = 0.6754
```

해석 p-값이 매우 크므로, 남성과 여성 간에 눈의 색깔에 차이가 없다는 귀무가설을 기각할 만한 증거가 불충분하다.

21.1.2 분할표 만들기

데이터프레임 또는 행렬(배열) 자료로부터 분할표를 작성하는 데 유용한 함수는 다음과 같다.

- xtabs(formula= ~., data=parent.frame( ), subset, sparse=FALSE,
  na.action, exclude=c(NA, NaN), drop.unused.levels=FALSE)
- ftable( ): 평면 분할표(flat contingency table) 제공
- CrossTable{gmodels}

예제 4

분할표 작성 예제: xtabs( )와 ftable( ) 함수 이용

```
> str(esoph)     # esophageal cancer(식도암) 자료: 사례-대조 연구
'data.frame':                          88 obs. of  5 variables:
 $ agegp    : Ord.factor w/ 6 levels "25-34"<"35-44"<..: 1 1 1 1 1 1 1
1 1 1 ...
 $ alcgp    : Ord.factor w/ 4 levels "0-39g/day"<"40-79"<..: 1 1 1 1 2
2 2 2 3 3 ...
 $ tobgp    : Ord.factor w/ 4 levels "0-9g/day"<"10-19"<..: 1 2 3 4 1 2
3 4 1 2 ...
 $ ncases   : num  0 0 0 0 0 0 0 0 0 0 ...
 $ ncontrols: num  40 10 6 5 27 7 4 7 2 1 ...

> ## xtabs( ) 함수 적용
> xtabs(cbind(ncases, ncontrols) ~ ., data=esoph)
> ## xtabs( ) 함수의 결과는 "xtabs" 또는 "table" 객체임
, , tobgp = 0-9g/day,  = ncases

       alcgp
agegp   0-39g/day 40-79 80-119 120+
  25-34         0     0      0    0
  35-44         0     0      0    2
  45-54         1     6      3    4
  55-64         2     9      9    5
  65-74         5    17      6    3
  75+           1     2      1    2

, , tobgp = 10-19,  = ncases

       alcgp
agegp   0-39g/day 40-79 80-119 120+
  25-34         0     0      0    1
  35-44         1     3      0    0
  45-54         0     4      6    3
  55-64         3     6      8    6
  65-74         4     3      4    1
  75+           2     1      1    1

(생략)

, , tobgp = 30+,  = ncontrols
```

```
         alcgp
agegp    0-39g/day 40-79 80-119 120+
  25-34          5     7      2    2
  35-44          8     8      1    0
  45-54          4     7      4    4
  55-64          6     6      4    6
  65-74          2     0      1    1
  75+            3     1      0    0

> ## ftable(xtabs( )) 함수 적용: 보다 나은 형태의 출력을 제공
> ftable(xtabs(cbind(ncases, ncontrols) ~ ., data = esoph))
                          ncases ncontrols
agegp alcgp     tobgp
25-34 0-39g/day 0-9g/day       0        40
                10-19          0        10
                20-29          0         6
                30+            0         5
      40-79     0-9g/day       0        27
                10-19          0         7
                20-29          0         4
                30+            0         7
      80-119    0-9g/day       0         2
                10-19          0         1
                20-29          0         0
                30+            0         2
      120+      0-9g/day       0         1
                10-19          1         1
                20-29          0         1
                30+            0         2
35-44 0-39g/day 0-9g/day       0        60
                10-19          1        14
                20-29          0         7
                30+            0         8

(생략)

75+   0-39g/day 0-9g/day       1        18
                10-19          2         6
                20-29          0         0
                30+            1         3
      40-79     0-9g/day       2         5
                10-19          1         3
                20-29          0         3
                30+            1         1
```

```
        80-119   0-9g/day       1         1
                 10-19          1         1
                 20-29          0         0
                 30+            0         0
        120+     0-9g/day       2         2
                 10-19          1         1
                 20-29          0         0
                 30+            0         0

> ## ftable(xtab()) 함수: 더 작은 요인에 대해 적용
> ftable(xtabs(cbind(ncases, ncontrols) ~ agegp, data=esoph))
         ncases ncontrols
  agegp
  25-34       1       116
  35-44       9       199
  45-54      46       213
  55-64      76       242
  65-74      55       161
  75+        13        44
```

예제 5

xtabs( ) 함수 적용 예: 배열 형태의 자료에 대해 적용

```
> DF <- as.data.frame(UCBAdmissions)
> DF
        Admit Gender Dept Freq
  1  Admitted   Male    A  512
  2  Rejected   Male    A  313
  3  Admitted Female    A   89
  4  Rejected Female    A   19
  5  Admitted   Male    B  353
  (생략)
  23 Admitted Female    F   24
  24 Rejected Female    F  317

> xtabs(Freq ~ Gender + Admit, DF)
          Admit
  Gender   Admitted Rejected
    Male       1198     1493
    Female      557     1278
```

```
> summary(xtabs(Freq ~ ., DF))     # 독립성 검정 결과 제공
  Call: xtabs(formula=Freq ~ ., data=DF)
  Number of cases in table: 4526
  Number of factors: 3
  Test for independence of all factors:
    Chisq = 2000.3, df = 16, p-value = 0
```

예제 6

분할표 작성 예제: CrossTable{gmodels} 함수 이용

```
> str(infert)
  'data.frame':  248 obs. of  8 variables:
   $ education      : Factor w/ 3 levels "0-5yrs","6-11yrs",..: 1 1 1 1 2
  2 2 2 2 2 ...
   $ age            : num  26 42 39 34 35 36 23 32 21 28 ...
   $ parity         : num  6 1 6 4 3 4 1 2 1 2 ...
   $ induced        : num  1 1 2 2 1 2 0 0 0 0 ...
   $ case           : num  1 1 1 1 1 1 1 1 1 1 ...
   $ spontaneous    : num  2 0 0 0 1 1 0 0 1 0 ...
   $ stratum        : int  1 2 3 4 5 6 7 8 9 10 ...
   $ pooled.stratum: num  3 1 4 2 32 36 6 22 5 19 ...
```

설명 infert 자료는 인공유산(induced), 자연유산(spontaneous) 후의 출산아수(parity)를 대응 사례-대조(matched case-control) 연구로 조사한 자료임.

```
> library(gmodels)
> data(infert, package="datasets")
> CrossTable(infert$education, infert$induced, expected=TRUE,
dnn=c("Education", "Induced"))     # dnn= 옵션은 결과에서 차원이름을
정해줌(dimension names)

     Cell Contents
  |-------------------------|
  |                       N |
  |              Expected N |
  | Chi-square contribution |
  |           N / Row Total |
  |           N / Col Total |
  |         N / Table Total |
  |-------------------------|

  Total Observations in Table:  248
```

```
             | Induced
   Education |         0 |         1 |         2 | Row Total |
-------------|-----------|-----------|-----------|-----------|
      0-5yrs |         4 |         2 |         6 |        12 |
             |     6.919 |     3.290 |     1.790 |           |
             |     1.232 |     0.506 |     9.898 |           |
             |     0.333 |     0.167 |     0.500 |     0.048 |
             |     0.028 |     0.029 |     0.162 |           |
             |     0.016 |     0.008 |     0.024 |           |
-------------|-----------|-----------|-----------|-----------|
     6-11yrs |        78 |        27 |        15 |       120 |
             |    69.194 |    32.903 |    17.903 |           |
             |     1.121 |     1.059 |     0.471 |           |
             |     0.650 |     0.225 |     0.125 |     0.484 |
             |     0.545 |     0.397 |     0.405 |           |
             |     0.315 |     0.109 |     0.060 |           |
-------------|-----------|-----------|-----------|-----------|
     12+ yrs |        61 |        39 |        16 |       116 |
             |    66.887 |    31.806 |    17.306 |           |
             |     0.518 |     1.627 |     0.099 |           |
             |     0.526 |     0.336 |     0.138 |     0.468 |
             |     0.427 |     0.574 |     0.432 |           |
             |     0.246 |     0.157 |     0.065 |           |
-------------|-----------|-----------|-----------|-----------|
Column Total |       143 |        68 |        37 |       248 |
             |     0.577 |     0.274 |     0.149 |           |
-------------|-----------|-----------|-----------|-----------|

Statistics for All Table Factors

Pearson's Chi-squared test
------------------------------------------------------------
Chi^2 =  16.53059     d.f. =  4     p =  0.002383898

Warning message:
In chisq.test(t, correct = FALSE, ...) :
  Chi-squared approximation may be incorrect

> ## 아래 명령어도 유사한 결과를 제공함
> CrossTable(infert$education, infert$induced, expected=TRUE,
format="SAS")
> CrossTable(infert$education, infert$induced, expected=TRUE,
format="SPSS")
```

21.2 분포에 대한 적합도 검정

분포함수에 대한 적합도 검정은 데이터가 특정한 분포로부터 나왔는지(일표본 적합도 검정), 또는 두 자료 집단의 분포함수가 같은지를 검정한다(이표본 적합도 검정). 가장 널리 사용되는 적합도 검정법으로는 카이제곱 적합도(Chi-square Goodness of Fit) 검정(모수적 방법)과 콜모고로프-스미르노프(Kolmogorov-Smirnov) 검정(비모수적 방법)이 있다.

21.2.1 카이제곱 적합도 검정

카이제곱 적합도 검정은 적당히 나누어진 k개의 각 구간에 포함되는 자료 수(O_i)와 특정 귀무분포하에서의 기대도수(E_i)와의 차이에 기초한 검정 방법이다. 피어슨(Pearson)에 의한 카이제곱 검정통계량은 다음과 같다.

$$\chi^2 = \sum_{i=1}^{k} \frac{(O_i - E_i)^2}{E_i} \ \underset{H_0}{\dot{\sim}}\ \chi^2(k-1).$$

카이제곱 검정은 대표본 검정이므로, 표본의 수가 적을 때는 결과에 대한 신뢰도가 떨어짐에 유의하여야 한다.

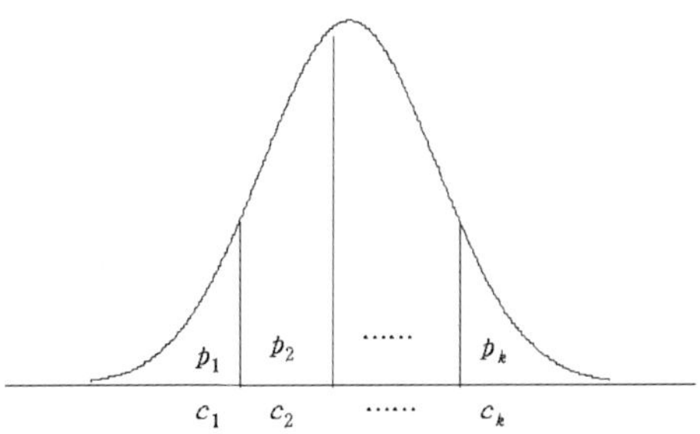

범주	C_1	C_2	$\cdots$	C_k	합계
관측도수	O_1	O_2	$\cdots$	O_k	n
기대도수	E_1	E_2	$\cdots$	E_k	n

[그림 21.1] 카이제곱 적합도 검정

유의 위의 적합도 검정에서 귀무가설에서 분포는 주어지되 모수가 구체적으로 특정되지 않은 경우에는 먼저 자료로부터 모수를 추정한 후 동일한 방법을 적용하면 된다. 이때 적합도 검정 시 카이제곱분포의 자유도는 추정된 모수의 수(p)만큼 줄어들게 된다(즉, 자유도는 $k-1-p$임).

카이제곱 적합도 검정은 gofTest{EnvStats} 함수를 이용한다. 이 함수의 일반 형식은 다음과 같다.

```
gofTest(y, x=NULL, test=, distribution="norm", alternative="two.sided",
        param.list=NULL, estimate.params=, n.param.est=NULL,
        exact=, correct=, ...)
```

- test= "sw"(x가 생략 시 디폴트임: Shapiro-Wilk), "chisq"(카이제곱 검정), "ks"(Kolmogorov-Smirnov 검정), ...
- distribution= "norm"(디폴트), "lnorm", "gamma" 등 지정 가능
- param.list= 지정된 분포의 모수값을 지정. 지정 방법은 도움말을 이용할 것
- estimate.params= 모수의 추정을 할 것인지의 여부를 지정. TRUE(param.list=NULL인 경우) 또는 FALSE
- correct= FALSE(디폴트). TRUE는 "chisq" 검정 시 연속성 수정의 결과를 제시함

예제 7

gofTest( ) 함수를 이용하여 적합도 검정을 수행한다.

```
> library(EnvStats)
> set.seed(1020)
> x <- rexp(50, rate=1.0)    # 지수분포로부터 난수 발생
> gofTest(x, test="chisq")

  Results of Goodness-of-Fit Test
  -------------------------------
  Test Method:                      Chi-square GOF
  Hypothesized Distribution:        Normal
  Estimated Parameter(s):           mean = 1.383150
                                    sd   = 1.301921
  Estimation Method:                mvue
  Data:                             x
  Sample Size:                      50
  Test Statistic:                   Chi-square = 20.8
  Test Statistic Parameter:         df = 7
  P-value:                          0.004077716
  Alternative Hypothesis:           True cdf does not equal the
                                    Normal Distribution.
```

해석 p-값이 매우 작으므로 데이터가 정규분포를 따른다는 귀무가설을 기각한다. 위의 결과에서 자유도(df) = k-1-(추정 모수의 수) = 10-1-2 = 7 이다.

참고 위의 결과에서 제공되는 적합분포의 모수 추정에는 fitdistr{MASS} 함수를 이용할 수도 있다. 이 함수는 다양한 분포에 대해 추정치, 표준오차, 분산-공분산 행렬, 로그-가능도 등을 제공해 준다(21.3절 참고).

```
> library(MASS)
> fitdistr(x, "normal")
      mean          sd
   1.3831500   1.2888358    # 위의 결과와 유사함
  (0.1822689)  (0.1288836)
```

21.2.2 콜모고로프-스미르노프 검정

경험분포함수(또는 표본분포함수)

경험분포함수(empirical distribution function)는 크기 n인 자료에서 각 관측값에 균등한 확률($1/n$)을 부여한 뒤, 이 확률분포로부터 누적분포함수를 구한 것이다. 경험분포함수를 그림으로 나타내면 다음과 같다.

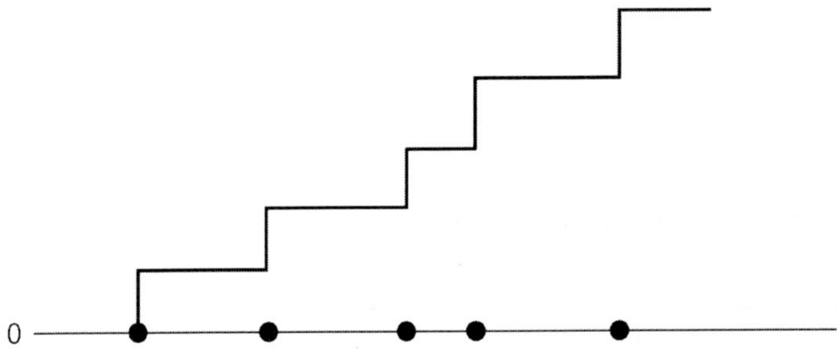

[그림 21.2] 경험분포함수(일표본의 경우)

콜모고로프-스미르노프(Kolmogorov-Smirnov) 검정은 일표본과 이표본 문제에 적용되며, 양측(two-sided) 및 단측(one-sided) 검정이 모두 가능하다(카이제곱검정은 일표본 양측검정만 가능). 콜모고로프-스미르노프 검정통계량은 두 경험분포함수의 차이(이표본의 경우) 또는 경험분포함수와 특정 모분포함수의 차이(일표본의 경우)의 최댓값인

$$T = \sup_x |F_1(x) - F_2(x)|$$

의 형태를 취한다. 위에서 F_1, F_2는 모분포함수 또는 경험분포함수이다. 예를 들어 이표본의 경우 두 자료셋으로부터 구해지는 경험분포함수는 다음 그림과 같다.

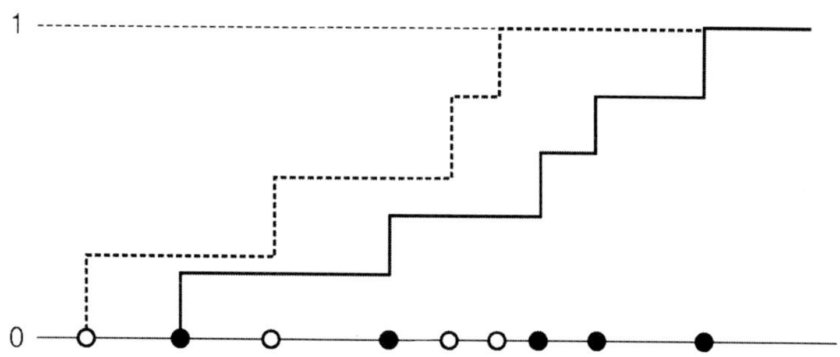

[그림 21.3] 경험분포함수(이표본의 경우)

일표본 문제에서 모분포의 디폴트는 정규분포이며, 평균과 분산은 각각 mean(z)과 sqrt(var(z))으로 추정된다.

ks.test( ) 함수는 일표본과 이표본의 콜모고로프-스미르노프 검정을 수행한다. ks.test( ) 함수의 일반형식은 다음과 같다.

```
ks.test(x, y, ...,
        alternative=c("two.sided", "less", "greater"),
        exact=NULL)
```

예제 8

ks.test( ) 함수를 이용하여 분포함수에 대한 검정을 수행한다.

```
> require(graphics)
> x <- rnorm(50)
> y <- runif(30)
```

(i) x와 y가 같은 분포로부터 나왔는지를 검정

```
> ks.test(x, y)

    Two-sample Kolmogorov-Smirnov test

data:  x and y
D = 0.48, p-value = 0.0002033
alternative hypothesis: two-sided
```

해석 p-값이 매우 작으므로 분포가 같다는 귀무가설을 기각할 만한 충분한 근거가 있다고 말할 수 있다.

(ii) x+2가 Gamma(3, 2) 분포로부터 나왔는지를 검정

```
> ## 양측검정; 정확한 p-값 계산
> ks.test(x+2, "pgamma", 3, 2)
  # pgamma는 감마분포의 누적분포함수를 나타냄. 유사한 방법으로 연속형 분포를 지정할
  수 있음.

    One-sample Kolmogorov-Smirnov test

  data:  x + 2
  D = 0.3292, p-value = 2.507e-05
  alternative hypothesis: two-sided
```

해석 p–값이 매우 작으므로 데이터가 Gamma(3, 2) 분포를 따른다는 귀무가설을 기각할만한 충분한 근거가 있다

```
> ## 양측 검정; 근사적 p-값 제시
> ks.test(x+2, "pgamma", 3, 2, exact=FALSE)

    One-sample Kolmogorov-Smirnov test

  data:  x + 2
  D = 0.3292, p-value = 3.94e-05
  alternative hypothesis: two-sided
```

해석 exact=TRUE(디폴트)가 사용된 위의 결과와 유사함.

```
> ## 단측 검정
> ks.test(x+2, "pgamma", 3, 2, alternative="gr")

    One-sample Kolmogorov-Smirnov test

  data:  x + 2
  D^+ = 0.067, p-value = 0.6112
  alternative hypothesis: the CDF of x lies above the null hypothesis
```

해석 p – 값이 매우 커 귀무가설을 기각할 수 없으므로, 데이터로부터 구한 경험분포함수가 Gamma(3, 2) 분포의 누적분포함수보다 함수적으로 위쪽에 놓여 있다고 말할 수 없다. 여기서 주의할 점은 분포함수가 위쪽에 있다는 말은 확률적으로는 작다는 것(stochastically less than)과 같은 의미이다.

(iii) x가 x2보다 확률적으로 큰지(stochastically larger than)를 검정

```
> x2 <- rnorm(50, -1)
> plot(ecdf(x), xlim=range(c(x, x2)))
> plot(ecdf(x2), add=TRUE, lty="dashed")
```

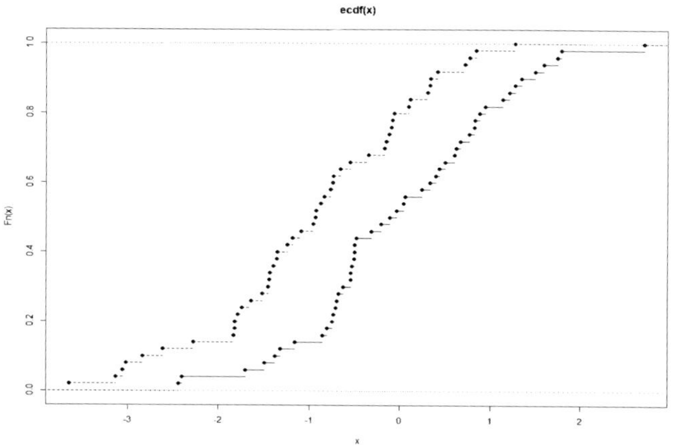


```
> ## 모수적 검정: t-검정
> t.test(x, x2, alternative="g")

    Welch Two Sample t-test

data:  x and x2
t = 5.1152, df = 97.871, p-value = 7.802e-07
alternative hypothesis: true difference in means is greater than 0
95 percent confidence interval:
 0.6458135       Inf
sample estimates:
  mean of x   mean of y
-0.01226031 -0.96850472
```

해석 유의수준 5%에서 귀무가설을 기각하므로, x가 x2보다 확률적으로 크다고 할 수 있다.

```
> ## 비모수적 검정: 윌콕슨 순위합 검정
> wilcox.test(x, x2, alternative="g")

    Wilcoxon rank sum test with continuity correction
```

```
data:  x and x2
W = 1922, p-value = 1.835e-06
alternative hypothesis: true location shift is greater than 0
```

해석 유의수준 5%에서 귀무가설을 기각하므로, x가 x2보다 확률적으로 크다고 할 수 있다. 이 경우 모수적 검정(t-검정)과 비모수적 검정(윌콕슨의 순위합 검정)의 결과가 유사하다.

```
> ks.test(x, x2, alternative="l")

    Two-sample Kolmogorov-Smirnov test

data:  x and x2
D^- = 0.46, p-value = 2.542e-05
alternative hypothesis: the CDF of x lies below that of y
```

해석 유의수준 5%에서 x의 분포함수가 x2의 분포함수보다 아래쪽에 있다고 말할 수 있다.

21.3 분포 적합

fitdistr{MASS} 함수는 데이터를 일변량 분포로 적합한다. 모수에 대한 최대가능도(ML) 추정을 통해 적합하며, 모수의 일부분을 특정 값으로 고정시킬 수 있다. 이 함수의 형식은 다음과 같다.

```
fitdistr(x, densfun, start, ...)
```

- x: 수치형 벡터
- densfun= 옵션에서 다음의 분포를 지정할 수 있으며, 대・소문자는 구분하지 않는다. "beta", "cauchy", "chi-squared", "exponential", "f", "gamma", "geometric", "log-normal", "lognormal", "logistic", "negative binomial", "normal", "Poisson", "t" and "weibull"
- start= 옵션은 이름을 가진 리스트로 모수의 초깃값을 지정한다(필요시). 닫힌-형의 MLE를 가지는 분포에 대해서는 지정할 필요가 없다(Normal, log-Normal, geometric, Poisson). 다른 분포들의 경우에는 optim( ) 함수를 통해 로그-가능도 함수의 최적화를 수행하며, 이 경우 start= 옵션을 생략하거나 부분적으로 지정하여도 적절한 초깃값이 계산된다.
- 최적화는 일차원의 경우 Nelder-Mead 방법이 사용되며, 다차원의 경우 BFGS 방법이 사용된다.

lower=(또는 upper=) 옵션은 L-BFGS-B 방법에 사용된다.

```
> ## 감마분포로부터의 인위적인 자료를 생성
> op <- options(digits = 3)
> set.seed(123)
> x <- rgamma(100, shape=5, rate=0.1)
> ## 감마분포를 적합함
> # 초기값을 지정하지 않음
> fitdistr(x, "gamma")
   shape      rate
  6.4870   0.1365
 (0.8946) (0.0196)

> # 초기값 지정과 lower= 옵션을 사용함
> fitdistr(x, dgamma, list(shape=1, rate=0.1), lower=0.001)
   shape      rate
  6.4869   0.1365
 (0.8944) (0.0196)
> options(op)

> ## 분포 적합 결과의 시각화
> par(mfrow=c(1,2))
> plot(density(x), ylim=c(0, 0.025), xlab="x", main="")
> curve(dgamma(x, shape=6.4869, rate=0.1365), add=T, lty=2, col="red")
> legend(90, 0.02,legend=c("density()", "fitdistr()"), lty=1:2)
> plot(ecdf(x), main="", xlab="x")
> curve(pgamma(x, shape=6.4869, rate=0.1365), add=T, lty=2, col="red")
> legend(80, 0.4, legend=c("ecdf", "estimated cdf"), lty=1:2)
```

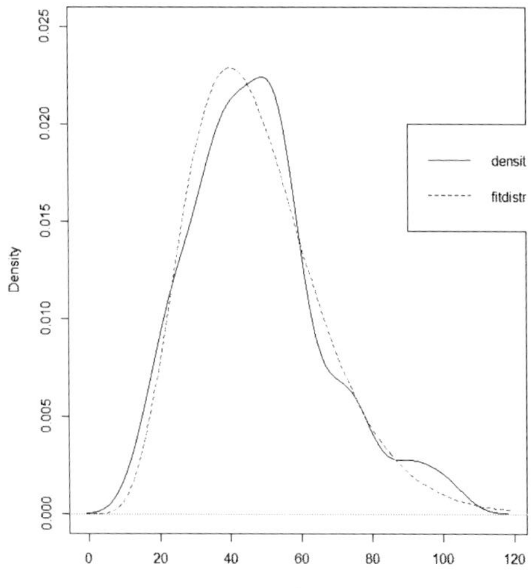

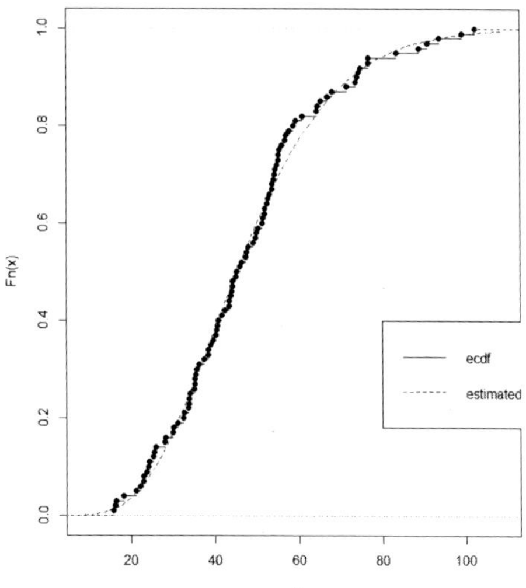

[21장] 연습문제

01 어느 도시에서 일 년 동안 요일에 따라 발생한 중범죄 건수가 다음과 같이 조사되었다.

월	화	수	목	금	토	일
62	71	56	65	67	82	73

(a) 범죄가 모든 요일에 관계없이 같은 비율로 일어났는지를 검정하여라.

(b) 범죄가 주중(월~금)에 같은 비율로 일어났는지를 검정하여라.

02 다음 표는 부모와 자녀의 안전벨트 착용여부에 대한 조사표이다. 두 변수가 서로 독립인지에 대한 검정을 수행하여라.

부모 \ 자녀	착용	미착용
착용	72	18
미착용	6	32

03 20명의 학생을 임의로 10명씩 나누어, 한 그룹을 시력교정 프로그램에 참여시킨 후 시력의 상태를 조사하였다. 두 그룹의 분포가 같은지에 대한 검정을 수행하여라.

프로그램 \ 시력	많이 나빠짐	나빠짐	같음	좋아짐	많이 좋아짐
비참가	0	2	8	2	0
참가	0	2	3	5	2

04 morley 자료는 빛의 속도를 측정한 자료이다. 총 100개의 빛의 속도 자료가 정규분포를 따르는지를 알아보고자 한다.

(a) 카이제곱 적합도 검정을 수행하여라.

(b) 콜모고로프-스미르노프 검정을 수행하여라.

05 ToothGrowth 자료에서 비타민 C의 종류에 따른 이빨의 길이가 같은 분포를 따르는지를 알아보고자 한다.

(a) 카이제곱 적합도 검정을 수행하여라.

(b) 콜모고로프-스미르노프 검정을 수행하여라.

06 rivers 자료에 대해 모수적 분포를 적합하고자 한다.

(a) fitdistr( ) 함수를 이용하여 정규분포를 적합하여라.

(b) fitdistr( ) 함수를 이용하여 감마분포를 적합하여라.

(c) 자료에 대한 밀도함수의 추정 결과와 함께, 위의 두 가지 분포의 적합 결과를 시각화하여라.

[22 장]

정규성 검정과 정규화 변환

22.1 시각적 방법
22.2 샤피로-윌크 검정
22.3* 기타 정규성 검정
22.4* 정규화 변환: 박스-콕스 변환

22.1 시각적 방법

22.1.1 Q–Q 플롯과 정규확률그림

분위수–분위수 플롯(Quantile–Quantile plot, 이하 Q–Q 플롯)은 하나의 자료셋이 특정 분포(정규분포나 와이블분포 등)를 따르는지 또는 두 개의 자료셋이 같은 모집단 분포로부터 나왔는지를 판단하는 시각적 분석 방법이다.

Q–Q 플롯은 자료의 분위수와 특정(이론적) 분포의 분위수를 구하여 산점도로 나타내거나, 두 개의 자료셋으로부터 각각 분위수를 구하여 산점도로 나타낸 그림이다. 따라서 Q–Q 플롯에서 점들이 45도 기울기의 직선상에 놓이면, 자료가 해당 분포를 잘 따르거나 두 모집단 분포가 같다고 해석할 수 있다.

Q–Q 플롯의 특별한 경우로 정규 Q–Q 플롯(normal Q–Q plot) 또는 정규확률그림(normal probability plot)은 데이터가 정규분포를 따르는지에 대한 그림으로, R에서는 다음의 함수를 이용한다.

- qqnorm(y, ...)   # 한 개의 자료셋
- qqline(y, ...)
- qqplot(x, y, ...)   # 두 개의 자료셋

```
> ## qqnorm( ) 함수 적용 예: 난수 이용
> y <- rt(200, df=5)
> par(mfrow=c(1,2))
> qqnorm(y); qqline(y, col=2)
> qqplot(y, rt(300, df=5))
```

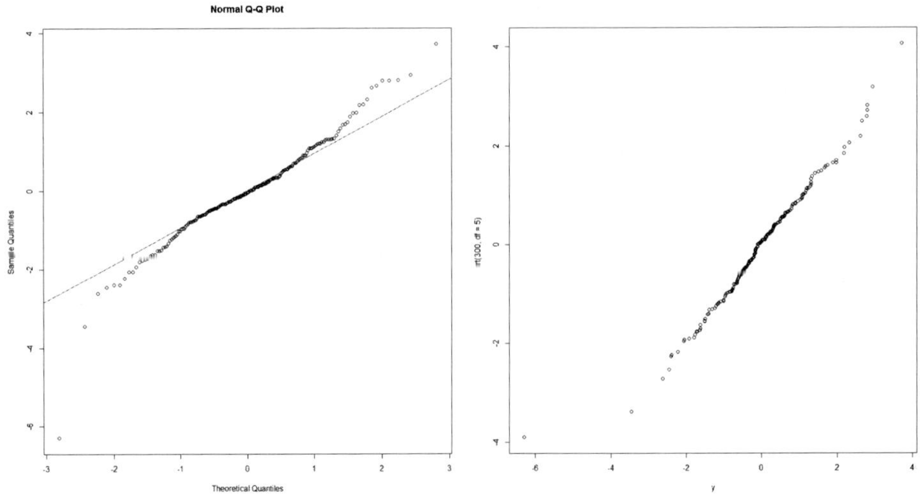

22.1.2 작성 원리

(a) Q–Q 플롯의 작성 원리

n개의 자료가 균일분포 $U(0,1)$을 따른다면, 크기순으로 배열된 자료 $(u_{(1)} < u_{(2)} < \cdots < u_{(n)})$가 다음의 n개 구간

$$(0,\ \frac{1}{n}),\ (\frac{1}{n},\ \frac{2}{n}),\ \cdots,(\frac{n-1}{n},\ 1)$$

에 순서대로 한 개씩 포함되는 것이 이상적일 것이다. 즉 자료가 균일분포를 따른다면 자료 $u_{(i)}$는 i번째 구간의 중간값(middle points)인

$$\frac{i-1/2}{n},\quad i=1,2,\cdots,n$$

을 가질 것으로 기대할 수 있다. Q–Q 플롯은 자료의 분위수(자룟값에 해당)를 y로, 이론적 분포로부터의 기댓값을 x로 하는

$$(\frac{i-1/2}{n},\ u_{(i)}),\quad i=1,2,\cdots,n$$

을 산점도로 나타낸 것이다. 직선 $y=x$ 상에 점들이 놓이게 되면, 균일분포를 잘 따른다고 할 수 있다.

자료가 균일분포를 따르는지에 대한 Q-Q 플롯은 경험분포함수와 매우 유사하다. 경험분포함수는 $(u_{(i)},\ i/n)$를 계단함수의 형태로 나타낸 것으로, Q-Q 플롯과는 두 축이 바뀐 차이가 있다.

아래의 그림은 균일분포로부터 추출된 난수 5개의 자료에 대한 이론적 분포함수와 경험적분포함수를 나타낸다. 또한 자료에 대한 이론적 분위수를 구하는 그림을 나타낸다.

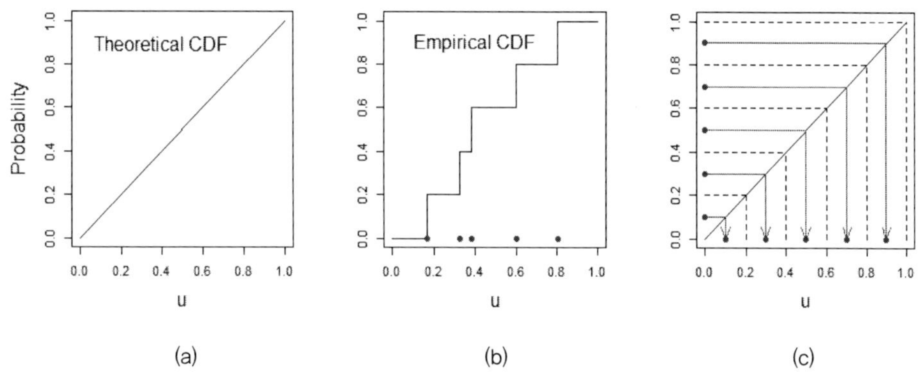

[그림 22.1] 균일분포의 난수 5개에 대한 (a)이론적 분포함수, (b)경험적 분포함수, (c) 5개 점에 대한 기댓값

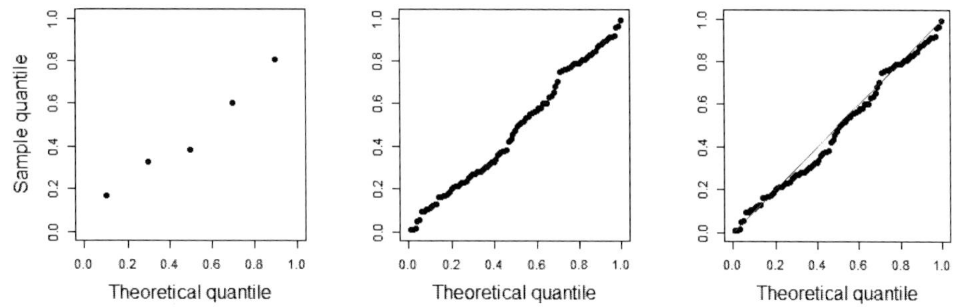

[그림 22.2] 균일분포로 부터의 난수 5개에 대한 Q-Q 플롯(왼쪽 그림)과 난수 100개에 대한 Q-Q 플롯(오른쪽 그림)

(b) 정규확률그림의 작성원리

만약 주어진 자료$(x_1, x_2, \cdots, x_n)$가 모수(μ, σ^2)가 미지인 정규분포를 따르는지는 다음의 두 방법을 사용한다.

i) x_i의 표준화된 자료 z_i를 이용하여

$$\left(\Phi^{-1}\left(\frac{i-1/2}{n}\right),\ z_{(i)}\right),\quad i=1,2,\cdots,n$$

를 산점도로 나타내고, 직선 $y=x$를 기준선(reference line)으로 사용하거나

ii) 원자료 x_i를 이용하여

$$\left(\Phi^{-1}\left(\frac{i-1/2}{n}\right),\ x_{(i)}\right),\quad i=1,2,\cdots,n$$

를 산점도로 나타내고, 직선

$$y = M + s \cdot x$$

를 기준선으로 사용한다. 여기서 M과 s는 μ와 σ^2에 대한 추정값이다.

아래의 그림은 표준정규분포로부터 추출된 난수 5개의 자료에 대한 이론적 분포함수와 경험적 분위수 산출 과정을 보여 준다.

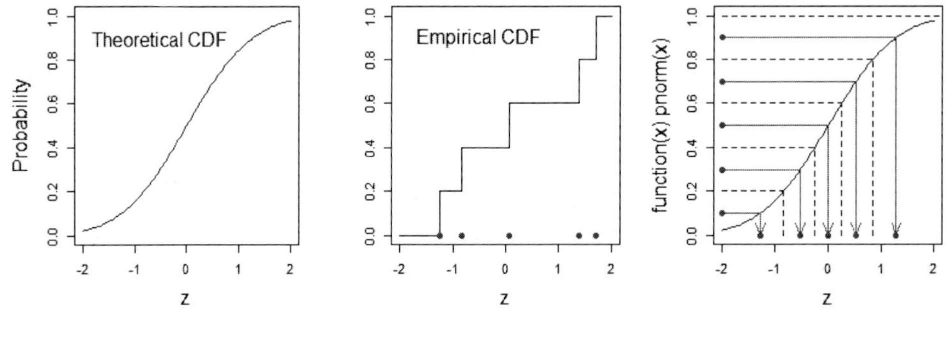

[그림 22.3] 표준정규분포의 난수 5개에 대한 (a)이론적 분포함수, (b)경험적 분포함수, (c) 5개 점에 대한 기댓값

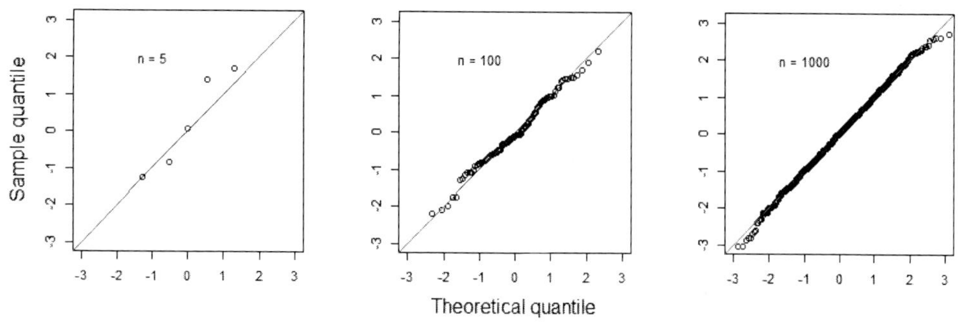

[그림 22.4] 표준정규분포로부터의 난수 5개, 100개, 1000개에 대한 Q-Q 플롯

22.2 사피로-윌크 검정

사피로–윌크(Shapiro–Wilk) 검정은 자료가 정규분포로부터 나왔는지에 대한 강력한 검정이다(특히 소표본의 경우). 자료로부터 구해진 사피로–윌크 검정통계량의 값은 그 값이 작을수록 정규분포로부터 벗어난 정도가 크다고 할 수 있는데, 정규확률그림에서의 상관계수에 대한 근사적 측도값으로 생각될 수 있으며 이는 매우 흥미로운 사실이다.

- shapiro.test( )

```
> ## shapiro.test( ) 함수의 적용 예: 난수 이용
> set.seed(1000)
> x.norm <- rnorm(n=100, m=10, sd=2)
> shapiro.test(x.norm)

    Shapiro-Wilk normality test

data:  x.norm
W = 0.99158, p-value = 0.7902
```

해석 유의수준 5%에서 데이터가 정규분포를 따른다고 할 수 있다.

*22.3 기타 정규성 검정

데이터 셋이 정규성(normality)을 만족하는지에 대한 검정은 매우 다양하다. 앞에서 소개한 피어슨 카이제곱 검정과 콜모고로프-스미르노프 검정 이외에도 많은 검정법이 있다.

▶ 콜모고로프-스미르노프 검정

- ks.test( )

▶ 피어슨 카이제곱 검정

- chisq.test{stats}
- pearson.test{nortest}

▶ Jarque-Bera 검정은 경제시계열 자료의 정규성 검정에 많이 사용된다. 이 방법은 왜도(skewness)와 첨도(kurtosis)에 기초한 검정법으로, R에서는 다음 함수를 이용한다.

- jarque.bera.test{tseries}

R 패키지 {nortest}에서는 정규성 검정을 수행하는 다양한 함수를 제공한다.

▶ Anderson-Darling 검정은 콜모고로프-스미르노프(K-S) 검정의 변형으로, 기각치의 계산에 특정 분포를 이용한다. 정규, 로그-정규, 지수, 와이블, 극단치 I 형, 로지스틱 분포에 대한 검정을 제공한다.

- ad.test{nortest}

▶ Cramer-Von Mises 검정은 경험분포함수와 이론적 분포 간의 면적을 검정통계량(W^2)으로 사용하는 방법이다.

- cvm.test{nortest}

▶ Lillifors 검정은 콜모고로프-스미르노프 검정의 변형으로, 이 검정에서 평균과 분산을 모르는 경우 자료로부터 추정된 값을 사용하여 검정을 수행한다.

- lillie.test{nortest}

▶ 이외에도 Shapiro-Francia 검정과 피어슨 카이제곱 검정을 제공한다.

- sf.test{nortest}
- pearson.test{nortest}

22.4 정규화 변환: 박스-콕스 변환

박스–콕스 변환(Box–Cox transformation)은 분산안정화 및 정규화를 위한 변환을 수행한다. 이 변환은 원자료(x)에 대해 다음의 변환을 수행한다.

$$x^{*} = \begin{cases} \dfrac{x^{\lambda}-1}{\lambda}, & \lambda \neq 0 \\ \log(x), & \lambda = 0. \end{cases}$$

위 변환에서 λ값은 원자료(x)로부터 추정되며, 변환된 자료(x^{*})는 정규분포에 가까운 형태를 취하게 된다. 이 변환은 멱 변환(power transformation)으로도 알려져 있다.

R에서 박스–콕스 변환은 다음 함수를 이용한다.

- boxcox{MASS}
- bcPower{car}
- powerTransform{car}

예제 1

박스–콕스 정규화 변환

```
> x <- rexp(1000)     # 지수분포로부터 난수 발생
> par(mfrow=c(1,2))
> hist(x)
> qqnorm(x)      # 정규확률그림
> par(mfrow=c(1,1))
```

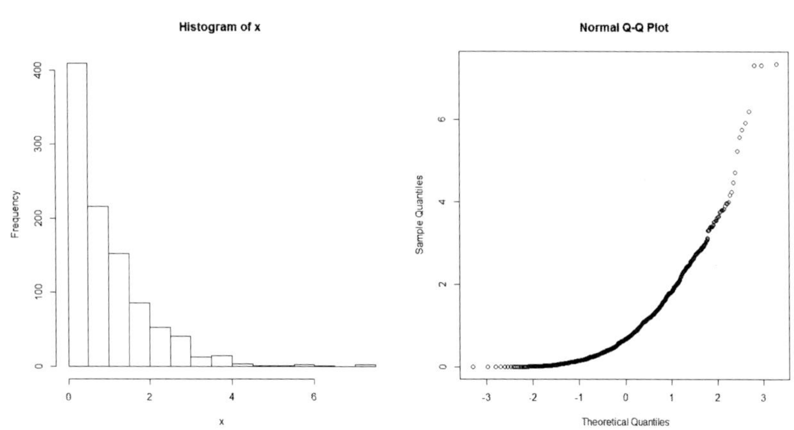

```
> boxcox(x~1)      # 로그-가능도 프로파일
```

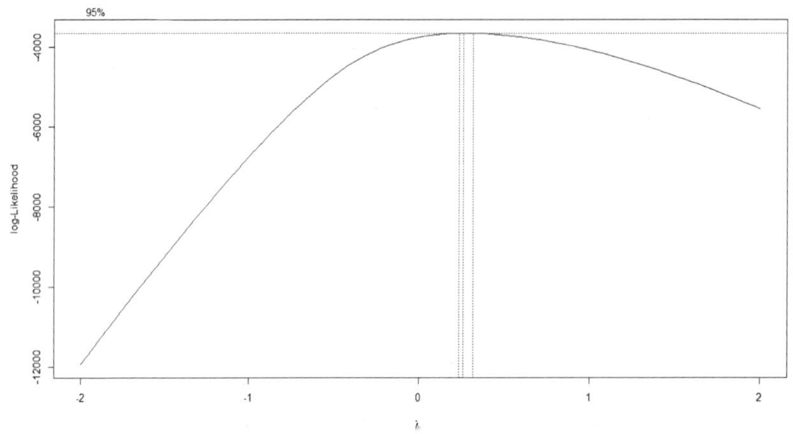


```
> p <- powerTransform(x)      # 박스-콕스 변환의 람다 추정
> y <- bcPower(x, p$lambda)    # 박스-콕스 변환
> par(mfrow=c(1,2))
> hist(y)
> qqnorm(y)     # 변환된 자료의 정규확률그림
```

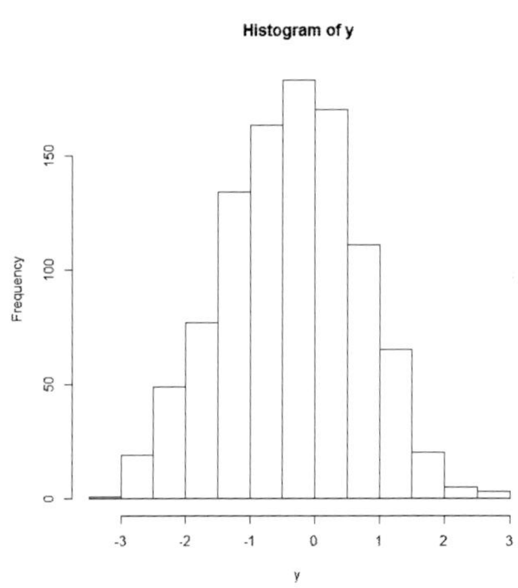

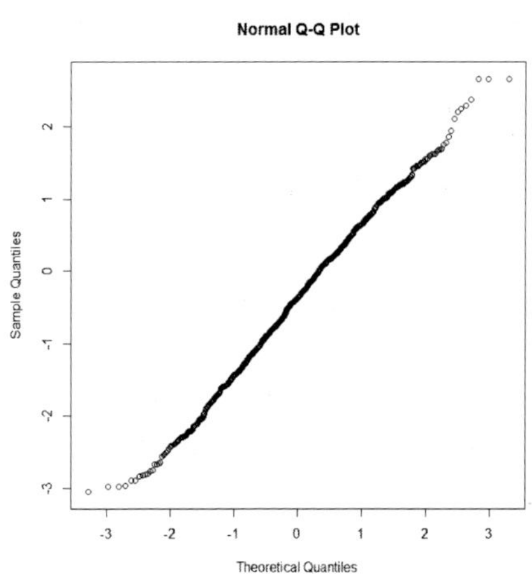

해석 치우침이 강한 원 자료가 박스-콕스 변환 이후 정규분포에 가까운 형태로 바뀌었음을 알 수 있다.

예제 2

선형모형에서의 박스-콕스 변환

선형모형에서의 중요한 가정 가운데 하나는 오차항에 대한 정규성 가정이다. 이 가정은 예측변수가 주어질 때, 반응변수에 대한 정규성 가정과 같다. 여기서는 선형모형의 적합 결과 잔차의 분포가 정규성(또는 등분산성)을 벗어날 경우, 이를 만족하도록 하는 반응변수의 변환을 찾는다.

```
> library(faraway)
> data(ozone)    # ozone 자료는 LA 지역의 오존과 기상과의 관계 자료임
> head(ozone)
   O3   vh wind humidity temp  ibh dpg ibt vis doy
 1  3 5710    4       28   40 2693 -25  87 250  33
 2  5 5700    3       37   45  590 -24 128 100  34
 3  5 5760    3       51   54 1450  25 139  60  35
 4  6 5720    4       69   35 1568  15 121  60  36
 5  4 5790    6       19   45 2631 -33 123 100  37
 6  4 5790    3       25   55  554 -28 182 250  38

> md <-lm(O3~temp+humidity+ibh, data=ozone)    # 모형 적합
> summary(md)
  Coefficients:
                Estimate Std. Error t value Pr(>|t|)
  (Intercept) -1.049e+01  1.616e+00  -6.492 3.16e-10 ***
  temp         3.296e-01  2.109e-02  15.626  < 2e-16 ***
  humidity     7.738e-02  1.339e-02   5.777 1.77e-08 ***
  ibh         -1.004e-03  1.639e-04  -6.130 2.54e-09 ***
  ---
  Signif. codes:  0 '***' 0.001 '**' 0.01 '*' 0.05 '.' 0.1 ' ' 1
  Residual standard error: 4.524 on 326 degrees of freedom
  Multiple R-squared:  0.684, Adjusted R-squared:  0.6811
  F-statistic: 235.2 on 3 and 326 DF,  p-value: < 2.2e-16

> ## 오차에 대한 가정 검토
> plot(md, which=1)    # 적합값에 대한 잔차그림
```

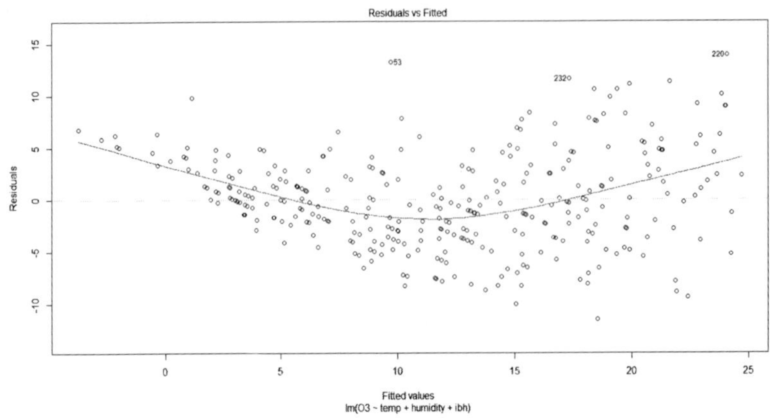

위 그림에서 잔차의 분산이 일정하지 않음을 알 수 있나. 따리서 반응변수에 대해 박스-콕스 변환을 적용한다.

```
> ## 박스-콕스의 멱 변환
> library(MASS)
> bc <- boxcox(md, plotit=T)
```

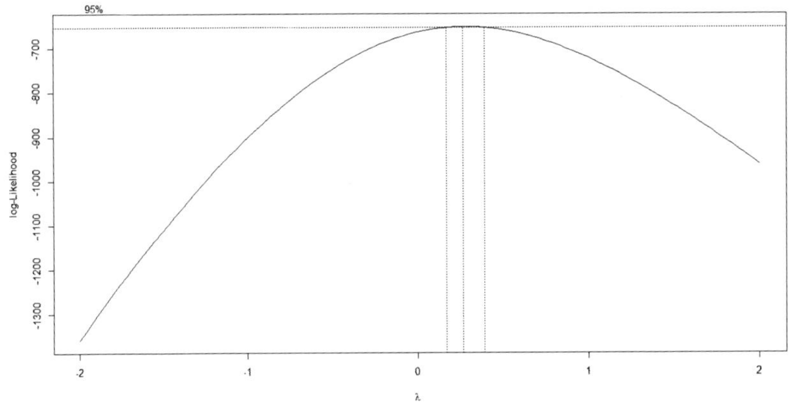


```
> ## λ에 대한 보다 자세한 정보를 얻기 위해 범위를 지정
> bc <- boxcox(md, plotit=T, lambda=seq(0,0.8,by=0.1))
```

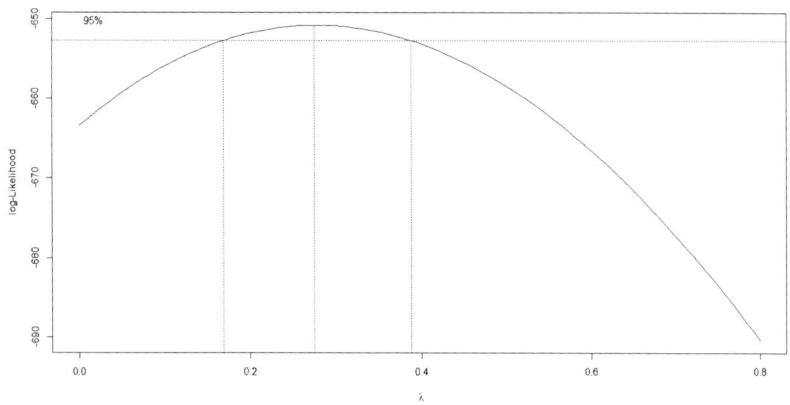


```
> ## 최적의 λ값
> which.max(bc$y)
  [1] 35
> (lambda <- bc$x[which.max(bc$y)])
  [1] 0.2747475

> ## 변환된 반응변수((O3^lambda)를 이용하여 새로운 모형을 적합
> md_best <- lm(O3^lambda~temp+humidity+ibh, data=ozone)
> summary(md_best)
  Coefficients:
                Estimate Std. Error t value Pr(>|t|)
  (Intercept)  8.779e-01  7.176e-02  12.233  < 2e-16 ***
  temp         1.521e-02  9.365e-04  16.242  < 2e-16 ***
  humidity     3.479e-03  5.946e-04   5.850 1.19e-08 ***
  ibh         -5.610e-05  7.274e-06  -7.711 1.52e-13 ***
  ---
  Signif. codes:  0 '***' 0.001 '**' 0.01 '*' 0.05 '.' 0.1 ' ' 1
  Residual standard error: 0.2009 on 326 degrees of freedom
  Multiple R-squared:  0.7161, Adjusted R-squared:  0.7135
  F-statistic: 274.1 on 3 and 326 DF,  p-value: < 2.2e-16

> plot(md_best, which=1)
```

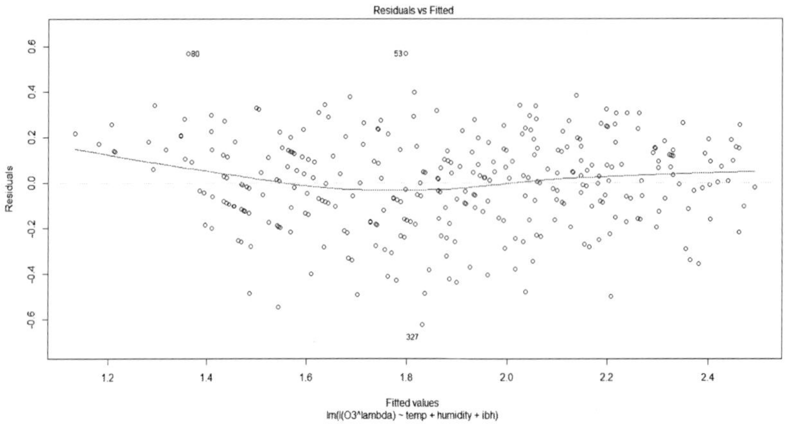

변환된 반응변수에 대한 잔차그림은 일정한 분산을 가짐을 알 수 있다. 이에 더해, 새로운 모형의 성능이 더 우수함을 알 수 있다(다중상관계수: 0.7161 vs 0.684).

[22장] 연습문제

01 morley 자료에서 빛의 속도(Speed)가 정규분포를 따르는지를 알아보고자 한다.

(a) 정규확률그림을 그리고, 이를 해석하여라.

(b) 사피로-윌크 검정을 수행하여라.

02 trees 자료에 대해 물음에 답하여라.

(a) 체적(Volume) 변수가 정규분포를 따르는지를 검정하여라.

(b) 박스-콕스 변환을 통해 정규화 변환을 실시하여라. 그 결과를 정규확률그림으로 비교하여라.

(c) 변환된 자료에 대해 정규성 검정을 실시하여라.

03 mtcars 자료에서 연비(mpg)를 마력(hp)과 무게(wt) 변수로 모형화하고자 한다.

(a) 다중 선형모형을 적합하고 잔차분석을 실시하여라.

(b) 잔차가 정규분포를 따르는가?

(c) 잔차가 정규분포를 따르도록 연비(mpg) 변수에 대한 적절한 변환을 실시하여라.

(d) 변환된 변수에 대해 다중 선형모형을 적합하고, 잔차에 대한 정규성 검토를 실시하여라.

[23 장]*

통계적 모의실험

23.1* 난수발생원리: 역변환법
23.2* 모의실험 예제

* 23.1 난수발생원리: 역변환법

특정 분포로부터의 난수(정확히는 확률변량)를 발생시키는 원리는 매우 다양하다. 이 가운데 역변환법(inverse transformation method)을 소개하면 [그림 23.1]과 [그림 23.2]와 같다.

[그림 23.1]은 연속형 분포로부터의 난수발생원리를 나타낸다. 균일분포 $U(0, 1)$로부터의 난수 u에 대해 해당 누적분포함수의 역함수 값을 취하면, 이 값들이 해당분포로부터의 난수(엄밀히는 확률변량)가 된다. 이때 균일분포로부터의 난수는 (0, 1) 범위에서 골고루 발생되는 것이 이상적이나, 이들의 역함수 값들은 분포의 특징에 따라 집중도가 달라질 것이다.

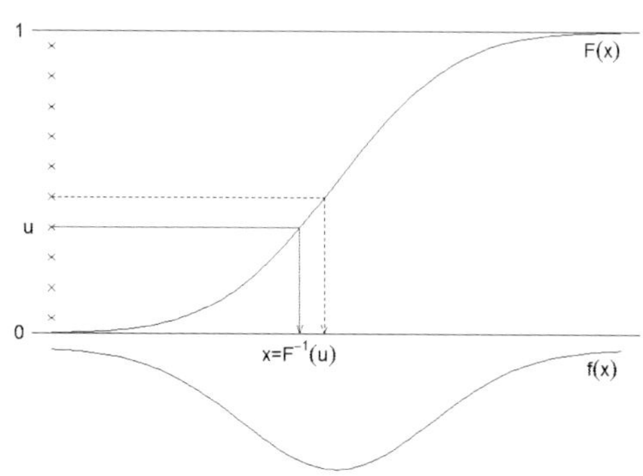

[그림 23.1] $f(x)$로부터의 난수 발생 원리(역변환법: 연속형의 경우)

[그림 23.2]는 이산형 분포로부터의 난수발생원리를 나타낸다. 연속형인 경우의 원리와 유사하게, 확률의 크기에 비례하게 해당 점들의 발생빈도가 높아진다.

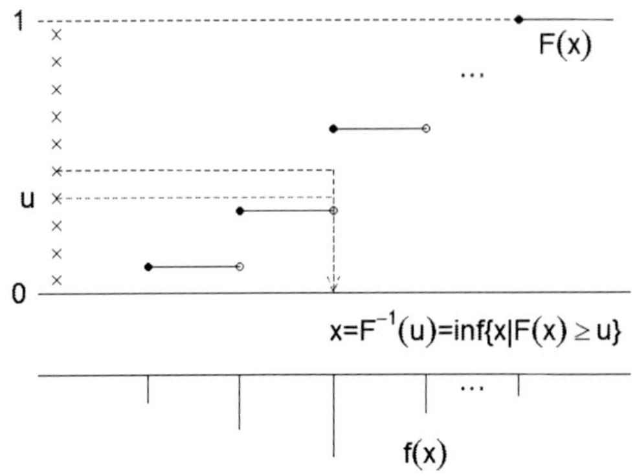

[그림 23.2] $f(x)$로부터의 난수발생원리(역변환법: 이산형의 경우)

```
> ## 표준정규분포로부터 난수 발생
> set.seed(10)     # 초깃값 지정
> r <- rnorm(10000, 0, 1)
> summary(r)
      Min.   1st Qu.    Median      Mean   3rd Qu.      Max.
 -3.532000 -0.673400 -0.005305  0.001338  0.678600  3.813000

> hist(r, prob=T)      # prob=T는 상대도수히스토그램
> curve(dnorm(x), from=-4, to=4, add=T)
```

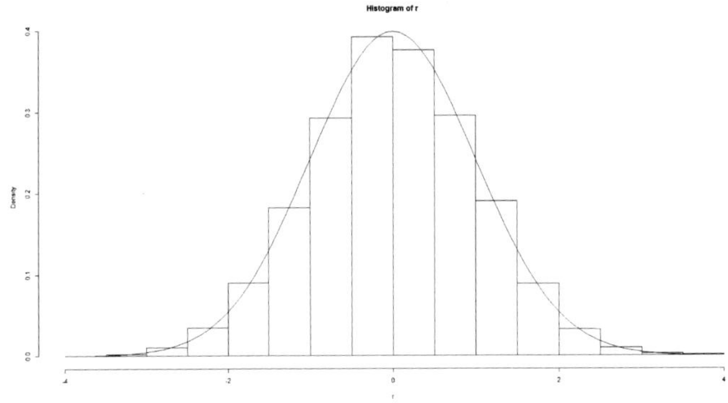


```
> ## 이항분포로부터 난수 발생
> n <- 500     # 표본의 크기
> set.seed(1032)     # 난수의 초깃값 설정
> U <- rbinom(n, 20, 0.5)
> hist(U, breaks=0:20 - 1/2,     # 히스토그램의 구간을 벡터로 지정
```

```
        border="red", col="pink",
        xlab="Random variates from B(20, 0.5): n=500")

> ## 이항분포의 확률밀도함수
> x <- 0:20
> fx <- dbinom(x, 20, 0.5)     # 이항분포의 확률 계산
> lines(x, n*fx, type="h", col="blue", lwd=2)
> points(x, n*fx, cex=2)
```

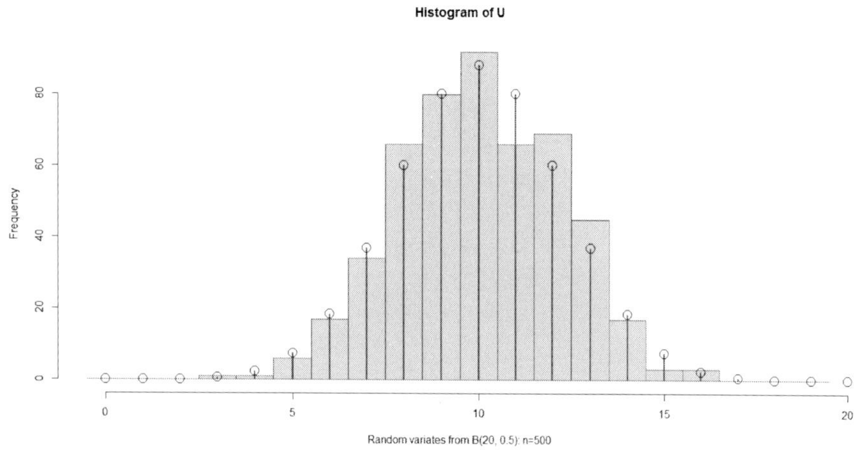

* 23.2 모의실험 예제

23.2.1 통계량의 분포 구하기

일반적으로 특정 통계량의 이론적(또는 근사적) 분포는 모집단 분포에 따라 달라지며, 그 유도가 어려운 경우가 많다. 여기서는 관심 통계량의 분포를 난수에 기반을 둔 모의실험을 통해 구하는 과정을 소개한다.

예제 1

표준정규분포로부터 크기가 100인 확률표본의 사분위수범위(IQR)의 분포와 상위 5% 분위수를 모의실험을 통해 추정하는 과정은 다음과 같다.

```
> library(IPSUR)
> set.seed(1000)
> ## replicate(n, expr): expr을 n번 반복함(보통 난수 생성을 포함)
> iqr <- replicate(n=10000, IQR(rnorm(100)))
> hist(iqr)
```

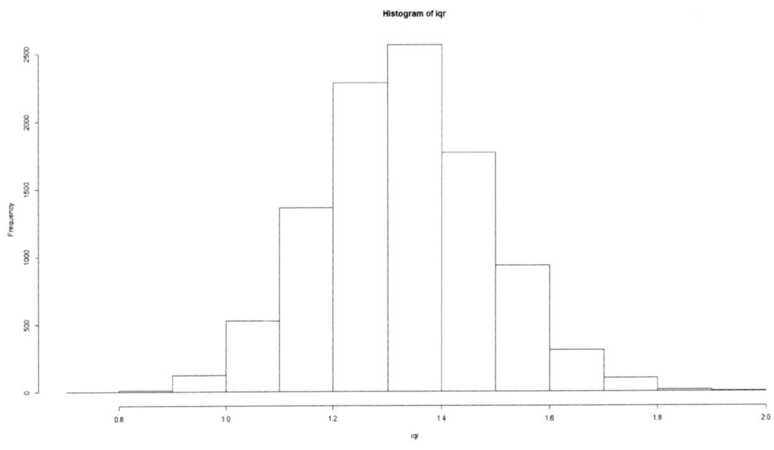


```
> summary(iqr)
   Min. 1st Qu.  Median    Mean 3rd Qu.    Max. 
 0.7968  1.2230  1.3260  1.3290  1.4310  1.9750 

> quantile(iqr, 0.95)
     95% 
1.589315
```

예제 2

(응용 예제) 관심 통계량의 분포 구하기

연간 보험료(Premium)가 50만 원(/년)이고, 보험가입자가 2만 명이라고 하자. 연간 지출비용으로는 고정(overhead 또는 fixed) 지출비용(Expense)이 10억이고, 보험 가입자 유지비가 5000원(/건)이라고 하자. 보험의 청구금액(Claim Size)은 $Pareto(\theta=80000,\ \alpha=1.5)$ 분포를 따르고, 청구건수(Claim Count)는 $Poisson(\lambda=1500)$을 따른다고 하자. 이 보험 포트폴리오에 대해 이익/손실(Profit/Loss: P/L)을 다음과 같이 정의할 때, 이익/손실의 분포를 구하여라.

$$\begin{aligned}\text{이익/손실(P/L)} &= \text{총보험료} - (\text{총보험청구금액} + \text{총지출비용}) \\ &= 50\text{만원} \times 2\text{만명} - \{S_N + (10\text{억원} + 5\text{천원} \times 2\text{만명})\},\end{aligned}$$

여기서 $S_N = \sum_{i=1}^{N} X_i$, $X_i \sim i.i.d.\ Pareto(80000, 1.5)$, $N \sim Poisson(1500)$이고, $X_i{}'s$ & N은 독립이다.

(풀이) 랜덤합 S_N의 분포를 직접 유도하는 것은 매우 복잡하다. 모의실험을 이용하면 이 문제를 쉽게 해결할 수 있다. $Pareto(\theta, \alpha)$ 분포로부터의 난수발생은 $F(x) = 1 - \left(\frac{\theta}{x}\right)^{\alpha} \equiv u$로부터 $X = F^{-1}(U) \overset{d}{=} \theta(1-U)^{-1/\alpha}$임(역변환법)을 이용한다. 모의실험을 통해 이익/손실의 분포를 구하는 R 프로그램은 다음과 같다.

```
> ## R 프로그램
> claim<- function(n, theta, alpha, lambda){
          n.claims <- rpois(n, lambda)
          S.N <- rep(0, n)
              for (i in 1:n) {
                   u <- runif(n.claims[i])
                   r.pareto <- theta * ((1-u)^(-1/alpha))
                   # 파레토분포로부터의 난수발생(역변환법 이용)
                   S.N[i] <- sum(r.pareto)
                   }
          S.N    # 출력값
          }

> claim.size <- claim(100000, 80000, 1.5, 1500)
> profit.loss <- 5000*2-(claim.size/1000000+1000+50*2)
> ## 단위: 백만(million)원

> par(mfrow=c(1,2))
> hist(claim.size/1000000, br=50, xlab="in millions", ylab="frequency",
main="Distribution of Aggregate Claim", freq=FALSE)

> hist(profit.loss, br=50, xlab="in millions", ylab="frequency",
main="Distribution of Profit/Loss", freq=FALSE)
```

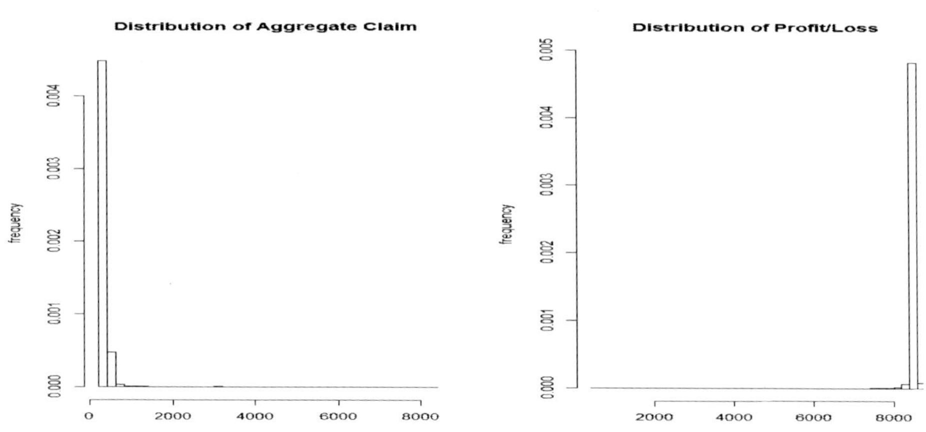

참고로, 모의실험을 통해 총 청구금액의 평균을 추정하면 다음과 같다.

```
> mean(claim.size/1000000)
  [1] 359.4461
```

모의실험에 의한 위의 결과는 이론적으로 유도된 정확한 결과와 거의 일치한다. 즉, $X \sim Pareto(80000,\ 1.5)$일 때

$$E(X) = \frac{\alpha\theta}{\alpha - 1} = \frac{1.5 \times 80000}{1.5 - 1} = 24000$$

이므로, 통계이론에 의하면

$$E(S_N) = E(N)E(X) = 1500 \times \frac{80000 \cdot 1.5}{1.5 - 1} = 360(\text{백만 원})$$

이다.

23.2.2 몬테칼로 적분

(a) 방법1 – Hit or Miss 몬테칼로 방법

Hit or Miss 몬테칼로(Monte Carlo) 방법을 설명하면 다음과 같다. 아래 그림에서 사각형 내에 많은 점을 랜덤하게 발생시킨 후, 그 점들의 x 좌표값에 대해 함숫값들을 구한다. 구해진 함숫값보다 작은 y 좌표값을 가지는 점(hit한 점)의 비율을 구한다. 이 비율을 사각형의 면적에 곱하여 곡선 아래쪽의 면적(적분값)을 근사하는 방법이다.

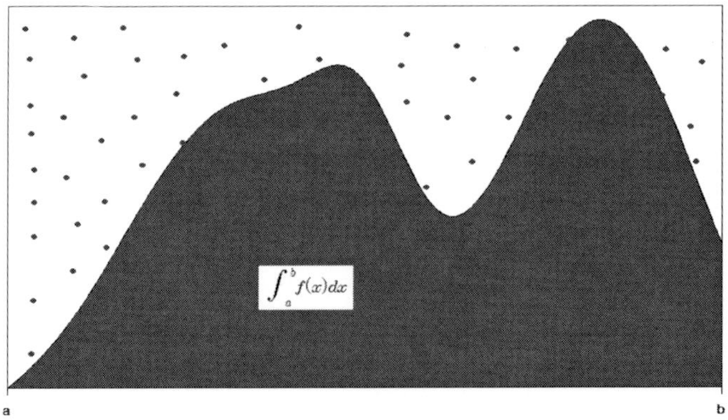

[그림 23.3] Hit or Miss 몬테칼로 적분

예제 3

정적분 $\int_{-1}^{1} \sqrt{1-x^2}\,dx$를 Hit or Miss 몬테칼로 방법으로 근사하면 다음과 같다.

```
> f <- function(x)   sqrt(1-x^2)
> s <- seq(-1, 1, by=0.001)
> plot(s, f(s))
```

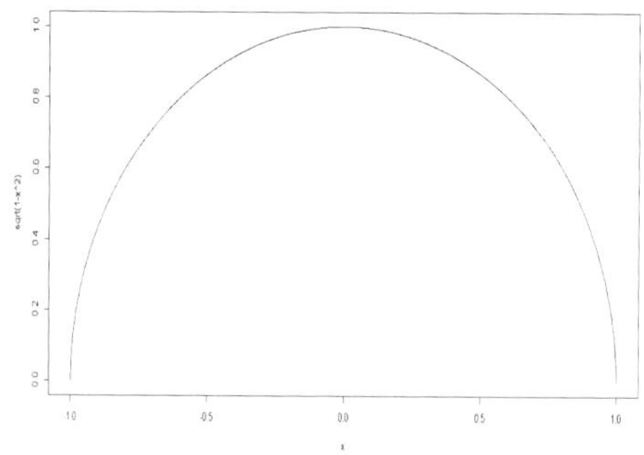

```
> ## curve( ) 함수를 이용하면 보다 편리하게 그림을 그릴 수 있음
> fun <- function(x) sqrt(1-x^2)
> curve(fun, -1, 1)
```

```
> ## 적분구간에서 함수의 최댓값
> c <- ceiling(max(f(s)))
  [1] 1

> n <- 1000000; a <- -1; b <- 1
> set.seed(100)
> x <- runif(n, -1, 1)
> y <- c*runif(n, 0, 1)
> R <- sum(y < f2(x))/n     # 전체 난수에서 hit의 비율
> (b-a)*c*R
  [1] 1.57063

> ## 정확한 값
> pi/2
  [1] 1.570796
```

```
> ## integrate( ) 함수를 이용한 위의 적분 결과는 다음과 같다.
> f <- function(x) sqrt(1-x^2)
> integrate(f, -1, 1)
  1.570796 with absolute error < 1e-09
```

(b) 방법 2 – 표본평균 몬테칼로 방법

표본평균(sample mean or crude) 몬테칼로 방법은

$$\int_a^b g(x)\,dx = (b-a)\cdot\int_a^b g(u)\,\frac{1}{b-a}\,du$$

$$= (b-a)\cdot E\,g(U),\quad U\sim U(a,\,b)$$

이 성립하므로, $U(a,\,b)$로부터의 난수 $U_1, U_2, \cdots, U_n$을 이용하여, 다음과 같이

$$\int_a^b g(x)dx \approx (b-a)\cdot\frac{1}{n}\sum_{i=1}^{n} g(U_i)$$

으로 근사(추정)하는 방법이다.

예제 4

정적분 $\int_2^5 x^5\,dx$의 값을 표본평균 몬테칼로 방법으로 근사하면 다음과 같다.

```
> u <- runif(100000, min=2, max=5)
> mean(u^5)*(5-2)
  [1] 2590.415
```

위 결과는 아래의 정확한 값 2593.5와 거의 일치한다.

```
> ## integrate( ) 함수를 이용한 위의 적분 결과는 다음과 같다.
> f <- function(x) x^5
> integrate(f, 2, 5)
  2593.5 with absolute error < 2.9e-11
```

이 절에서 다루어진 난수(확률변량)에 기반을 둔 몬테칼로 적분 방법은 integrate( ) 함수의 적용이 어려운 비정칙(non-regular) 함수나 다중적분(multiple integration)의 문제도 쉽게 해결할 수 있는 장점을 가진다. 특히 베이지안 통계에서는 MCMC, 깁스 샘플링 등 매우 다양한 난수발생 기법을 이용하여 복잡한 적분(추정) 문제를 해결한다.

23.2.3 중심극한정리 모의실험

중심극한정리는 모집단의 분포 형태에 관계없이 표본의 수가 커지면 표본평균의 분포가 정규분포로 수렴한다는 정리이다. 이러한 통계적 이론을 수학적인 증명이 아닌 모의실험을 통해 확인해 볼 수 있다. 아래의 예는 모집단 분포를 특정 분포로 가정하고, 이 정리가 성립되는 과정을 보여 준다.

예제 5

Gamma(0.5, 1) 분포로부터의 확률표본에 기초한 표본평균의 분포가 표본의 크기가 커짐에 따라 정규분포로 수렴하는지를 모의실험을 통해 확인한다.

```
> n <- c(1, 10, 30)     # n=표본의 크기
> r <- 10000     # r=주어진 표본크기에서의 반복수

> ## Gamma(alpha, beta)
> alpha <- 0.5
> beta <- 1

> mu <- alpha*beta
> sigma <- sqrt(alpha)*beta

> for (i in 1:length(n)) {
        xbar <- rep(NA, r)
        sxbar <- sigma/sqrt(n[i])

        for (j in 1:r) {
          # Gamma(alpha, beta) 분포로부터 크기 n의 난수 발생
          x <- rgamma(n[i], shape=alpha, scale=beta)
          xbar[j] <- mean(x)
         }

        # 표본평균의 히스토그램
        hist(xbar, prob=T)
        nor.pdf <- dnorm(seq(mu-3*sxbar, mu+3*sxbar, 0.1), mu, sxbar)
        lines(seq(mu-3*sxbar,mu+3*sxbar, 0.1), nor.pdf, lty=2, col="red")
  }
```

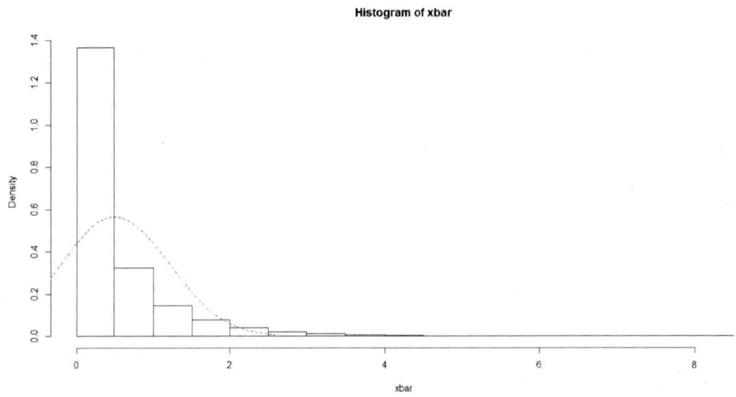

(a) $n=1$인 경우

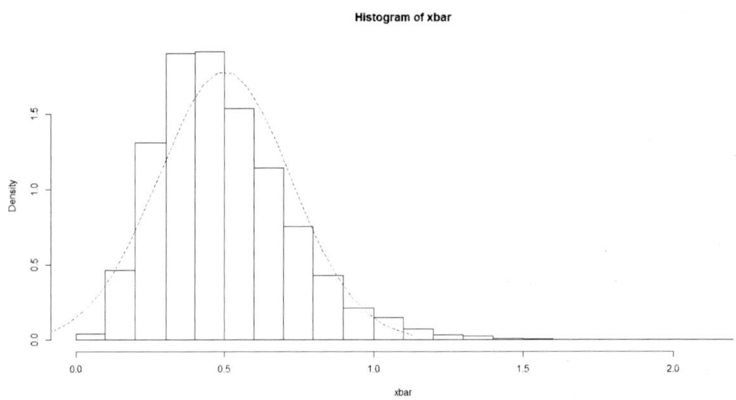

(b) $n=10$인 경우

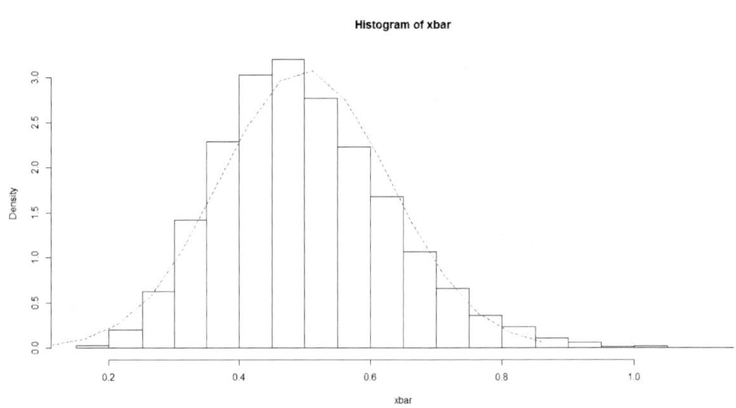

(c) $n=30$인 경우

[그림 23.4] Gamma(0.5, 1) 분포로부터 크기 $n(=5, 10, 30)$인 표본평균의 분포

위의 중심극한정리에 대한 예제에서와 같이 난수에 기반을 둔 통계적 모의실험을 통해 특정 통계이론이 성립함을 확인(또는 검증)하거나, 이론전개가 어렵거나 불가능한 경우에 대한 결과를 추정할 수 있다.

[23 장] 연습문제

※ 모의실험의 재현성을 위해 set.seed( ) 함수를 사용하여라.

01 자유도가 3인 t−분포로부터 크기(n)가 10인 표본평균과 표본중앙값의 분포를 모의실험을 통해 비교하여라. 또한 어느 통계량의 산포가 더 큰지를 말하여라.

02 $X_1, X_2, \cdots, X_n$을 서로 독립이며 균일분포 $U(0,\ 1)$를 따르는 확률변수라고 하자. 이때 표본평균 $\overline{X}_n$의 정확한 분포를 이론적으로 유도하는 것은 쉽지 않다. 모의실험을 통해 $\overline{X}_n$의 분포를 근사하고자 한다.

(a) 표본의 크기를 늘려가며 $\overline{X}_n$의 분포를 구해 보아라.

(b) 표본의 크기가 어느 정도에서 정규분포를 따른다고 할 수 있는지를 결정하여라.

03 적분 $\int_0^1 e^{-x}\,dx$ 을 몬테칼로 방법으로 근사하고자 한다.

(a) Hit or Miss 방법으로 근사하여라.

(b) 표본평균 몬테칼로 방법으로 근사하여라.

04 모집단이 정규분포일 때, 통계량 $Z = \dfrac{\overline{X} - \mu}{\sigma / \sqrt{n}}$ 의 분포는 표준정규분포를 따른다. 만약 모표준편차 σ를 표본표준편차 S로 대체할 때, 이 통계량 $T = \dfrac{\overline{X} - \mu}{S / \sqrt{n}}$ 의 분포는 Z의 분포와는 다르게 된다.

(a) 표본의 크기를 $n = 3, 10, 25, 50, 100$으로 할 때, T의 분포가 정규분포를 따르는지를 정규확률그림으로 확인하여라.

(b) 표본의 크기가 어느 정도일 때 T의 분포가 정규분포를 따른다고 할 수 있는지를 결정하여라.

4부

R 데이터 다루기

24장 데이터 처리 I
25장* 데이터 처리 II : {dplyr} 패키지
26장 문자열 다루기

[24장]

데이터 처리 I

24.1 기본 함수 소개
24.2 reshape() 함수
24.3 {reshape2} 패키지
24.4 유용한 패키지 소개

24.1 기본 함수 소개

데이터 셋은 분석에 필요한 다양한 형태로 변형(분할, 병합, 검색 등)될 필요가 있다. 데이터 변형에 유용한 기본 함수는 다음과 같다.

- rbind( ), cbind( )　# 행렬, 데이터프레임, ... 등을 행 또는 열 기준으로 결합(combine)
- merge(a, b)　# 두 개의 데이터프레임을 공통의 열 또는 행 이름에 의해 병합(merge)
- stack(x, ...)　# 데이터프레임 또는 리스트를 하나의 컬럼으로 변환(transform)
- unstack(x, ...)　# stack( ) 의 역기능을 수행

(a) merge( ) 함수

```
> x <- data.frame(k1=c(NA,NA,3,4,5), k2=c(1,NA,NA,4,5), data=1:5)
> y <- data.frame(k1=c(NA,2,NA,4,5), k2=c(NA,NA,3,4,5), data=1:5)
> x
  k1 k2 data
1 NA  1    1
2 NA NA    2
3  3 NA    3
4  4  4    4
5  5  5    5
```

```
> y                        > x
   k1 k2 data                 k1 k2 data
 1 NA NA    1               1 NA  1    1
 2  2 NA    2               2 NA NA    2
 3 NA  3    3               3  3 NA    3
 4  4  4    4               4  4  4    4
 5  5  5    5               5  5  5    5

> merge(x, y, by=c("k1","k2"))    # NA도 매칭함
   k1 k2 data.x data.y
 1  4  4      4      4
 2  5  5      5      5
 3 NA NA      2      1

> merge(x, y, by="k1")    # NA도 매칭하므로, 총 6행이 됨
   k1 k2.x data.x k2.y data.y
 1  4    4      4    4      4
 2  5    5      5    5      5
 3 NA    1      1   NA      1
 4 NA    1      1    3      3
 5 NA   NA      2   NA      1
 6 NA   NA      2    3      3

> merge(x, y, by="k2", incomparables=NA)    # NA는 비교에서 제외. 결과는 2행이 됨
   k2 k1.x data.x k1.y data.y
 1  4    4      4    4      4
 2  5    5      5    5      5
```

(b) stack( ), unstack( ) 함수

```
> require(stats)
> PlantGrowth
    weight group
 1    4.17  ctrl
 2    5.58  ctrl
 3    5.18  ctrl
 ...
 11   4.81  trt1
 12   4.17  trt1
 13   4.41  trt1
 ...
 21   6.31  trt2
 22   5.12  trt2
```

```
 23   5.54  trt2
 ...
 30   5.26  trt2

> formula(PlantGrowth)     # 디폴트 공식을 체크함
  weight ~ group
> pg <- unstack(PlantGrowth, formula=weight~group)     # 공식에 따라 unstack 함
> pg
     ctrl trt1 trt2
  1  4.17 4.81 6.31
  2  5.58 4.17 5.12
  3  5.18 4.41 5.54
  4  6.11 3.59 5.50
  5  4.50 5.87 5.37
  6  4.61 3.83 5.29
  7  5.17 6.03 4.92
  8  4.53 4.89 6.15
  9  5.33 4.32 5.80
  10 5.14 4.69 5.26

> stack(pg)     # 값을 하나의 열로 변환(stack)
     values  ind
  1    4.17 ctrl
  2    5.58 ctrl
  3    5.18 ctrl
  ...
  29   5.80 trt2
  30   5.26 trt2

> stack(pg, select=-ctrl)     # 일부분을 제외함
     values  ind
  1    4.81 trt1
  2    4.17 trt1
  3    4.41 trt1
  ...
  19   5.80 trt2
  20   5.26 trt2
```

24.2 reshape() 함수

reshape{stats} 함수는 데이터프레임을 다음 두 형식('wide'와 'long' 형식)으로 변형(reshape)한다. 넓은(wide) 형식은 같은 행에서 별도의 열을 지정하여 반복 측정을 나타내는 방식이며, 긴(long) 형식은 다른 행을 이용하여 반복 측정을 나타내는 방식이다. reshape( ) 함수는 뒤에서 다루게 될 {reshape2} 패키지의 melt( ), cast( ) 함수와 유사한 기능을 가지고 있다.

```
reshape(x, direction, ...)
```

- x는 데이터프레임
- direction= 문자열로 "wide", "long"을 지정할 수 있음

reshape( ) 함수는 데이터프레임을 방향에 기초하여 "wide"와 "long" 형식으로 변형한다. wide(또는 long)는 반복 측정 자료가 개별 열(또는 행)에 저장된 형태를 말한다.

예제 1

긴(long) 형식의 자료를 넓은(wide) 형식으로 변형한다.

(반복측정자료: 경시적 자료) Indometh 자료는 6개 개체(Subjects)별로 특정 시간(time)에 따른 약품의 효과(conc: concentration)를 측정한 자료이다.

```
> data(Indometh)
> Indometh
   Subject time conc
1        1 0.25 1.50
2        1 0.50 0.94
3        1 0.75 0.78
4        1 1.00 0.48
5        1 1.25 0.37
...
65       6 6.00 0.10
66       6 8.00 0.09
```

각 개체에 대해 11번씩 반복 측정한 자료이므로, 다음과 같이 넓은(wide) 형식으로 자료를 변형한다. v.name= 옵션은 긴(long) 형식에서의 변수명으로 넓은(wide) 형식에서 다중변수에 대응되는 변수를 지정한다. timevar= 옵션은 같은 개체로부터의 다중 행(multiple records)을 구분하는 긴(long) 형식에서의 변수를 지정한다(변수가 수치형일 필요는 없다).

```
> wide <- reshape(Indometh, v.names="conc", idvar="Subject",
                  timevar="time", direction="wide")
> wide
   Subject conc.0.25 conc.0.5 conc.0.75 conc.1 conc.1.25 conc.2 ... conc.6 conc.8
 1      1   1.50  0.94   0.78  0.48   0.37  0.19  0.12  0.11  0.08  0.07  0.05
 12     2   2.03  1.63   0.71  0.70   0.64  0.36  0.32  0.20  0.25  0.12  0.08
 23     3   2.72  1.49   1.16  0.80   0.80  0.39  0.22  0.12  0.11  0.08  0.08
 34     4   1.85  1.39   1.02  0.89   0.59  0.40  0.16  0.11  0.10  0.07  0.07
 45     5   2.05  1.04   0.81  0.39   0.30  0.23  0.13  0.11  0.08  0.10  0.06
 56     6   2.31  1.44   1.03  0.84   0.64  0.42  0.24  0.17  0.13  0.10  0.09

> reshape(wide, direction="long")    # 열 순서대로 stack이 됨
        Subject time conc
 1.0.25       1 0.25 1.50
 2.0.25       2 0.25 2.03
 3.0.25       3 0.25 2.72
 4.0.25       4 0.25 1.85
 5.0.25       5 0.25 2.05
 ...
 5.8          5 8.00 0.06
 6.8          6 8.00 0.09

> ## 열 순서대로 stack을 하되, 2열부터 12열까지에 적용
> reshape(wide, idvar="Subject", varying=list(2:12),
          v.names="conc", direction="long")
      Subject time conc
 1.1        1    1 1.50
 2.1        2    1 2.03
 3.1        3    1 2.72
 4.1        4    1 1.85
 5.1        5    1 2.05
 ...
 5.11       5   11 0.06
 6.11       6   11 0.09
```

예제 2

넓은(wide) 형식의 자료를 긴(long) 형식으로 변형한다.

```
> ## 넓은(wide) 형식의 데이터프레임 자료 생성
> df1 <- data.frame(id=1:4, age=c(40,50,60,50), dose1=c(1,2,1,2),
                    dose2=c(2,1,2,1), dose4=c(3,3,3,3))
> df1
  id age dose1 dose2 dose4
1  1  40     1     2     3
2  2  50     2     1     3
3  3  60     1     2     3
4  4  50     2     1     3
> ## 넓은(wide) 형식에서 변수명은 반드시 이름이 같아야 함
```

아래에서 varying= 옵션은 넓은(wide) 형식에서의 변수집합으로 긴(long) 형식에서의 단일 변수에 대응되는 변수를 지정한다. sep= 옵션은 길이가 1인 문자형 벡터로, 넓은(wide) 형식의 변수명에서 구분문자를 나타내며, 긴(long) 형식에서 time 변수의 값에 영향을 미친다.

```
> reshape(df1, direction="long", varying=3:5, sep="")
    id age time dose
1.1  1  40    1    1
2.1  2  50    1    2
3.1  3  60    1    1
4.1  4  50    1    2
1.2  1  40    2    2
2.2  2  50    2    1
3.2  3  60    2    2
4.2  4  50    2    1
1.4  1  40    4    3
2.4  2  50    4    3
3.4  3  60    4    3
4.4  4  50    4    3
```

예제 3

다중 식별(id) 변수를 사용하여 긴(long) 형식을 넓은(wide) 형식으로 변형한다.

```
> ## 다중 식별(id) 변수를 가지는 반복측정자료 생성
> df2 <- data.frame(school=rep(1:3, each=4), class=rep(9:10, 6),
                    time=rep(c(1,1,2,2), 3), score=rnorm(12))
> df2
   school class time       score
1       1     9    1  0.59851274
2       1    10    1  0.03449117
3       1     9    2 -0.06482776
4       1    10    2  1.97308283
5       2     9    1 -0.29260846
6       2    10    1  0.34319398
7       2     9    2 -0.37442626
8       2    10    2  0.36844476
9       3     9    1 -0.17021042
10      3    10    1  0.95719902
11      3     9    2 -1.28287623
12      3    10    2  0.50074802

> ## 다중 식별 변수를 지정하여(idvar=), 넓은(wide) 형식으로 변형함
> wide <- reshape(df2, idvar=c("school","class"), direction="wide")
> wide
   school class     score.1     score.2
1       1     9  0.59851274 -0.06482776
2       1    10  0.03449117  1.97308283
5       2     9 -0.29260846 -0.37442626
6       2    10  0.34319398  0.36844476
9       3     9 -0.17021042 -1.28287623
10      3    10  0.95719902  0.50074802

> reshape(wide)     # 넓은(wide) 형식을 긴(long) 형식으로 바꿈
         school class time     score.1
1.9.1         1     9    1  0.59851274
1.10.1        1    10    1  0.03449117
2.9.1         2     9    1 -0.29260846
2.10.1        2    10    1  0.34319398
3.9.1         3     9    1 -0.17021042
3.10.1        3    10    1  0.95719902
1.9.2         1     9    2 -0.06482776
1.10.2        1    10    2  1.97308283
2.9.2         2     9    2 -0.37442626
```

```
2.10.2      2    10     2  0.36844476
3.9.2       3     9     2 -1.28287623
3.10.2      3    10     2  0.50074802
```

24.3 {reshape2} 패키지

24.3.1 {reshape2} 패키지 소개

{reshape2} 패키지는 단지 두 개의 함수 melt()와 cast()를 이용하여 유연한 재구성(restructure)과 데이터 집계를 수행한다.

패키지 {reshape2}에서 제공하는 함수

- melt(data, id.vars, measure, vars) # 객체를 casting에 유용한 형태로 변경(change)
- cast(data, formula, fun) # melted data에 공식(formula)을 사용해 함수(fun)를 적용
- dcast(data, formula, fun) # 데이터프레임(d)으로 결과를 제공
- acast(data, formula, fun) # 배열(a)로 결과를 제공
- recast(data, formula) # 하나의 단계로 melt와 cast를 수행함
- colsplit(string, pattern, names) # 벡터를 여러 개의 컬럼으로 나눔

```
> ## {redhape2}의 함수 적용 예: crabs{glm2} 자료 사용
> install.packages("glm2")
> library("glm2")
> data(crabs)
> (c5 <- crabs[1:5, 1:4])
   Satellites Width Dark GoodSpine
 1          8  28.3   no        no
 2          0  22.5  yes        no
 3          9  26.0   no       yes
 4          0  24.8  yes        no
 5          4  26.0  yes        no

> ## molten 자료의 생성: melt() 함수 이용
> colnames(c5) <- c("S", "W", "D", "GS")
> (m.c5 <- melt(c5, id=c("D", "GS")))    # 식별 변수를 지정함
       D  GS variable value
```

```
  1   no  no         S   8.0
  2  yes  no         S   0.0
  3   no yes         S   9.0
  4  yes  no         S   0.0
  5  yes  no         S   4.0
  6   no  no         W  28.3
  7  yes  no         W  22.5
  8   no yes         W  26.0
  9  yes  no         W  24.8
  10 yes  no         W  26.0

> ## molten 자료에 cast() 함수를 적용
> # 아래의 공식에서 변수의 순서는 출력 결과에 영향을 미침
> options(digits=3)
> cast(m.c5, D+GS~variable, mean)     # dcast() 수행 결과와 동일
      D  GS    S    W
  1  no  no 8.00 28.3
  2  no yes 9.00 26.0
  3 yes  no 1.33 24.4

> # 큰 차원의 배열 생성시: 여러 개의 ~를 사용
> cast(m.c5, D~GS~variable, mean)     # acast() 수행 결과와 동일
  , , variable = S

       GS
  D       no yes
    no  8.00   9
    yes 1.33 NaN

  , , variable = W

       GS
  D       no yes
    no  28.3  26
    yes 24.4 NaN
```

24.3.2 {reshape2} 활용 예제

R 패키지 {reshape2}를 이용한 데이터의 변형(reshape)과 집계(aggregation) 과정을 자세히 다루기로 한다.

(a) molten 자료의 생성

melt( ) 함수를 이용하여 molten 자료를 생성한다.

```
> ## 데이터프레임 생성
> require(reshape2)
> x <- data.frame(subject=c("John", "Mary"),
                  time=c(1, 1),
                  age=c(33, NA),
                  weight=c(90, NA),
                  height=c(2,2))
  > x
    subject time age weight height
  1    John    1  33     90      2
  2    Mary    1  NA     NA      2

> ## molten 자료 생성: melt() 함수 이용
> molten <- melt(x, id=c("subject", "time"))
> molten
    subject time variable value
  1    John    1      age    33
  2    Mary    1      age    NA
  3    John    1   weight    90
  4    Mary    1   weight    NA
  5    John    1   height     2
  6    Mary    1   height     2
```

유의 molten 자료는 데이터를 두 개의 그룹 즉, 식별(id) 변수와 측정 변수로 나누어진 것으로 이해한다. 모든 측정된 변수들은, 예를 들어 수치형, 요인, 날짜와 같이 같은 형태를 취해야 한다. 그 이유는 molten 자료가 데이터프레임으로 저장되므로, value 열은 한 가지 형태만을 취할 수 있다.

(b) 결측값 처리

melt( ) 함수에서 na.rm=TRUE를 지정하면 NA를 가지는 행을 제거할 수 있다.

```
> molten <- melt(x, id=c("subject", "time"), na.rm=TRUE)
> molten
    subject time variable value
  1    John    1      age    33
  3    John    1   weight    90
  5    John    1   height     2
  6    Mary    1   height     2
```

(c) 데이터의 변형

molten 자료는 dcast() 함수를 이용하여 데이터프레임으로 변형되거나 acast() 함수를 통해 벡터/행렬/배열로 변형(reshaping)될 수 있다.

```
> ## 데이터프레임 생성: dcast() 함수
> dcast(molten, formula=time+subject ~ variable)
  time subject age weight height
1    1    John  33     90      2
2    1    Mary  NA     NA      2

> dcast(molten, formula=subject+time ~ variable)
  subject time age weight height
1    John    1  33     90      2
2    Mary    1  NA     NA      2

> dcast(molten, formula=subject  ~ variable)
  subject age weight height
1    John  33     90      2
2    Mary  NA     NA      2

> dcast(molten, formula=...  ~ variable)    # ...은 모든 변수를 의미
  subject time age weight height
1    John    1  33     90      2
2    Mary    1  NA     NA      2

> dcast(molten, formula=. ~ variable, fun=length)    # .은 변수가 없음을 나타냄
  . age weight height
1 .   2      2      2

> dcast(molten, formula=time+subject ~ ., fun=length)
  time subject .
1    1    John 3
2    1    Mary 3
```

보다 큰 차원의 배열을 생성하기 위해서는 다음과 같이 공식에서 한 개 이상의 ~기호를 사용한다.

```
> ## 큰 차원의 배열 생성: 여러 개의 ~를 사용
> acast(molten, formula=subject  ~ time ~ variable)
, , age

     1
```

```
John 33
Mary NA

, , weight

      1
John 90
Mary NA

, , height

     1
John 2
Mary 2
```

.() 함수를 이용하여 자료의 일부분(subset)을 지정할 수 있다. .() 함수는 {plyr} 패키지에서 제공된다.

```
> data(airquality)
> head(airquality, 3)
   Ozone Solar.R Wind Temp Month Day
 1    41     190  7.4   67     5   1
 2    36     118  8.0   72     5   2
 3    12     149 12.6   74     5   3
 ...
 153    20     223 11.5   68     9  30

> aqm <- melt(airquality, id=c("Month", "Day"), na.rm=TRUE)
> head(aqm, 3)
   Month Day variable value
 1     5   1    Ozone    41
 2     5   2    Ozone    36
 3     5   3    Ozone    12
 ...
 612   9  30     Temp    68.0

> library(plyr)    # .() 함수 사용에 필요

> acast(aqm, variable ~ Month, mean, subset= .(variable == "Ozone"))
              5        6        7        8        9
 Ozone 23.61538 29.44444 59.11538 59.96154 31.44828
```

(d) 집계

집계(aggregation)는 *cast( ) 함수의 공식에서 변수의 조합이 개별 관측치를 구분하지 못할 때 발생한다. 이 경우 집계함수는 여러 개의 값을 한 개로 줄인다. fun.aggregate= 옵션을 통해 집계함수를 지정할 수 있으며, 디폴트는 length가 적용된다.

```
> library(reshape2)
> data(french_fries)
> str(french_fries)
> ffm <- melt(french_fries, id=1:4, na.rm=TRUE)
> ffm
   time treatment subject rep variable value
  1    1         1       3   1    potato   2.9
  2    1         1       3   2    potato  14.0
  3    1         1      10   1    potato  11.0
  ...
  3480   10          3       86   2    painty    9.4

> dcast(ffm, treatment ~ .)
  Aggregation function missing: defaulting to length
   treatment    .
  1         1 1159
  2         2 1157
  3         3 1155

> dcast(ffm, treatment ~ ., fun.aggregate=function(x) length(x))
> ## (fun.aggregate= 은 생략가능)
   treatment    .
  1         1 1159
  2         2 1157
  3         3 1155

> dcast(ffm, treatment ~ ., length)
   treatment    .
  1         1 1159
  2         2 1157
  3         3 1155


> dcast(ffm, treatment ~ ., sum)
   treatment      .
  1         1 3702.4
  2         2 3640.4
  3         3 3640.2
```

```
> dcast(ffm, treatment ~ ., sum, trim=0.1)
  treatment      .
1         1 3702.5
2         2 3640.5
3         3 3640.3
```

(e) 마진(margins)

테이블의 마진에 통계량을 추가하기 위해 margins= 옵션을 적절히 정할 수 있다. margins= 옵션에서 TRUE(모든 마진) 또는 원하는 개별 변수들을 문자형 벡터로 지정할 수 있다. *cast( ) 함수의 공식에서 변수들의 순서와 위치는 마진에 영향을 미친다.

```
> dcast(ffm, treatment+rep ~ time, sum, margins="rep")
  treatment   rep     1     2     3     4     5     6     7     8     9    10
1         1     1 156.4 212.8 206.0 181.2 207.5 181.5 156.4 185.1 176.2 194.2
2         1     2 216.4 195.1 193.6 153.7 204.5 184.8 157.7 216.4 121.6 201.3
3         1 (all) 372.8 407.9 399.6 334.9 412.0 366.3 314.1 401.5 297.8 395.5
4         2     1 186.6 212.7 171.8 192.7 157.3 183.4 175.0 173.4 184.8 198.8
5         2     2 168.3 157.3 185.8 187.1 172.8 214.6 172.0 188.6 145.2 212.2
6         2 (all) 354.9 370.0 357.6 379.8 330.1 398.0 347.0 362.0 330.0 411.0
7         3     1 189.2 211.9 172.3 190.2 150.6 160.9 165.2 150.4 173.3 175.1
8         3     2 216.7 180.5 199.2 191.8 183.0 191.8 218.3 174.6 163.7 181.5
9         3 (all) 405.9 392.4 371.5 382.0 333.6 352.7 383.5 325.0 337.0 356.6

> dcast(ffm, rep+treatment ~ time, sum, margins="treatment")
  rep treatment     1     2     3     4     5     6     7     8     9    10
1   1         1 156.4 212.8 206.0 181.2 207.5 181.5 156.4 185.1 176.2 194.2
2   1         2 186.6 212.7 171.8 192.7 157.3 183.4 175.0 173.4 184.8 198.8
3   1         3 189.2 211.9 172.3 190.2 150.6 160.9 165.2 150.4 173.3 175.1
4   1     (all) 532.2 637.4 550.1 564.1 515.4 525.8 496.6 508.9 534.3 568.1
5   2         1 216.4 195.1 193.6 153.7 204.5 184.8 157.7 216.4 121.6 201.3
6   2         2 168.3 157.3 185.8 187.1 172.8 214.6 172.0 188.6 145.2 212.2
7   2         3 216.7 180.5 199.2 191.8 183.0 191.8 218.3 174.6 163.7 181.5
8   2     (all) 601.4 532.9 578.6 532.6 560.3 591.2 548.0 579.6 430.5 595.0

> dcast(ffm, treatment+rep ~ time, sum, margins=TRUE)
  treatment   rep      1      2      3      4      5      6      7      8     9
1         1     1  156.4  212.8  206.0  181.2  207.5  181.5  156.4  185.1 176.2
2         1     2  216.4  195.1  193.6  153.7  204.5  184.8  157.7  216.4 121.6
3         1 (all)  372.8  407.9  399.6  334.9  412.0  366.3  314.1  401.5 297.8
4         2     1  186.6  212.7  171.8  192.7  157.3  183.4  175.0  173.4 184.8
5         2     2  168.3  157.3  185.8  187.1  172.8  214.6  172.0  188.6 145.2
```

```
6          2 (all)  354.9  370.0  357.6  379.8  330.1  398.0  347.0  362.0 330.0
7          3      1  189.2  211.9  172.3  190.2  150.6  160.9  165.2  150.4 173.3
8          3      2  216.7  180.5  199.2  191.8  183.0  191.8  218.3  174.6 163.7
9          3 (all)  405.9  392.4  371.5  382.0  333.6  352.7  383.5  325.0 337.0
10     (all) (all) 1133.6 1170.3 1128.7 1096.7 1075.7 1117.0 1044.6 1088.5 964.8
        10   (all)
1   194.2  1857.3
2   201.3  1845.1
3   395.5  3702.4
4   198.8  1836.5
5   212.2  1803.9
6   411.0  3640.4
7   175.1  1739.1
8   181.5  1901.1
9   356.6  3640.2
10 1163.1 10983.0
```

앞에서 언급한 바와 같이 공식(formula)에서 변수의 순서는 문제가 된다. 먼저 지정된 변수는 마지막에 지정된 변수보다 느리게 변한다. 비교는 인접한 셀들 간에 가장 쉽게 이루어지므로, 가장 관심 있는 변수는 마지막에 지정되어야 한다. 먼저 지정된 변수는 조건 변수로 생각될 수 있다.

24.4 유용한 패키지 소개

데이터 처리에 유용한 R 패키지에는 {reshape}, {reshape2}, {plyr}, {dplyr}, {doBy}, {data.table} 등이 있다. SQL 언어에 익숙한 사용자는 {sqldf} 패키지가 유용하다. 이 절에서는 {doBy}, {plyr}, {data.table} 패키지를 소개한다.

패키지 {reshape}는 {reshape2}의 구 버전으로 {reshape2}와 제공함수 및 사용법이 유사하며, {dplyr} 패키지는 다음 장에서 자세히 다루기로 한다.

24.4.1 {doBy} 패키지

{doBy} 패키지는 요약 통계 등을 그룹별로 계산하거나, 그룹화된 자료에 대한 여러 작업에 유용하다. "doBy"는 몇 개 변수에 의해(by) 층화된 자료에 대해 어떤 작업을 수행(do)한다는 의미이다.

패키지 {doBy}에서 제공하는 함수

- summaryBy( ), orderBy( ), SplitBy( ), sampleBy( )

```
> ## {doBy}의 함수 적용 예: iris 자료 사용
> attach(iris)
> ## ~ 좌측의 두 변수를 요약하되, 종류(Species)별로 실행
> summaryBy(Sepal.Width+Sepal.Length ~ Species, iris)
     Species Sepal.Width.mean Sepal.Length.mean
1     setosa            3.43              5.01
2 versicolor            2.77              5.94
3  virginica            2.97              6.59

> ## ~ 우측의 변수로 정렬(오름차순)
> head(orderBy(~ Sepal.Width, iris))
    Sepal.Length Sepal.Width Petal.Length Petal.Width    Species
61           5.0         2.0          3.5         1.0 versicolor
63           6.0         2.2          4.0         1.0 versicolor
69           6.2         2.2          4.5         1.5 versicolor
120          6.0         2.2          5.0         1.5  virginica
42           4.5         2.3          1.3         0.3     setosa
54           5.5         2.3          4.0         1.3 versicolor

> ## ~ 우측의 변수의 수준별로 쪼갬
> head(splitBy(~ Species, iris))
$setosa
   Sepal.Length Sepal.Width Petal.Length Petal.Width Species
1           5.1         3.5          1.4         0.2  setosa
2           4.9         3.0          1.4         0.2  setosa
3           4.7         3.2          1.3         0.2  setosa
... ...

$versicolor
    Sepal.Length Sepal.Width Petal.Length Petal.Width    Species
51           7.0         3.2          4.7         1.4 versicolor
52           6.4         3.2          4.5         1.5 versicolor
53           6.9         3.1          4.9         1.5 versicolor
... ...

$virginica
    Sepal.Length Sepal.Width Petal.Length Petal.Width   Species
101          6.3         3.3          6.0         2.5 virginica
102          5.8         2.7          5.1         1.9 virginica
103          7.1         3.0          5.9         2.1 virginica
```

```
> ## ~ 우측 변수의 수준별로 10%를 추출
> sampleBy(~ Species, frac=0.1, data=iris)
               Sepal.Length Sepal.Width Petal.Length Petal.Width    Species
setosa.21               5.4         3.4          1.7         0.2     setosa
setosa.34               5.5         4.2          1.4         0.2     setosa
setosa.44               5.0         3.5          1.6         0.6     setosa
setosa.48               4.6         3.2          1.4         0.2     setosa
setosa.50               5.0         3.3          1.4         0.2     setosa
versicolor.59           6.6         2.9          4.6         1.3 versicolor
versicolor.70           5.6         2.5          3.9         1.1 versicolor
versicolor.73           6.3         2.5          4.9         1.5 versicolor
versicolor.84           6.0         2.7          5.1         1.6 versicolor
versicolor.88           6.3         2.3          4.4         1.3 versicolor
virginica.106           7.6         3.0          6.6         2.1  virginica
virginica.117           6.5         3.0          5.5         1.8  virginica
virginica.124           6.3         2.7          4.9         1.8  virginica
virginica.134           6.3         2.8          5.1         1.5  virginica
virginica.146           6.7         3.0          5.2         2.3  virginica
```

24.4.2 {plyr} 패키지

{plyr} 패키지는 데이터를 쪼개고(split), (함수를) 적용(apply)하고, 결합(combine)하는 등의 데이터 조작을 제공한다. {plyr}은 문법적으로 일관된 함수의 집합으로부터 입, 출력 데이터 형식을 통제한다. 기존의 split()과 apply() 함수보다 더 편리하다.

{plyr}은 내장된 apply() 함수에 기초하며, 입출력의 형식과 모든 변형에 일관된 문법을 유지한다. 기본 형식은 두 개의 문자 뒤에 ply()를 사용한다. 첫 번째 문자는 입력 형식을, 두 번째 문자는 출력 형식을 나타낸다.

[표 24.1] {plyr} 패키지 제공 함수

입력 형식 / 출력 형식	데이터프레임(d)	리스트(l)	배열(a)
데이터프레임(d)	ddply	ldply	adply
리스트(l)	dlply	llply	alply
배열(a)	daply	laply	aaply

예를 들어 ldply() 함수는 리스트 객체를 취해 이를 쪼개고, 어떤 작업을 수행한 뒤, 데이터프레임으로 돌려준다.

(a) 패키지 {plyr}에서 제공하는 함수 형식-(1)

아래 함수들은 입력 자료의 형태에 따라 2~3개의 주요 인자(main arguments)를 가진다.

- a*ply(.data, .margins, .fun, ...)
- d*ply(.data, .variables, .fun, ...)
- l*ply(.data, .fun, ...)

위의 ply 계열 함수와 함께 자주 사용되는 함수는 다음과 같다.

- summarise( )
- mutate( )
- transform( )

예제 4

배열(a)을 데이터프레임(d)으로 변형: adply( ) 함수 이용

```
> ## adply( ) 함수 예제: 배열(a)을 데이터프레임(d)으로
> data(HairEyeColor)
> HairEyeColor
, , Sex = Male

       Eye
Hair    Brown Blue Hazel Green
  Black    32   11    10     3
  Brown    53   50    25    15
  Red      10   10     7     7
  Blond     3   30     5     8

, , Sex = Female

       Eye
Hair    Brown Blue Hazel Green
  Black    36    9     5     2
  Brown    66   34    29    14
  Red      16    7     7     7
  Blond     4   64     5     8

> adply(HairEyeColor, 1)     # 1은 행 변수를 의미
     Hair Male Female
  1 Black   32     36
  2 Black   11      9
  3 Black   10      5
```

```
  4  Black    3       2
  5  Brown   53      66
  6  Brown   50      34
  ...
  14 Blond   30      64
  15 Blond    5       5
  16 Blond    8       8

> adply(HairEyeColor, 2)     # 2는 열변수를 의미
       Eye Male Female
  1  Brown   32      36
  2  Brown   53      66
  3  Brown   10      16
  4  Brown    3       4
  5   Blue   11       9
  6   Blue   50      34
  ...
  14 Green   15      14
  15 Green    7       7
  16 Green    8       8

> adply(HairEyeColor, 3)
       Sex Brown Blue Hazel Green
  1   Male    32   11    10     3
  2   Male    53   50    25    15
  3   Male    10   10     7     7
  4   Male     3   30     5     8
  5 Female    36    9     5     2
  6 Female    66   34    29    14
  7 Female    16    7     7     7
  8 Female     4   64     5     8

> adply(HairEyeColor, c(1,2))
      Hair   Eye Male Female
  1  Black Brown   32     36
  2  Brown Brown   53     66
  3    Red Brown   10     16
  4  Blond Brown    3      4
  5  Black  Blue   11      9
  6  Brown  Blue   50     34
  7    Red  Blue   10      7
  8  Blond  Blue   30     64
  9  Black Hazel   10      5
```

```
10 Brown Hazel   25      29
11   Red Hazel    7       7
12 Blond Hazel    5       5
13 Black Green    3       2
14 Brown Green   15      14
15   Red Green    7       7
16 Blond Green    8       8
```

예제 5

데이터프레임(d)을 데이터프레임(d)으로 변형: ddply( ) 함수 이용

```
> ## ddply( ) 함수 예제: 데이터프레임(d)을 데이터프레임(d)으로
> c5
    S    W   D  GS
  1 8 28.3  no  no
  2 0 22.5 yes  no
  3 9 26.0  no yes
  4 0 24.8 yes  no
  5 4 26.0 yes  no

> ddply(c5, .(D))      # .(D)는 "D"와 같음
    S    W   D  GS
  1 8 28.3  no  no
  2 9 26.0  no yes
  3 0 22.5 yes  no
  4 0 24.8 yes  no
  5 4 26.0 yes  no

> ddply(c5, .(D), summarise, mean.W=mean(W))
      D mean.W
  1  no   27.1
  2 yes   24.4

> ddply(c5, .(D,GS), summarise, mean.W=mean(W), mean.S=mean(S))
      D  GS mean.W mean.S
  1  no  no   28.3   8.00
  2  no yes   26.0   9.00
  3 yes  no   24.4   1.33
```

예제 6

mutate, transform, .fun= 옵션은 새로운 변수를 생성시킨다.

```
> ## mutate: D와 GS 변수를 기준으로 새로운 변수(mean)를 생성
> ddply(c5, .(D,GS), mutate, mean=mean(W))
  S    W   D  GS mean
1 8 28.3  no  no 28.3
2 9 26.0  no yes 26.0
3 0 22.5 yes  no 24.4
4 0 24.8 yes  no 24.4
5 4 26.0 yes  no 24.4

> ## transform: D 변수를 기준으로 새로운 변수(mean.W)를 생성
> ddply(c5, .(D), transform, mean.W=mean(W))
  S    W   D  GS mean.W
1 8 28.3  no  no   27.1
2 9 26.0  no yes   27.1
3 0 22.5 yes  no   24.4
4 0 24.8 yes  no   24.4
5 4 26.0 yes  no   24.4

> ddply(c5, .(D), transform, std.W=(W-mean(W))/sd(W))
  S    W   D  GS  std.W
1 8 28.3  no  no  0.707
2 9 26.0  no yes -0.707
3 0 22.5 yes  no -1.087
4 0 24.8 yes  no  0.206
5 4 26.0 yes  no  0.881

> ## 배열(a)을 생성하되 D와 GS 변수를 기준으로 .fun=에서 지정한 값을 생성
> daply(c5, .(D,GS), .fun=colwise(mean))    # ".fun="은 생략 가능
, ,  = S

     GS
D      no   yes
  no   8    9
  yes 1.33 NULL

, ,  = W

     GS
D      no   yes
  no   28.3 26
  yes 24.4 NULL
```

*(b) 패키지 {plyr}에서 제공하는 함수 형식-(2)

{plyr}에서 제공하는 함수들은 d, l, a 이외에도 다음의 형식이 사용되지만, 그 활용도가 높지는 않다.

- m = 다중-인자 함수 입력
- r = 함수를 n 번 반복
- _ = 출력을 버림

이 가운데 _(밑줄) 옵션은 플롯에 유용하다. d_ply() 함수의 사용 예는 다음과 같다. 이 방법은 데이터의 부집단을 만들 필요가 없어 for 루프를 사용하는 것보다 편리하다.

```
> set.seed(200)
> d <- data.frame(year=rep(2010:2012, each=3),
                         count=round(runif(9, 0, 20)))
> d
  year count
1 2010    11
2 2010    12
3 2010    12
4 2011    14
5 2011    13
6 2011    17
7 2012    14
8 2012     2
9 2012    10

> library("plyr")
> par(mfrow=c(1,3), mar=c(2,2,1,1), oma=c(3,3,0,0))
> ## year 변수를 기준으로 새로운 변수(그림)을 생성함
> d_ply(d, "year", transform, plot(count, main=unique(year), type="o"))
> mtext("count", side=1, outer=TRUE, line=2)
> mtext("frequency", side=2, outer=TRUE, line=2)
> # outer= 옵션 생략 시에는 맨 오른쪽 그림에 축의 라벨이 부여됨
> # line= 옵션은 그림으로부터 라벨의 거리를 지정
```

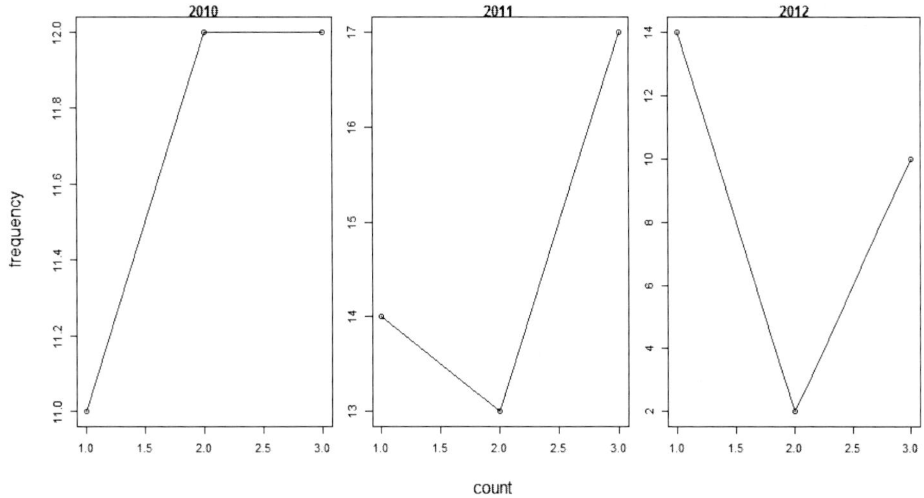

(c) apply( ) 함수와의 비교

{plyr}은 apply( ) 함수에 비해 일관되고 다루기 편리한 입출력 형식을 지원한다. 몇몇 기능은 기본 apply( ) 함수를 통해서도 가능하나 형식의 일관성이 떨어진다. 또한 apply( ) 함수는 가장 많이 사용되는 데이터프레임 형식을 입출력으로 거의 사용하지 않는다. [표 24.2]는 R의 기본함수인 apply( ) 계열의 함수를 요약한 것이다. 이 함수들의 활용에 대해서는 2.1.2절을 참고하기 바란다.

[표 24.2] 기본 R apply() 함수

	배열(a)	데이터프레임(d)	리스트(l)	없음
배열(a)	apply	•	•	•
데이터프레임(d)	•	aggregate	by	•
리스트(l)	sapply	•	lapply	•
n 반복	replicate	•	replicate	•
함수 인자	mapply	•	mapply	•

24.4.3 {data.table} 패키지

{data.table} 패키지는 데이터프레임으로부터 물려받은 것이다. 이 패키지는 빠른 부집합 생성, 빠른 집단화, 빠른 업데이트, 빠른 순서화된 결합과 열배열 등을 제공한다. 데이터테이블 객체는 하나의 데이터프레임으로, 데이터프레임에 적용되는 함수 및 패키지가 동일하게 적용된다.

패키지 {data.table}에서 제공하는 함수

- data.table( ), setkey( ), subset( ): 데이터테이블 객체에 대해 적용됨

```
> install.packages("data.table")
> library("data.table")
> c5
   S    W   D  GS
 1 8 28.3  no  no
 2 0 22.5 yes  no
 3 9 26.0  no yes
 4 0 24.8 yes  no
 5 4 26.0 yes  no

> (c5.1 <- data.table(c5))     # 데이터테이블로 전환
   S    W   D  GS
1: 8 28.3  no  no
2: 0 22.5 yes  no
3: 9 26.0  no yes
4: 0 24.8 yes  no
5: 4 26.0 yes  no

> (setkey(c5.1, S, W))     # 지정한 키(key) 변수(S, W)에 대해 오름차순으로 정렬
   S    W   D  GS
1: 0 22.5 yes  no
2: 0 24.8 yes  no
3: 4 26.0 yes  no
4: 8 28.3  no  no
5: 9 26.0  no yes

> (subset(c5.1, D=="yes"))     # 조건을 만족하는 부분 집합을 제공
   S    W   D GS
1: 0 22.5 yes no
2: 0 24.8 yes no
3: 4 26.0 yes no
```

[24장] 연습문제

01 ToothGrowth 자료는 (60행, 3열)의 데이터프레임 자료이다.

(a) 이 자료의 디폴트 공식을 체크하여라.

(a) supp 변수의 범주를 열로 하는 (30행, 2열)의 데이터프레임을 생성하여라.

(b) dose 변수의 서로 다른 값을 범주로 하는 (20행, 3열)의 데이터프레임을 생성하여라.

02 OrchardSprays 자료에 대해 물음에 답하여라.

(a) 2~4열(rowpos, colpos, treatment)을 식별(id) 변수로 하는 molten 자료를 만들어라.

(b) molten 자료로부터 rowpos, colpos, treatment 변수별 decrease의 평균값으로 이루어진 데이터프레임을 만들어라.

(c) molten 자료로부터 (rowpos, colpos) 조합별 decrease 변수의 평균값을 취하는 데이터프레임을 만들되, rowpos와 colpos의 수준별 평균값을 포함하여라.

03 mtcars 자료에 대해 물음에 답하여라.

(a) am 변수의 수준별로 나머지 변수들의 평균값으로 이루어진 데이터프레임을 만들어라.

(b) mpg 값의 내림차순으로 재배열된 데이터프레임을 구성하여라.

(c) cyl 변수의 수준별로 자료를 별도의 데이터프레임으로 만들어 저장하여라.

04 Titanic 자료에 대해 물음에 답하여라. Titanic 자료는 4개 변수(Class, Sex, Age, Survived)를 가지는 4차원의 배열 자료이다.

(a) Class 변수의 수준별 합계로 이루어진 데이터프레임을 만들어라.

(b) (Class, Sex) 변수의 수준 조합별 합계로 이루어진 데이터프레임을 만들어라.

(c) (Class, Sex, Age) 변수의 수준 조합별 합계로 이루어진 데이터프레임을 만들어라.

05 HairEyeColor 자료에 대해 물음에 답하여라.

(a) data.table( ) 함수를 적용하여 데이터테이블 객체를 만들어라.

(b) Hair 변수를 기준으로 오름차순으로 배열된 데이터테이블 객체를 만들어라.

(c) (Hair, Eye) 변수를 기준으로 오름차순으로 배열된 데이터테이블 객체를 만들어라.

(d) Sex가 Male인 자료만으로 데이터테이블을 구성하여라.

[25 장]*

데이터 처리 Ⅱ: {dplyr} 패키지

25.1* {dplyr} 패키지와 분석 자료 소개
25.2* {dplyr} 패키지의 주요 기능

* 25.1 {dplyr} 패키지와 분석 자료 소개

(a) {dplyr} 패키지 소개

R 패키지 {dplyr}는 데이터 조작에 유연한 문법을 제공한다. 이것은 {plyr}의 반복으로, 그 이름에 나타나듯이 데이터프레임(d)을 다루는 도구들에 초점이 맞춰져 있다.

{dplyr} 패키지의 장점(또는 사용하는 이유)으로는 다음을 들 수 있다.

- 데이터 탐사(exploration)와 변환(transformation)에 훌륭하고
- 문법이 쓰기가 직관적이고 읽기가 쉬우며, 특히 "chaining" 문법을 사용할 때 그러하며
- 데이터프레임에 빠름

{dplyr} 패키지의 주요 기능은 다음과 같다.

- 5가지 기본 기능: filter, select, arrange, mutate, summarise(추가로 group_by)
- 데이터베이스와 데이터 테이블에 저장된 데이터와 작동함
- 결합(joins): inner join, left join, semi-join, anti-join의 기능을 가짐(여기서는 다루지 않음)
- 순위, 오프셋(offsets) 등의 계산을 위한 창(window) 함수 기능

{dplyr}는 {plyr}의 모든 기능을 대체하지는 못하지만, 데이터프레임에 국한된 작업에서는 {plyr}보다 뛰어나다.

(b) 분석 자료(hflights 자료) 소개

위에 소개한 {dplyr} 패키지의 다양한 기능을 구체적 예를 통해 살펴보기로 한다. 분석에는 hflights{hflights} 데이터를 사용한다. 이 데이터는 휴스턴의 두 공항 IAH(George Bush Intercontinental)와 HOU(Houston Hobby)로부터 출발하는 모든 비행편 자료로, 총 227496개 행과 21개 열로 구성된 데이터프레임 자료이다. 변수에 대한 설명은 다음과 같다.

- Year, Month, DayofMonth: 출발 일자
- DayOfWeek: 출발 요일 (주말 효과를 제거하는 데 유용)
- DepTime, ArrTime: 출발과 도착 시간 (현지시간, hhmm)
- UniqueCarrier: 항공사 약어(유일함)
- FlightNum: 항공기 번호
- TailNum: 항공기 꼬리번호
- ActualElapsedTime: 경과 시간(분)
- AirTime: 비행 시간(분)
- ArrDelay, DepDelay: 도착과 출발 지연 시간(분)
- Origin, Dest: 출발과 목적지 공항 코드
- Distance: 비행 거리(마일)
- TaxiIn, TaxiOut: 택시의 입, 출 시간(분)
- Cancelled: 비행 취소 여부(1=Yes, 0=No)
- CancellationCode: 취소 이유 코드(A=항공사, B=날씨, C=국가기상시스템, D=보안)
- Diverted: 우회여부(1=Yes, 0=No)

```
> ## 데이터 탐색
> data(hflights)
> head(hflights)
     Year Month DayofMonth DayOfWeek DepTime ArrTime UniqueCarrier FlightNum TailNum ActualElapsedTime
5424 2011     1          1         6    1400    1500            AA       428  N576AA                60
5425 2011     1          2         7    1401    1501            AA       428  N557AA                60
5426 2011     1          3         1    1352    1502            AA       428  N541AA                70
5427 2011     1          4         2    1403    1513            AA       428  N403AA                70
5428 2011     1          5         3    1405    1507            AA       428  N492AA                62
5429 2011     1          6         4    1359    1503            AA       428  N262AA                64

     AirTime ArrDelay DepDelay Origin Dest Distance TaxiIn TaxiOut Cancelled CancellationCode Diverted
5424      40      -10        0    IAH  DFW      224      7      13         0                         0
5425      45       -9        1    IAH  DFW      224      6       9         0                         0
5426      48       -8       -8    IAH  DFW      224      5      17         0                         0
5427      39        3        3    IAH  DFW      224      9      22         0                         0
5428      44       -3        5    IAH  DFW      224      9       9         0                         0
5429      45       -7       -1    IAH  DFW      224      6      13         0                         0
```

```
> ## 지역(local) 데이터프레임으로 전환(: 아래와 같이 출력 시에 장점이 있음)
> flights <- tbl_df(hflights)

> ## 10개의 행과 화면에 표현될 수 있는 크기의 열만 출력해 준다.
> flights
  Source: local data frame [227,496 x 21]

      Year Month DayofMonth DayOfWeek DepTime ArrTime UniqueCarrier
     (int) (int)      (int)     (int)   (int)   (int)         (chr)
  1   2011     1          1         6    1400    1500            AA
  2   2011     1          2         7    1401    1501            AA
  3   2011     1          3         1    1352    1502            AA
  4   2011     1          4         2    1403    1513            AA
  5   2011     1          5         3    1405    1507            AA
  6   2011     1          6         4    1359    1503            AA
  7   2011     1          7         5    1359    1509            AA
  8   2011     1          8         6    1355    1454            AA
  9   2011     1          9         7    1443    1554            AA
  10  2011     1         10         1    1443    1553            AA
  ..   ...   ...        ...       ...     ...     ...           ...
  Variables not shown: FlightNum (int), TailNum (chr),
    ActualElapsedTime (int), AirTime (int), ArrDelay (int), DepDelay
    (int), Origin (chr), Dest (chr), Distance (int), TaxiIn (int),
    TaxiOut (int), Cancelled (int), CancellationCode (chr), Diverted
    (int)

> ## 출력되는 행의 크기를 지정할 수 있음
> print(flights, n=20)

> ## 모든 열을 다 볼 수 있도록 정규 데이터프레임으로 전환
> data.frame(head(flights))
```

*25.2 {dplyr} 패키지의 주요 기능

(a) 필터(filter)

filter( ) 함수는 기준에 부합하는 행을 가져온다.

- 기본 R 방식은 변수명 앞에 데이터프레임의 이름을 매번 적어 줘야 하는 불편함이 있음
- dplyr 방식은 쓰고 읽기가 보다 단순함
- 명령어 구조(모든 dplyr 함수에 대해):
  - 첫 번째 인자는 데이터프레임
  - 결과값은 데이터프레임
  - 위치에 아무런 변화가 없음
- 주의: dplyr는 일반적으로 행 이름을 보전하지 않음

```
> ## 기본 R 방식: 1월 1일의 모든 비행편 정보 보기
> flights[flights$Month==1 & flights$DayofMonth==1, ]

> ## dplyr 방식
> ## 주의: AND 조건은 ,(콤마) 또는 &(ampersand)를 사용함
> filter(flights, Month==1, DayofMonth==1)
  Source: local data frame [552 x 21]

     Year Month DayofMonth DayOfWeek DepTime ArrTime UniqueCarrier
    (int) (int)      (int)     (int)   (int)   (int)         (chr)
  1  2011     1          1         6    1400    1500            AA
  2  2011     1          1         6     728     840            AA
  3  2011     1          1         6    1631    1736            AA
  4  2011     1          1         6    1756    2112            AA
  5  2011     1          1         6    1012    1347            AA
  6  2011     1          1         6    1211    1325            AA
  7  2011     1          1         6     557     906            AA
  8  2011     1          1         6    1824    2106            AS
  9  2011     1          1         6     654    1124            B6
  10 2011     1          1         6    1639    2110            B6
  ..  ...   ...        ...       ...     ...     ...           ...
  Variables not shown: FlightNum (int), TailNum (chr),
    ActualElapsedTime (int), AirTime (int), ArrDelay (int), DepDelay
    (int), Origin (chr), Dest (chr), Distance (int), TaxiIn (int),
    TaxiOut (int), Cancelled (int), CancellationCode (chr), Diverted
    (int)
```

```
> ## OR 조건은 |(pipe) 사용
> filter(flights, UniqueCarrier=="AA" | UniqueCarrier=="UA")
  Source: local data frame [5,316 x 21]

     Year Month DayofMonth DayOfWeek DepTime ArrTime UniqueCarrier
    (int) (int)      (int)     (int)   (int)   (int)         (chr)
  1  2011     1          1         6    1400    1500            AA
  2  2011     1          2         7    1401    1501            AA
  3  2011     1          3         1    1352    1502            AA
  4  2011     1          4         2    1403    1513            AA
  5  2011     1          5         3    1405    1507            AA
  6  2011     1          6         4    1359    1503            AA
  7  2011     1          7         5    1359    1509            AA
  8  2011     1          8         6    1355    1454            AA
  9  2011     1          9         7    1443    1554            AA
  10 2011     1         10         1    1443    1553            AA
  ..  ...   ...        ...       ...     ...     ...           ...
  Variables not shown: FlightNum (int), TailNum (chr),
    ActualElapsedTime (int), AirTime (int), ArrDelay (int), DepDelay
    (int), Origin (chr), Dest (chr), Distance (int), TaxiIn (int),
    TaxiOut (int), Cancelled (int), CancellationCode (chr), Diverted
    (int)
```

(b) 선택(select)

select() 함수는 컬럼명을 이용하여 컬럼을 선택한다.

- R 방법은 쓰고 읽기가 어색함
- dplyr 방법은 filter와 문법이 유사함
- SQL의 SELECT문과 유사함

```
> ## 기본 R 방법: DepTime, ArrTime과 FlightNum 열을 선택함
> flights[, c("DepTime", "ArrTime", "FlightNum")]

> ## dplyr 방법
> select(flights, DepTime, ArrTime, FlightNum)
  Source: local data frame [227,496 x 3]

     DepTime ArrTime FlightNum
       (int)   (int)     (int)
  1     1400    1500       428
  2     1401    1501       428
  3     1352    1502       428
```

```
4     1403    1513        428
5     1405    1507        428
6     1359    1503        428
7     1359    1509        428
8     1355    1454        428
9     1443    1554        428
10    1443    1553        428
..     ...     ...        ...
```

```
# 여러 개의 연속된 열을 선택할 때 :(colon)을 사용, 이름을 통해 부합되는 열을 찾을 때 contains()
함수를 사용함
```

유의 "starts_with", "ends_with"와 "matches"도 이름을 통해 부합되는 열을 찾을 때 사용될 수 있다.

```
> select(flights, Year:DayofMonth, contains("Taxi"), contains("Delay"))
  Source: local data frame [227,496 x 7]

      Year Month DayofMonth TaxiIn TaxiOut ArrDelay DepDelay
     (int) (int)      (int)  (int)   (int)    (int)    (int)
  1   2011     1          1      7      13      -10        0
  2   2011     1          2      6       9       -9        1
  3   2011     1          3      5      17       -8       -8
  4   2011     1          4      9      22        3        3
  5   2011     1          5      9       9       -3        5
  6   2011     1          6      6      13       -7       -1
  7   2011     1          7     12      15       -1       -1
  8   2011     1          8      7      12      -16       -5
  9   2011     1          9      8      22       44       43
  10  2011     1         10      6      19       43       43
  ..   ...   ...        ...    ...     ...      ...      ...
```

(c) 연결

연결(chaining) 또는 파이프라인(pipelining) 기능은 "%>%" 연산자를 이용하여 명령어를 연결시킨다.

- 한 개 라인에서 다중의 기능(multiple operations)을 수행하는 일반적인 방법은 내포(nesting: 함수 내의 함수 호출을 의미)를 이용하는 것임
- 연산자 %>%(pipe 연산자[1])를 이용하여 자연스러운 순서대로 명령어를 사용할 수 있음. 연산자 %>%은 "then"으로 발음

1) |(or), %>% 등의 pipe 연산자는 연산자의 양쪽에서 그들의 인수(arguments)를 부른다. 이런 함수를 infix 함수라 부르며, 통상적으로 함수가 호출된 후 인수를 취하는 prefix 함수와 구분된다.

```
> ## 내포(nesting) 방법
> ## UniqueCarrier와 DepDelay 열을 선택하고, 60분 이상 지연한 행을 필터링함
> filter(select(flights, UniqueCarrier, DepDelay), DepDelay > 60)

> ## 연결(chaining) 방법
> flights %>%
     select(UniqueCarrier, DepDelay) %>%
     filter(DepDelay > 60)

  Source: local data frame [10,242 x 2]

     UniqueCarrier DepDelay
             (chr)     (int)
  1             AA        90
  2             AA        67
  3             AA        74
  4             AA       125
  5             AA        82
  6             AA        99
  7             AA        70
  8             AA        61
  9             AA        74
  10            AS        73
  ..           ...       ...
```

- 연결(chaining)은 많은 명령어들이 있을 때 읽기가 매우 유용함
- 연산자는 {magrittr} 패키지로부터 자동적으로 호출됨
- {dplyr} 외부의 내포(nesting) R 명령어를 대체하는 데 사용될 수 있음

```
> ## 두 개의 벡터를 생성하고 그들 사이의 유클리드 거리를 계산
> x1 <- 10:50; x2 <- 20:60
> sqrt(sum((x1-x2)^2))
  [1] 64.03124

> ## 연결(chaining) 방법
> (x1-x2)^2 %>% sum() %>% sqrt()
  [1] 64.03124
```

(d) 정렬(arrange)

arrange( ) 함수를 통해 행을 재배열(reorder)한다.

```
> ## 기본 R 방법
> ## UniqueCarrier와 DepDelay 열을 선택하고, DepDelay의 순서로 배열함
> flights[order(flights$DepDelay), c("UniqueCarrier", "DepDelay")]

> ## dplyr 방법
> flights %>%
    select(UniqueCarrier, DepDelay) %>%
    arrange(DepDelay)

  Source: local data frame [227,496 x 2]

    UniqueCarrier DepDelay
            (chr)    (int)
  1            OO      -33
  2            MQ      -23
  3            XE      -19
  4            XE      -19
  5            CO      -18
  6            EV      -18
  7            XE      -17
  8            CO      -17
  9            XE      -17
  10           MQ      -17
  ..          ...      ...

> ## 내림차순은 desc( ) 함수를 이용
> flights %>%
      select(UniqueCarrier, DepDelay) %>%
      arrange(desc(DepDelay))

  Source: local data frame [227,496 x 2]

    UniqueCarrier DepDelay
            (chr)    (int)
  1            CO      981
  2            AA      970
  3            MQ      931
  4            UA      869
  5            MQ      814
  6            MQ      803
  7            CO      780
```

```
8              CO      758
9              DL      730
10             MQ      691
..             ...     ...
```

(e) 변수 생성(mutate)

mutate() 함수를 통해 새로운(파생) 변수를 만든다.

```
> ## 기본 R 방법: 새로운 변수 Speed(mph)를 만듬
> flights$Speed <- flights$Distance / flights$AirTime*60
> flights[, c("Distance", "AirTime", "Speed")]

  Source: local data frame [227,496 x 3]

     Distance AirTime    Speed
        (int)   (int)    (dbl)
  1       224      40 336.0000
  2       224      45 298.6667
  3       224      48 280.0000
  4       224      39 344.6154
  5       224      44 305.4545
  6       224      45 298.6667
  7       224      43 312.5581
  8       224      40 336.0000
  9       224      41 327.8049
  10      224      45 298.6667
  ..      ...     ...      ...

> ## dplyr 방법(출력은 하되 저장은 하지 않음)
> flights %>%
      select(Distance, AirTime) %>%
      mutate(Speed=Distance/AirTime*60)

  Source: local data frame [227,496 x 3]

     Distance AirTime    Speed
        (int)   (int)    (dbl)
  1       224      40 336.0000
  2       224      45 298.6667
  3       224      48 280.0000
  4       224      39 344.6154
  5       224      44 305.4545
  6       224      45 298.6667
```

```
7        224      43 312.5581
8        224      40 336.0000
9        224      41 327.8049
10       224      45 298.6667
..       ...      ...      ...

> ## 새로운 변수를 저장
> flights <- flights %>% mutate(Speed=Distance/AirTime*60)
```

(f) 요약(summarise)

summarise() 함수로 변수들을 값으로 축소(reduce)한다.

- 일차적으로 한 개 또는 그 이상의 변수에 의해 그룹화된 자료에 유용함
- group_by는 (기능이) 작용될 그룹을 생성함
- summarise 제공된 집계 함수를 이용하여 각 그룹을 요약함

```
> ## 기본 R 방법: 각 목적지별로(Dest의 수준에 따라) 평균 도착 지연 시간을 계산
> head(with(flights, tapply(ArrDelay, Dest, mean, na.rm=TRUE)))
      ABQ       AEX       AGS       AMA       ANC       ASE
 7.226259  5.839437  4.000000  6.840095 26.080645  6.794643

> head(aggregate(ArrDelay ~ Dest, flights, mean))
  Dest  ArrDelay
1  ABQ  7.226259
2  AEX  5.839437
3  AGS  4.000000
4  AMA  6.840095
5  ANC 26.080645
6  ASE  6.794643

> ## dplyr 방법
> ## Dest에 의해 그룹화된 표를 만들고, ArrDelay의 평균값을 취하여 각 그룹을 요약함
> flights %>%
     group_by(Dest) %>%
     summarise(avg_delay=mean(ArrDelay, na.rm=TRUE))

 Source: local data frame [116 x 2]

    Dest  avg_delay
   (chr)      (dbl)
1    ABQ   7.226259
2    AEX   5.839437
```

```
3    AGS    4.000000
4    AMA    6.840095
5    ANC   26.080645
6    ASE    6.794643
7    ATL    8.233251
8    AUS    7.448718
9    AVL    9.973988
10   BFL  -13.198807
..   ...         ...
```

- summarise_each는 같은 요약 함수를 여러 개의 열에 동시에 적용을 허용함
- mutate_each도 사용 가능

```
> ## 각 항공사별, 비행편 취소(cancelled) 또는 우회(diverted)의 비율을 계산
> flights %>%
      group_by(UniqueCarrier) %>%
      summarise_each(funs(mean), Cancelled, Diverted)

  Source: local data frame [15 x 3]

     UniqueCarrier   Cancelled    Diverted
             (chr)       (dbl)       (dbl)
  1             AA 0.018495684 0.001849568
  2             AS 0.000000000 0.002739726
  3             B6 0.025899281 0.005755396
  4             CO 0.006782614 0.002627370
  5             DL 0.015903067 0.003029156
  6             EV 0.034482759 0.003176044
  7             F9 0.007159905 0.000000000
  8             FL 0.009817672 0.003272557
  9             MQ 0.029044750 0.001936317
  10            OO 0.013946828 0.003486707
  11            UA 0.016409266 0.002413127
  12            US 0.011268986 0.001469868
  13            WN 0.015504047 0.002293629
  14            XE 0.015495599 0.003449550
  15            YV 0.012658228 0.000000000

> ## 각 항공사별, 도착과 출발 지연 시간의 최솟값, 최댓값을 계산
> flights %>%
    group_by(UniqueCarrier) %>%
    summarise_each(funs(min(., na.rm=TRUE), max(., na.rm=TRUE)), matches("Delay"))

  Source: local data frame [15 x 5]
```

```
   UniqueCarrier ArrDelay_min DepDelay_min ArrDelay_max DepDelay_max
           (chr)        (int)        (int)        (int)        (int)
1             AA          -39          -15          978          970
2             AS          -43          -15          183          172
3             B6          -44          -14          335          310
4             CO          -55          -18          957          981
5             DL          -32          -17          701          730
6             EV          -40          -18          469          479
7             F9          -24          -15          277          275
8             FL          -30          -14          500          507
9             MQ          -38          -23          918          931
10            OO          -57          -33          380          360
11            UA          -47          -11          861          869
12            US          -42          -17          433          425
13            WN          -44          -10          499          548
14            XE          -70          -19          634          628
15            YV          -32          -11           72           54
```

- Helper 함수 n( ) 은 그룹에서 행의 수를 카운트 함
- Helper 함수 n_distinct(vector)는 벡터 내에서 유일한 항의 수를 카운트 함

```
> ## 연중 각 날짜별, 총 비행편수를 계산하고 내림차순으로 정렬
> flights %>%
       group_by(Month, DayofMonth) %>%
       summarise(flight_count=n( )) %>%
       arrange(desc(flight_count))

 Source: local data frame [365 x 3]
 Groups: Month [12]

   Month DayofMonth flight_count
   (int)      (int)        (int)
1      1          3          702
2      1          2          678
3      1         20          663
4      1         27          663
5      1         13          662
6      1          7          661
7      1         14          661
8      1         21          661
9      1         28          661
10     1          6          660
..   ...        ...          ...
```

```
> ##  tally() 함수를 이용하여 더 간단하게 표현함
> flights %>%
      group_by(Month, DayofMonth) %>%
      tally(sort=TRUE)

  Source: local data frame [365 x 3]
  Groups: Month [12]

     Month DayofMonth     n
     (int)      (int) (int)
  1      1          3   702
  2      1          2   678
  3      1         20   663
  4      1         27   663
  5      1         13   662
  6      1          7   661
  7      1         14   661
  8      1         21   661
  9      1         28   661
  10     1          6   660
  ..   ...        ...   ...

> ## 각 목적지별, 총 비행편수를 계산하고 그곳을 비행한 다른 비행기의 총 수를 계산
> flights %>%
      group_by(Dest) %>%
      summarise(flight_count=n(), plane_count=n_distinct(TailNum))

  Source: local data frame [116 x 3]

      Dest flight_count plane_count
     (chr)        (int)       (int)
  1    ABQ         2812         716
  2    AEX          724         215
  3    AGS            1           1
  4    AMA         1297         158
  5    ANC          125          38
  6    ASE          125          60
  7    ATL         7886         983
  8    AUS         5022        1015
  9    AVL          350         142
  10   BFL          504          70
  ..   ...          ...         ...
```

- 그룹화는 종종 요약(summarising)없이도 유용함

```
> ## 목적지별, 취소된 비행편수와 취소되지 않은 비행편수를 보여 줌
> flights %>%
      group_by(Dest) %>%
      select(Cancelled) %>%
      table() %>%
      head()

      Cancelled
Dest      0  1
  ABQ 2787 25
  AEX  712 12
  AGS    1  0
  AMA 1265 32
  ANC  125  0
  ASE  120  5
```

(g) 창(window) 함수

창 함수는 다음의 기능을 수행한다.

- (평균 등의) 집계함수는 n개의 입력에 대해 1개의 값을 되돌려 줌
- 창 함수는 n개의 입력에 대해 n개 값을 되돌려 줌
  : 순위(ranking)와 크기순으로 나열(ordering) 함수(min_rank 등), 오프셋 함수(lead와 lag), 누적 집계(cummean)를 포함

```
> ## 항공사별로, 연중 가장 긴 출발지연이 일어난 상위 2일을 계산
> ## 주의: 오름차순으로 순위가 매겨지므로, 내림차순으로 순위를 매길 경우
> ## 'desc'를 사용하여야 함
> flights %>%
      group_by(UniqueCarrier) %>%
      select(Month, DayofMonth, DepDelay) %>%
      filter(min_rank(desc(DepDelay)) <= 2) %>%
      arrange(UniqueCarrier, desc(DepDelay))

Source: local data frame [30 x 4]
Groups: UniqueCarrier [15]

   UniqueCarrier Month DayofMonth DepDelay
           (chr) (int)      (int)    (int)
1             AA    12         12      970
2             AA    11         19      677
```

```
3              AS     2        28      172
4              AS     7         6      138
5              B6    10        29      310
6              B6     8        19      283
7              CO     8         1      981
8              CO     1        20      780
9              DL    10        25      730
10             DL     4         5      497
..            ...   ...       ...      ...

> ## top_n() 함수를 이용하여 더 단순하게 작성함
> flights %>%
      group_by(UniqueCarrier) %>%
      select(Month, DayofMonth, DepDelay) %>%
      top_n(2) %>%
      arrange(UniqueCarrier, desc(DepDelay))

  Selecting by DepDelay
  Source: local data frame [30 x 4]
  Groups: UniqueCarrier [15]

     UniqueCarrier Month DayofMonth DepDelay
             (chr) (int)      (int)    (int)
  1             AA    12         12      970
  2             AA    11         19      677
  3             AS     2         28      172
  4             AS     7          6      138
  5             B6    10         29      310
  6             B6     8         19      283
  7             CO     8          1      981
  8             CO     1         20      780
  9             DL    10         25      730
  10            DL     4          5      497
  ..           ...   ...        ...      ...

> ## 매 월별로, 비행편수를 계산하고 전달 대비 변화를 계산
> flights %>%
      group_by(Month) %>%
      summarise(flight_count=n()) %>%
      mutate(change=flight_count - lag(flight_count))

> ## tally() 함수를 이용하여 보다 단순하게 표현함
> flights %>%
      group_by(Month) %>%
      tally() %>%
```

```
    mutate(change=n - lag(n))

Source: local data frame [12 x 3]

   Month     n change
   (int) (int)  (int)
1      1 18910     NA
2      2 17128  -1782
3      3 19470   2342
4      4 18593   -877
5      5 19172    579
6      6 19600    428
7      7 20548    948
8      8 20176   -372
9      9 18065  -2111
10    10 18696    631
11    11 18021   -675
12    12 19117   1096
```

(h) 기타 유용한 함수

- sample_n( ), sample_frac( )
- glimpse( )

```
> ## 고정된 행의 수만큼 비복원 임의 추출
> flights %>% sample_n(5)

  Source: local data frame [5 x 22]

     Year Month DayofMonth DayOfWeek DepTime ArrTime UniqueCarrier
    (int) (int)      (int)     (int)   (int)   (int)         (chr)
  1  2011     6          1         3    2117      17            WN
  2  2011     2          6         7      NA      NA            WN
  3  2011     4          8         5    2038    2202            WN
  4  2011    12         13         2    1724    1932            CO
  5  2011     6         10         5    2119    2242            CO
  Variables not shown: FlightNum (int), TailNum (chr),
    ActualElapsedTime (int), AirTime (int), ArrDelay (int), DepDelay
    (int), Origin (chr), Dest (chr), Distance (int), TaxiIn (int),
    TaxiOut (int), Cancelled (int), CancellationCode (chr), Diverted
    (int), Speed (dbl)

> ## 지정된 비율의 표본을 복원으로 임의 추출함
> flights %>% sample_frac(0.25, replace=TRUE)
```

```
Source: local data frame [56,874 x 22]

    Year Month DayofMonth DayOfWeek DepTime ArrTime UniqueCarrier
   (int) (int)      (int)     (int)   (int)   (int)         (chr)
1   2011     9          1         4    2115    2158            XE
2   2011     1         16         7     752    1057            CO
3   2011     5         26         4    1730    1757            OO
4   2011     6         29         3    2053    2209            CO
5   2011     1          2         7    2138    2327            CO
6   2011     8         15         1    1912    2015            XE
7   2011     8          1         1     728     824            WN
8   2011     4         25         1    1446    1718            XE
9   2011     3         26         6     921    1234            XE
10  2011     4          3         7    1248    1420            XE
..   ...   ...        ...       ...     ...     ...           ...
Variables not shown: FlightNum (int), TailNum (chr),
  ActualElapsedTime (int), AirTime (int), ArrDelay (int), DepDelay
  (int), Origin (chr), Dest (chr), Distance (int), TaxiIn (int),
  TaxiOut (int), Cancelled (int), CancellationCode (chr), Diverted
  (int), Speed (dbl)

> ## 기본 R 방법: 객체의 구조
> str(flights)
Classes 'tbl_df', 'tbl' and 'data.frame': 227496 obs. of  22 variables:
 $ Year             : int  2011 2011 2011 2011 2011 2011 2011 2011 2011 2011 ...
 $ Month            : int  1 1 1 1 1 1 1 1 1 1 ...
 $ DayofMonth       : int  1 2 3 4 5 6 7 8 9 10 ...
 $ DayOfWeek        : int  6 7 1 2 3 4 5 6 7 1 ...
 $ DepTime          : int  1400 1401 1352 1403 1405 1359 1359 1355 1443 1443 ...
                                 (이하 생략)

> ## dplyr 방법: str( ) 함수보다 좀 더 나은 형식과 스크린의 너비를 적용한 출력을 제공
> glimpse(flights)
Observations: 227,496
Variables: 22
$ Year              (int) 2011, 2011, 2011, 2011, 2011, 2011, 20...
$ Month             (int) 1, 1, 1, 1, 1, 1, 1, 1, 1, 1, 1, 1, 1,...
$ DayofMonth        (int) 1, 2, 3, 4, 5, 6, 7, 8, 9, 10, 11, 12,...
$ DayOfWeek         (int) 6, 7, 1, 2, 3, 4, 5, 6, 7, 1, 2, 3, 4,...
$ DepTime           (int) 1400, 1401, 1352, 1403, 1405, 1359, 13...
                                 (이하 생략)
```

*(i) 데이터베이스와의 연결

{dplyr} 패키지는 다양한 데이터베이스와의 연결을 지원한다.

- {dplyr}은 마치 데이터가 데이터프레임으로 로딩된 것처럼, 데이터베이스를 연결할 수 있음
- 지역 데이터프레임과 데이터베이스에 대해 같은 문법을 사용함
- 단지 SELECT 문만 생성(generates)함
- 현재 SQLite, PostgreSQL/Redshift, MySQL/MariaDB, BigQuery, MonetDB를 지원함
- 아래의 예는 hflights 자료를 포함하는 SQLite 데이터베이스에 기초한 것임
  - 위 데이터베이스를 만드는 절차는 데이터베이스 vignette(https://rpubs.com/justmarkham/dplyr-tutorial)을 참고 바람

```
> ## hflights 자료를 포함하는 SQLite 데이터베이스와 연결
> my_db <- src_sqlite("my_db.sqlite3")

  # Loading required package: RSQLite
  # Loading required package: DBI
  # Loading required package: RSQLite.extfuns

> ## 데이터베이스 내의 "hflights" 테이블과 연결
> flights_tbl <- tbl(my_db, "hflights")

> ## 우리의 데이터프레임에 예제 질의
> flights %>%
      select(UniqueCarrier, DepDelay) %>%
      arrange(desc(DepDelay))

   Source: local data frame [227,496 x 2]

      UniqueCarrier DepDelay
   1             CO      981
   2             AA      970
   3             MQ      931
   4             UA      869
   5             MQ      814
   6             MQ      803
   7             CO      780
   8             CO      758
   9             DL      730
   10            MQ      691
   ..           ...      ...

> ## 데이터베이스를 사용한 같은 질의
> flights_tbl %>%
```

```
    select(UniqueCarrier, DepDelay) %>%
    arrange(desc(DepDelay))

  Source: sqlite 3.7.17 [my_db.sqlite3]
  From: hflights [227,496 x 2]
  Arrange: desc(DepDelay)

     UniqueCarrier DepDelay
  1             CO      981
  2             AA      970
  3             MQ      931
  4             UA      869
  5             MQ      814
  6             MQ      803
  7             CO      780
  8             CO      758
  9             DL      730
  10            MQ      691
  ..           ...      ...

> ## SQL 명령어를 데이터베이스로 보내기
> tbl(my_db, sql("SELECT * FROM hflights LIMIT 100"))

  Source: sqlite 3.7.17 [my_db.sqlite3]
  From: <derived table> [?? x 21]

     Year Month DayofMonth DayOfWeek DepTime ArrTime UniqueCarrier FlightNum
  1  2011     1          1         6    1400    1500            AA       428
  2  2011     1          2         7    1401    1501            AA       428
  3  2011     1          3         1    1352    1502            AA       428
  4  2011     1          4         2    1403    1513            AA       428
  5  2011     1          5         3    1405    1507            AA       428
  6  2011     1          6         4    1359    1503            AA       428
  7  2011     1          7         5    1359    1509            AA       428
  8  2011     1          8         6    1355    1454            AA       428
  9  2011     1          9         7    1443    1554            AA       428
  10 2011     1         10         1    1443    1553            AA       428
  ..  ...   ...        ...       ...     ...     ...           ...       ...
  Variables not shown: TailNum (chr), ActualElapsedTime (int), AirTime
    (int), ArrDelay (int), DepDelay (int), Origin (chr), Dest (chr),
    Distance (int), TaxiIn (int), TaxiOut (int), Cancelled (int),
    CancellationCode (chr), Diverted (int)

> ## SQL 명령어에 대해 dplyr에 요청(ask)
> flights_tbl %>%
```

```
    select(UniqueCarrier, DepDelay) %>%
    arrange(desc(DepDelay)) %>%
    explain()

<SQL>
SELECT "UniqueCarrier" AS "UniqueCarrier", "DepDelay" AS "DepDelay"
FROM "hflights"
ORDER BY "DepDelay" DESC

<PLAN>
  selectid order from                             detail
1        0     0    0 SCAN TABLE hflights (~227496 rows)
2        0     0    0       USE TEMP B-TREE FOR ORDER BY
```

[25장] 연습문제

01 airquality 자료에 대해 물음에 답하여라. 이 자료는 1973년 5~9월 동안 뉴욕의 공기의 질을 측정한 자료로, 6개 변수(Ozone, Solar.R, Wind, Temp, Month, Day)와 153개의 관측치로 구성된 데이터프레임 자료이다.

(a) 오존량(Ozone)이 100 이상인 자료만 추출하여라.

(b) 기온(Temp)이 90 이상인 7~8월 자료만 추출하여라.

(c) 섭씨(℃) 단위의 기온 변수(Temp.C)를 새로 추가하여라.
참고로 Temp.C=(Temp−32)×(5/9)이다.

(d) 평균 기온을 요약하여라.

(e) 월별로 평균 오존량을 요약하여라.

02 **(문제 1번 계속)**

(a) 월별로 기온의 최솟값과 최댓값을 요약하여라.

(b) 자료의 10%를 비복원으로 추출하여라.

(c) 월별 일수를 카운트하여라.

(d) 위의 자료를 월과 일의 역순으로 재배열하여라.

(e) 월별로 평균 기온을 계산하고 전달 대비 변화를 계산하여라.

[26장]

문자열 다루기

26.1 문자열 처리 I
26.2* 문자열 처리 Ⅱ: {stringr} 패키지
26.3* 패턴 매칭 함수

이 장에서는 R에서 문자형(character) 데이터를 처리하는 방법을 다룬다. 기본 문법에서 다룬 is.character()와 as.character() 함수를 이용하여 문자형인지 여부와 문자형으로의 변환이 가능하다. 또한 character() 함수는 다음과 같이 문자형 벡터를 생성해 준다.

```
> a <- character(5)
> a
  [1] "" "" "" "" ""
> a[1] <- "example"
```

문자형 데이터의 처리는 복잡한 데이터의 처리 과정에서 때로는 매우 유용하다. R의 환경 내에서 문자형 데이터를 처리하는 유용한 방법을 소개한다.

26.1 문자열 처리 I

(a) paste() 함수

paste() 함수는 문자열을 만드는 데 있어 가장 유용한 함수 가운데 하나이다. paste()는 한 개 또는 여러 개의 R 객체를 문자로 전환하고, 그들을 연결하여 한 개 또는 여러 개의 문자열을 형성한다.

```
paste(..., sep=" ", collapse=NULL)
```

paste0() 함수는 paste() 함수에서 sep=""을 사용한 것과 같음

- ... 은 여러 개의 객체를 의미
- sep= 은 구분자로 사용되는 문자열
- collapse= 은 모든 항을 하나의 문자열로 합칠 때 사용

예제 1

paste( ) 함수에 대한 몇 가지 예를 들면 다음과 같다.

```
> paste(1:10)     # 문자로 전환. as.character(1:10)과 동일
  [1] "1"  "2"  "3"  "4"  "5"  "6"  "7"  "8"  "9"  "10"

> paste(1:10, sep="-", collapse="")     # "-"을 적용하여 하나의 문자열로
 [1] "1-2-3-4-5-6-7-8-9-10"

> paste("X", 1:10, sep=".")     # 객체의 길이가 다름에 유의
 [1] "X.1"  "X.2"  "X.3"  "X.4"  "X.5"  "X.6"  "X.7"  "X.8"  "X.9"  "X.10"

> ## collapse 옵션
> paste(1:3, c("!", "?", "+"), sep="", collapse="")
 [1] "1!2?3+"
> paste(1:3, c("!", "?", "+"), sep="")
 [1] "1!" "2?" "3+"
```

(b) 문자열 출력 함수

R에서 제공하는 문자열 출력 함수는 다음과 같다.

- print( ) : generic 출력 함수(디폴트는 인용부호 포함)
- noquote( ) : 인용부호 없이 출력
- cat( ) : 연결(concatenation)
- format( ) : 특별 형식으로 출력
- toString( ) : 문자열로 전환(convert)
- sprintf( ) : C 함수 sprintf( )와 유사

이 가운데 format() 함수는 출력 결과를 보기 좋게 해 준다. 이 함수는 공통의 형식을

사용하여 벡터의 원소를 문자열로 처리한다. 이 함수는 다른 형식을 가지는 수와 양을 출력할 때 특히 유용하다.


```
format(x, trim=FALSE, digits=NULL, nsmall=0L,
       justify=c("left", "right", "centre", "none"),
       width=NULL, na.encode=TRUE, scientific=NA,…)
```

- x: 임의의 R 객체, 전형적으로 수치형
- width= 생성된 문자열의 (최소) 너비
- trim=TRUE이면 빈 공간을 끼워 넣을 수 없음
- justify= 문자열의 위치를 조절함. "left", "right", "centre", "none" (justify 옵션은 수치형에는 적용되지 않음에 유의)

숫자의 출력을 제어하는 옵션

- digits= 소수점 아래 자릿수 지정
- scientific= FALSE(디폴트), TRUE(과학적 표기 사용 시)

예제 2

문자열 출력 함수들에 대한 예를 들면 다음과 같다.

```
> ## 여러 가지 출력 함수 비교
> print(1:10)
 [1]  1  2  3  4  5  6  7  8  9 10

> as.character(1:10)    # 문자로 전환
 [1] "1"  "2"  "3"  "4"  "5"  "6"  "7"  "8"  "9"  "10"

> cat(1:10, sep="-")    # 연결(concatenation)
1-2-3-4-5-6-7-8-9-10

> toString(1:10)    # 하나의 문자열로 전환
[1] "1, 2, 3, 4, 5, 6, 7, 8, 9, 10"

> noquote(as.character(1:10))    # 인용부호 없이 출력
 [1] 1  2  3  4  5  6  7  8  9  10

> ## format() 함수
> # justify= "left"(디폴트): 문자열의 정렬 방향을 지정
> format(month.name, justify="centre")
 [1] " January " "February " "  March  " "  April  " "   May   " "  June
```

```
 "  "  July    "  " August   "
 [9] "September" " October " "November " "December "

> format(1/1:5, digits=2)     # digit=은 소숫점 이하 자리수를 지정
  [1] "1.00" "0.50" "0.33" "0.25" "0.20"

> ## sprintf() 함수
> sprintf("%.3f", pi)     # C의 sprintf() 함수의 용법 참고
  [1] "3.142"
```

(c) 기본 문자열 처리 함수

문자열을 만들고 출력하는 것 외에 R은 문자열을 다루는 많은 편리한 함수를 제공한다.

- nchar( ) : 문자의 수
- tolower( ) : 소문자로 전환
- toupper( ) : 대문자로 전환
- casefold( ) : tolower( ) 와 toupper( ) 의 기능을 수행(upper= 옵션 사용)
- chartr( ) : 문자 전환(translation)
- abbreviate( ) : 약어
- substring( ) : 문자 벡터의 부분 문자열(substrings)
- substr( ) : 문자 벡터의 부분 문자열(substrings)

예제 3

문자열 처리 함수들에 대한 예를 들면 다음과 같다.

```
> ## nchar(), toupper() 함수
> nchar("I love R")     # 문자열의 문자(character) 수
  [1] 8
      > length("I love R")     # 문자열의 길이
      [1] 1
> toupper("I love R")     # 대문자로 전환
  [1] "I LOVE R"

> ## abbreviate() 함수
> abbreviate(state.name)[1:5]     # state.name은 미국의 50개 주의 이름
    Alabama      Alaska    Arizona   Arkansas California
     "Albm"      "Alsk"     "Arzn"     "Arkn"     "Clfr"
```

```
> ## 문자 전환
> # 문자열에서 "R"을 "r"로 전환(길이가 같아야 함)
> chartr("R", "r", "I love R")
  [1] "I love r"

> ## substr(), substring() 함수: 부분 문자열과 문자열 대체
> substr("I love R", 3, 6)     # substring(...)과 같음
  [1] "love"

> z <- month.name
> substr(z, 2, 3) <- c("##", "-")    # "substring(z, 2, 3) <- c("##", "-")"와 같음
> z
   [1] "J##uary" "F-bruary" "M##ch" "A-ril" "M##" "J-ne" "J##y" "A-gust"
   [9] "S##tember" "O-tober"   "N##ember" "D-cember"
```

(d) 문자열 집합 다루기

두 개의 문자 벡터에 대해 적용되는 R 함수는 다음과 같다.

- union( ): 합집합
- intersect( ): 교집합
- setdiff( ): 차집합(A−B)
- setequal( ): 같은 집합인가?
- identical( ): 완전히 같은지?(원소별로 같은지?)
- is.element( ): 원소인가?
- %in%( ): 포함되는지?
- sort( ): 알파벳순으로 배열
- paste(rep( )): 반복(repetition)

예제 4

문자열 집합을 다루는 함수들에 대한 예를 들면 다음과 같다.

```
> name1 <- c("lee", "kim", "park")
> name2 <- c("lee", "song")
> union(name1, name2)      # 합집합
  [1] "lee"  "kim"  "park" "song"
```

```
> setequal(name1, name2)     # 같은 집합인가?
  [1] FALSE

> is.element("kim", name1)     # 원소인가?
  [1] TRUE

> name2 %in% name1     # name2의 각 원소가 name1에 포함되는가?
  [1] TRUE FALSE

> sort(name1)     # 오름차순으로 정렬. decreasing=TRUE 옵션 사용 가능
  [1] "kim"  "lee"  "park"

> rep(name1, 3)     # name1을 3회 반복
  [1] "lee"  "kim"  "park" "lee"  "kim"  "park" "lee"  "kim"  "park"
```

*26.2 문자열 처리 II: {stringr} 패키지

(a) {stringr} 패키지 소개

Hardley Wickham에 의해 개발된 {stringr} 패키지는 R에서 문자열을 다루는 기본함수에 많은 기능을 추가한 것이다. {stringr}은 R의 문자열 함수를 보다 일관성(consistent) 있고, 단순하고, 사용하기 쉽게 해 준다. 함수와 인자의 이름(과 위치)이 일관성이 있고, 모든 함수가 결측치(NA's)와 길이가 영(zero)인 문자를 적절히 처리해 주며, 각 함수로부터의 출력 자료 구조는 다른 함수들의 입력 자료 구조와 일치(match)시킨다.

(b) {stringr}의 문자열 처리 함수

{stringr}의 기본 문자열 처리 함수는 다음과 같다.

[표 26.1] {stringr}의 문자열 처리 함수

함수	설명	유사 R 기본함수
str_c()	문자열 연결	paste()
str_length()	문자의 수	nchar()
str_sub()	부분 문자열 추출	substring()
str_dup()	문자의 복제	·
str_pad()	문자열 끼워 넣기	·
str_wrap()	문자열 문단을 접기(wrap); 긴 문자열을 지정한 문단형식으로 표현(너비 지정 등)	strwrap()
str_trim()	문자열 가지치기(왼쪽과 오른쪽 빈칸 제거)	·
word()	문장으로부터 단어를 추출	·

[표 26.1]에서 3가지 함수 str_c(), str_length(), str_sub()는 유사한 R 기본 함수를 가지지만, 약간의 개선된 성능은 다음과 같다.

- str_c()는 paste()와 동등하나, 빈 문자("")를 디폴트 구분자로 사용하며 NULL 입력을 제거한다.
- str_length()는 nchar()와 동등하나 결측치(NA's)를 보전하며(그들에게 길이 2를 부여하지 않고) 요인(factors)을 문자(정수가 아닌)로 전환한다.
- str_sub()는 substr()와 동등하나 만약 길이 영(zero)인 입력이 있으면 길이 영(zero)인 벡터를 돌려주며, 그렇지 않으면 각 인자를 확장하여 가장 긴 것으로 일치시켜 준다. 또한 마지막 문자의 좌측으로부터 계산되는 음(negative)의 위치를 받아들인다. 마지막 위치의 디폴트는 –1이다(이 값은 마지막 문자에 대응한다).
- str_sub()은 substr()과 동등하나 str_sub()은 음의 indices를 사용할 수 있으며, 대체 문자열은 대체되는 문자열의 길이와 같을 필요가 없다.

다음의 세 함수는 새로운 기능을 추가한다.

- str_dup()는 문자열 내의 문자들을 복제한다.
- str_trim()는 머리(leading)와 꼬리(trailing)의 빈칸을 제거한다.
- str_pad()는 문자열에 빈칸을 왼쪽, 오른쪽, 양쪽에 추가한다(끼워 넣는다).

예제 5

{stringr}의 기본 문자열 처리 함수의 예를 들면 다음과 같다.

```
> str_c("Kim", "Lee", NA, "Park")     # 문자열 연결
  [1] NA

      > paste("Kim", "Lee", NA, "Park")
      [1] "Kim Lee NA Park"

> (name <- str_c("Kim", "Lee", NULL, "Park"))     # 문자열 연결
  [1] "KimLeePark"

      > paste("Kim", "Lee", NULL, "Park")
      > ## str_c("Kim", "Lee", NULL, "Park", sep=" ")와 같음
      [1] "Kim Lee  Park"

> name <- c("Kim", "Lee", NULL, "Park")
> str_length(name)     # 문자열의 길이
  [1] 3 3 4

> str_sub(name, 1, 3)     # 문자 벡터로부터 부 문자열을 추출
  [1] "Kim" "Lee" "Par"

> str_dup(name, 3)     # 문자 벡터에서 문자열을 복사
  [1] "KimKimKim"     "LeeLeeLee"     "ParkParkPark"

> str_trim("   Kim   ")     # 문자열의 처음과 끝의 빈 공간 제거
  [1] "Kim"

> ## str_pad() 함수: 문자열 끼워 넣기
> # side="left"(디폴트), "right", "both"
> str_pad("Kim", width=7, side="right")
  [1] "Kim    "

> str_pad("Kim", width=7, pad="#")
  [1] "####Kim"

> ## str_wrap() 함수: 문자열을 정해진 문단 형태로 정렬
> a <- str_c("kim AAA", "lee BBB", NULL, "park CCC", sep="-")
> str_wrap(a, width=10)
  [1] "kim AAA-\nlee BBB-\npark CCC"

      > cat(str_wrap(a, width=10), "\n")
```

```
      kim AAA-
      lee BBB-
      park CCC

> ## word(): 문장으로부터 단어를 추출함
> text = c("I am a boy", "you are a girl")

> word(text, 1)     # 첫 번째 단어를 추출
  [1] "I"    "you"

> word(text, 2)     # 두 번째 단어를 추출
  [1] "am"   "are"

> word(text, -1)     # 마지막(끝에서 첫 번째) 단어를 추출
  [1] "boy"   "girl"

> word(text, start=2, end=-1)     # 첫 단어를 제외하고 모두 추출
  [1] "am a boy"    "are a girl"
```

(c) {stringr}의 추가 기능

{stringr} 패키지의 유용한 추가 기능은 다음과 같다.

- str_subset( )
- str_order( )
- str_sort( )
- boundary( )

```
> ## str_subset() 함수: 특정 패턴과 일치하는 값을 제공
> name.1 <- c("Kim", "Lee", NULL, "Park", "Kim & Kim")
> str_subset(name.1, "K")    # "K"를 포함하는 (문자열) 원소를 출력
  [1] "Kim"         "Kim & Kim"

      > str_subset(name.1, "[ae]")     # a 또는 e를 포함하는 (문자열) 원소를 출력
      [1] "Lee"   "Park"

> ## str_order(), str_sort() 함수
> # 오름차순으로 정렬시 원소별 위치를 제공
> str_order(name.1)     # decreasing=TRUE 옵션 사용 가능
  [1] 1 4 2 3    # 1,4,2,3번째 위치하는 원소 순
```

```
> # 오름차순으로 정렬
> str_sort(name.1)     # decreasing=TRUE 옵션 사용 가능
  [1] "Kim"       "Kim & Kim" "Lee"       "Park"

> ## boundary( ) 함수 이용하기: 문자, 단어, 라인과 문장 구분(경계)에 의해
                              count, locate, split을 수행
> text.1 <- c("I love \nR", "very much")

> ## str_count( ) 내 boundary( ) 함수
> str_count(text.1, boundary("word"))     # 원소별 단어 수
  [1] 3 2
> str_count(text.1, boundary("line_break"))     # 원소별 줄바꿈의 수
  [1] 1 0
> str_count(text.1, boundary("sentence"))     # 원소별 문단의 수
  [1] 2 1

> ## str_locate( ) 내 boundary( ) 함수
> str_locate(text.1, boundary("word"))     # 원소별 첫 단어의 위치(시작, 끝)
       start end
  [1,]     1   1
  [2,]     1   4
> str_locate(text.1, boundary("line_break"))     # 원소별 줄바꿈의 위치
       start end
  [1,]     3   8
  [2,]    NA  NA
> str_locate(text.1, boundary("sentence"))     # 원소별 문장의 위치(시작, 끝)
       start end
  [1,]     1   8
  [2,]     1   9

> ## str_split( ) 내 boundary( ) 함수
> str_split(text.1, boundary("word"))     # 원소별 쪼개진 단어 출력
  [[1]]
  [1] "I"    "love" "R"

  [[2]]
  [1] "very" "much"
> str_split(text.1, boundary("line_break"))     # 원소별 줄바꿈 단어 출력
  [[1]]
  [1] "love \n"

  [[2]]
  character(0)
> str_split(text.1, boundary("sentence"))     # 원소별 문단 출력
  [[1]]
```

```
[1] "I love \n" "R"

[[2]]
[1] "very much"
```

26.3 패턴 매칭 함수

(a) 기본 패턴 매칭 함수

문자열 벡터의 패턴 매칭에 사용되는 가장 기본적인 함수로는 다음의 5가지 grep-형 함수가 있다. 이 가운데 grep() 함수는 가장 기본 함수이다.

- grep(pattern, text): 문자 벡터에서 일치되는 패턴의 원소를 찾음
- grepl(pattern, text): grep-logical. 결과를 논리형(TRUE/FALSE)으로 제공함
- regexpr(pattern, text): regular expression의 약어. 문자열에서 패턴이 발견된 위치
- gregexpr(pattern, text): regexpr와 같으나, 각 원소별로 찾음. (원소의 길이와 한) 리스트 형태로 출력함
- regexec(pattern, text): gregexpr와 유사함

예제 6

패턴 매칭의 기본 함수의 예는 다음과 같다.

```
> ## grep() 함수: 문자 벡터에서 일치되는 패턴의 원소를 찾음
> name <- c("Kim", "Lee", "Park", "Kim & Kim")
> grep("Ki", name)     # 패턴이 발견된 위치
  [1] 1 4

      > grep("Ki", name, invert=TRUE)
      [1] 2 3

> grep("Ki", name, value=TRUE)     # 패턴을 포함하는 원소
  [1] "Kim"        "Kim & Kim"

      > grep("Ki", name, invert=TRUE, value=TRUE)
      [1] "Lee"  "Park"
```

```
> ## grepl() 함수
> grepl("Ki", name)     # 각 원소가 패턴을 포함하는지? (논리형)
  [1]  TRUE FALSE FALSE  TRUE

> ## regexpr() 함수
> regexpr("Ki", name)     # 패턴의 발견된 위치
  [1]  1 -1 -1  1     # 발견된 시작점
  attr(,"match.length")
  [1]  2 -1 -1  2     # 길이
  attr(,"useBytes")
  [1] TRUE

> ## gregexpr() 함수: 원소별로 패턴이 발견된 위치
> gregexpr("Ki", name)
  [[1]]      # 첫 번째 원소
  [1] 1      # (발견된) 시작점
  attr(,"match.length")
  [1] 2      # 길이
  attr(,"useBytes")
  [1] TRUE

  [[2]]
  [1] -1
  attr(,"match.length")
  [1] -1
  attr(,"useBytes")
  [1] TRUE

  [[3]]
  [1] -1
  attr(,"match.length")
  [1] -1
  attr(,"useBytes")
  [1] TRUE

  [[4]]
  [1] 1 7     # 시작점
  attr(,"match.length")
  [1] 2 2     # 길이
  attr(,"useBytes")
  [1] TRUE
```

(b) {stringr} 패턴 매칭 함수

{stringr} 패키지는 다음과 같은 패턴 매칭(pattern matching) 함수를 제공한다. 패턴은 문자열의 집합을 뜻한다. 모든 패턴 매칭 함수의 구조는 다음과 같다.

str_function(string, pattern)

- string: 문자열 벡터
- pattern: 매치할 단일 패턴("Regular expression: Regex"라고 함)

[표 26.2] {stringr}의 패턴 매칭 함수

함수	설명	유사 함수
str_detect()	문자열에 패턴의 존재 여부	
str_count()	문자열에서 일치하는 수	
str_extract() str_extract_all()	패턴과 처음으로 일치하는 문자 조각을 추출 패턴과 일치하는 모든 문자 조각을 추출	
str_match() str_match_all()	문자열에서 처음으로 일치하는 그룹을 추출 문자열에서 모든 일치 그룹을 추출	
str_locate() str_locate_all()	문자열에서 패턴이 처음으로 발생한 위치 문자열에서 패턴이 발생한 모든 위치	
str_replace() str_replace_all()	문자열에서 처음으로 일치하는 패턴을 대체 문자열에서 일치하는 모든 패턴을 대체	sub() gsub()
str_split() str_split_fixed()	문자열을 여러 개로 쪼갬 문자열을 고정된 수로 쪼갬	

예제 7

{stringr}의 패턴 매칭 함수의 예를 들면 다음과 같다.

```
> ## str_detect() 함수: 문자열에 패턴의 존재 여부
> name <- c("Kim", "Lee", NULL, "Park")
> str_detect(name, "k")     # 특정 문자를 포함하는지?
  [1] FALSE FALSE  TRUE

      > str_detect(name, "[Kk]")     # K 또는 k를 포함하는지?
      [1]  TRUE FALSE  TRUE

      > str_detect(name, "^K")     # 첫 문자가 K인지?
      [1]  TRUE FALSE FALSE
```

```
        > str_detect(name, "k$")       # 마지막 문자가 k인지?
        [1] FALSE FALSE  TRUE

        > str_detect(name, "^[KL]")      # 첫 문자가 K 또는 L인지?
        [1]  TRUE  TRUE FALSE

> ## str_count( ) 함수
> name.1 <- c("Kim", "Lee", NULL, "Park", "Kim & Kim")
> str_count(name.1, "K")      # 문자열에서 일치하는 수
  [1] 1 0 0 2

> ## str_extract( ), str_extract_all( ) 함수
> str_extract(name.1, "K")      # 원소별 패턴과 처음으로 일치하는 문자 조각
  [1] "K" NA  NA  "K"
> str_extract_all(name.1, "K")      # 여러 개 일치할 경우 모두 출력
  [[1]]
  [1] "K"     # 1번 원소는 한번 일치

  [[2]]
  character(0)

  [[3]]
  character(0)

  [[4]]
  [1] "K" "K"     # 4번 원소는 2번 일치

> ## str_match( ), str_match_all( ) 함수
> str_match(name.1, "K")      # 원소별 패턴과 처음으로 일치하는 그룹 추출
       [,1]     # 1번과 4번 원소에서 일치
  [1,] "K"
  [2,] NA
  [3,] NA
  [4,] "K"

> str_match_all(name.1, "K")      # 여러 개 일치할 경우 모두 추출
  [[1]]
       [,1]     # 1번 원소는 한번 일치
  [1,] "K"

  [[2]]
       [,1]

  [[3]]
       [,1]
```

```
[[4]]    # 4번 원소는 2번 일치
     [,1]
[1,] "K"
[2,] "K"

> ## str_locate(), str_locate_all() 함수
> str_locate(name.1, "K")    # 문자열에서 패턴이 처음으로 발생한 위치
     start end
[1,]     1   1
[2,]    NA  NA
[3,]    NA  NA
[4,]     1   1

> str_locate_all(name.1, "K")    # 문자열에서 패턴이 발생한 모든 위치
[[1]]
     start end
[1,]     1   1

[[2]]
     start end

[[3]]
     start end

[[4]]
     start end
[1,]     1   1
[2,]     7   7

> ## str_replace(), replace_all() 함수
> # 원소별로 K를 G로 1회만 대체
> str_replace(name.1, "K", "G")    # sub() 함수와 동일
[1] "Gim"       "Lee"       "Park"      "Gim & Kim"

> str_replace_all(name.1, "K", "G")    # gsub() 함수와 동일
> # 원소별로 K를 G로 모두 대체
[1] "Gim"       "Lee"       "Park"      "Gim & Gim"

> ## str_split(), str_split_fixed() 함수
> text <- c("I love R very much")
> str_split(text, " ")    # 빈칸에서 쪼갬
[[1]]
[1] "I"    "love" "R"    "very" "much"
```

```
> str_split(text, "[aeiou]")     # 지정한 문자에서 쪼갬
  [[1]]
  [1] "I l"  "v"     " R v" "ry m" "ch"

> str_split(text, "[aeiou]", n=2)     # n= 최대 조각 수 지정
  [[1]]
  [1] "I l"            "ve R very much"

> str_split_fixed(text, "v", 2)     # v를 기준으로 두 조각으로 나눔
       [,1]   [,2]
  [1,] "I lo" "e R very much"
```

[26장] 연습문제

01 문자열 "var1", … , "var100"을 생성하여라.

02 state.x77 자료에서 물음에 답하여라.

(a) 행 이름을 최소 길이가 3인 약어로 나타내어라.

(b) 변수명을 소문자로 변경하여라.

(c) abbreviate( ) 함수를 사용하여 행 이름을 약어로 나타내되, 3자리로 통일하여라.

(d) (c)의 경우 어떤 문제가 있는지 확인하여라.

03 **(문제 2번 계속)**

(a) 처음 4개의 문자로 이루어진 약어를 만들어라. 이 경우 어떤 문제가 있는가?

(b) 행 이름의 문자수의 최솟값은 얼마인가?

(c) 대문자로 요약된 최소 길이가 2인 약어를 구하여라.

(d) (c)의 결과가 state.abb와 일치하는가? 그렇지 않다면 일치하는 주의 수는 몇 개인가?

(e) (c)의 결과를 오름차순으로 나타내어라.

04 문자 벡터인 주 이름(state.name)에 대해 다음 물음에 답하여라(단, {stringr}의 함수를 사용할 것).

(a) 주 이름의 길이를 계산하여라.

(b) 주 이름의 길이를 최댓값으로 통일하되, 중앙으로 정렬하여라.

(c) 문자 "M"이 포함된 주 이름을 제시하여라.

05 **(문제 3번 계속)**

(a) "South"를 포함하는 주는 몇 번째 원소인가? 또한 그 주는 무엇인가?

(b) 문자열 "South"를 모두 "S."으로 대체하여라.

(c) 마지막 문자열이 "na"인 주 이름을 나열하여라.

참고문헌

- 나종화 (2016). 수리통계학, 자유아카데미.
- Chang, W. (2013). R Graphics Cookbook, Insight Press.
- Brown, W. J. and Duncun, D. J. (2008). A First Course in Statistical Programming with R, Cambridge.
- Kuhn, M. and Johnson, K. (2013). Applied Predictive Modeling, Springer.
- R Development Core Group, Graphics with R.
- Rossiter, D. G. (2010). Introduction to the R Project for Statistical Computing for Use at ITC, International Institute for Geo-information Science & Earth Observation.
- Verzani, J. (2005). Using R for Introductory Statistics, Chapman & Hall/CRC.
- Teetor, P. (2011). R Cookbook, O'Reilly.
- Torgo, L. (2011). Data Mining with R, CRC Press.

[부록] R 주요 함수 요약표

(출처: http://cran.r-project.org/doc/contrib/Short-refcard.pdf)

R Reference Card

by Tom Short, EPRI PEAC, tshort@epri-peac.com 2004-11-07
Granted to the public domain. See www.Rpad.org for the source and latest version. Includes material from *R for Beginners* by Emmanuel Paradis (with permission).

Getting help

Most R functions have online documentation.
help(topic) documentation on topic
?topic id.
help.search("topic") search the help system
apropos("topic") the names of all objects in the search list matching the regular expression "topic"
help.start() start the HTML version of help
str(a) display the internal *str*ucture of an R object
summary(a) gives a "summary" of a, usually a statistical summary but it is *generic* meaning it has different operations for different classes of a
ls() show objects in the search path; specify pat="pat" to search on a pattern
ls.str() str() for each variable in the search path
dir() show files in the current directory
methods(a) shows S3 methods of a
methods(class=class(a)) lists all the methods to handle objects of class a

Input and output

load() load the datasets written with save
data(x) loads specified data sets
library(x) load add-on packages
read.table(file) reads a file in table format and creates a data frame from it; the default separator sep="" is any whitespace; use header=TRUE to read the first line as a header of column names; use as.is=TRUE to prevent character vectors from being converted to factors; use comment.char="" to prevent "#" from being interpreted as a comment; use skip=n to skip n lines before reading data; see the help for options on row naming, NA treatment, and others
read.csv("filename",header=TRUE) id. but with defaults set for reading comma-delimited files
read.delim("filename",header=TRUE) id. but with defaults set for reading tab-delimited files
read.fwf(file,widths,header=FALSE,sep="",as.is=FALSE) read a table of *f*ixed *w*idth *f*ormatted data into a 'data.frame'; widths is an integer vector, giving the widths of the fixed-width fields
save(file,...) saves the specified objects (...) in the XDR platform-independent binary format
save.image(file) saves all objects
cat(..., file="", sep=" ") prints the arguments after coercing to character; sep is the character separator between arguments
print(a, ...) prints its arguments; generic, meaning it can have different methods for different objects
format(x,...) format an R object for pretty printing
write.table(x,file="",row.names=TRUE,col.names=TRUE, sep=" ") prints x after converting to a data frame; if quote is TRUE, character or factor columns are surrounded by quotes ("); sep is the field separator; eol is the end-of-line separator; na is the string for missing values; use col.names=NA to add a blank column header to get the column headers aligned correctly for spreadsheet input
sink(file) output to file, until sink()
Most of the I/O functions have a file argument. This can often be a character string naming a file or a connection. file="" means the standard input or output. Connections can include files, pipes, zipped files, and R variables.
On windows, the file connection can also be used with description = "clipboard". To read a table copied from Excel, use
x <- read.delim("clipboard")
To write a table to the clipboard for Excel, use
write.table(x,"clipboard",sep="\t",col.names=NA)
For database interaction, see packages RODBC, DBI, RMySQL, RPgSQL, and ROracle. See packages XML, hdf5, netCDF for reading other file formats.

Data creation

c(...) generic function to combine arguments with the default forming a vector; with recursive=TRUE descends through lists combining all elements into one vector
from:to generates a sequence; ":" has operator priority; 1:4 + 1 is "2,3,4,5"
seq(from,to) generates a sequence by= specifies increment; length= specifies desired length
seq(along=x) generates 1, 2, ..., length(along); useful for for loops
rep(x,times) replicate x times; use each= to repeat "each" element of x each times; rep(c(1,2,3),2) is 1 2 3 1 2 3; rep(c(1,2,3),each=2) is 1 1 2 2 3 3
data.frame(...) create a data frame of the named or unnamed arguments; data.frame(v=1:4,ch=c("a","B","c","d"),n=10); shorter vectors are recycled to the length of the longest
list(...) create a list of the named or unnamed arguments; list(a=c(1,2),b="hi",c=3i);
array(x,dim=) array with data x; specify dimensions like dim=c(3,4,2); elements of x recycle if x is not long enough
matrix(x,nrow=,ncol=) matrix; elements of x recycle
factor(x,levels=) encodes a vector x as a factor
gl(n,k,length=n*k,labels=1:n) generate levels (factors) by specifying the pattern of their levels; k is the number of levels, and n is the number of replications
expand.grid() a data frame from all combinations of the supplied vectors or factors
rbind(...) combine arguments by rows for matrices, data frames, and others
cbind(...) id. by columns

Slicing and extracting data

Indexing vectors

x[n]	n^{th} element
x[-n]	all *but* the nth element
x[1:n]	first n elements
x[-(1:n)]	elements from n+1 to the end
x[c(1,4,2)]	specific elements
x["name"]	element named "name"
x[x > 3]	all elements greater than 3
x[x > 3 & x < 5]	all elements between 3 and 5
x[x %in% c("a","and","the")]	elements in the given set

Indexing lists

`x[n]` list with elements `n`
`x[[n]]` n^{th} element of the list
`x[["name"]]` element of the list named `"name"`
`x$name` id.

Indexing matrices

`x[i,j]` element at row `i`, column `j`
`x[i,]` row `i`
`x[,j]` column `j`
`x[,c(1,3)]` columns 1 and 3
`x["name",]` row named `"name"`

Indexing data frames (matrix indexing plus the following)

`x[["name"]]` column named `"name"`
`x$name` id.

Variable conversion

as.array(x), as.data.frame(x), as.numeric(x), as.logical(x), as.complex(x), as.character(x), ... convert type; for a complete list, use `methods(as)`

Variable information

is.na(x), is.null(x), is.array(x), is.data.frame(x), is.numeric(x), is.complex(x), is.character(x), ... test for type; for a complete list, use `methods(is)`

length(x) number of elements in `x`

dim(x) Retrieve or set the dimension of an object; `dim(x) <- c(3,2)`

dimnames(x) Retrieve or set the dimension names of an object

nrow(x) number of rows; `NROW(x)` is the same but treats a vector as a one-row matrix

ncol(x) and **NCOL(x)** id. for columns

class(x) get or set the class of `x`; `class(x) <- "myclass"`

unclass(x) remove the class attribute of `x`

attr(x,which) get or set the attribute `which` of `x`

attributes(obj) get or set the list of attributes of `obj`

Data selection and manipulation

which.max(x) returns the index of the greatest element of **x**

which.min(x) returns the index of the smallest element of **x**

rev(x) reverses the elements of `x`

sort(x) sorts the elements of `x` in increasing order; to sort in decreasing order: `rev(sort(x))`

cut(x,breaks) divides `x` into intervals (factors); `breaks` is the number of cut intervals or a vector of cut points

match(x, y) returns a vector of the same length than `x` with the elements of `x` which are in `y` (`NA` otherwise)

which(x == a) returns a vector of the indices of `x` if the comparison operation is true (`TRUE`), in this example the values of `i` for which `x[i] == a` (the argument of this function must be a variable of mode logical)

choose(n, k) computes the combinations of k events among n repetitions $= n!/[(n-k)!k!]$

na.omit(x) suppresses the observations with missing data (`NA`) (suppresses the corresponding line if `x` is a matrix or a data frame)

na.fail(x) returns an error message if `x` contains at least one `NA`

unique(x) if `x` is a vector or a data frame, returns a similar object but with the duplicate elements suppressed

table(x) returns a table with the numbers of the differents values of `x` (typically for integers or factors)

subset(x, ...) returns a selection of `x` with respect to criteria (`...`, typically comparisons: `x$V1 < 10`); if `x` is a data frame, the option `select` gives the variables to be kept or dropped using a minus sign

sample(x, size) resample randomly and without replacement `size` elements in the vector `x`, the option `replace = TRUE` allows to resample with replacement

prop.table(x,margin=) table entries as fraction of marginal table

Math

sin,cos,tan,asin,acos,atan,atan2,log,log10,exp

max(x) maximum of the elements of `x`

min(x) minimum of the elements of `x`

range(x) id. then `c(min(x), max(x))`

sum(x) sum of the elements of `x`

diff(x) lagged and iterated differences of vector `x`

prod(x) product of the elements of `x`

mean(x) mean of the elements of `x`

median(x) median of the elements of `x`

quantile(x,probs=) sample quantiles corresponding to the given probabilities (defaults to 0,.25,.5,.75,1)

weighted.mean(x, w) mean of `x` with weights `w`

rank(x) ranks of the elements of `x`

var(x) or `cov(x)` variance of the elements of `x` (calculated on $n-1$); if `x` is a matrix or a data frame, the variance-covariance matrix is calculated

sd(x) standard deviation of `x`

cor(x) correlation matrix of `x` if it is a matrix or a data frame (1 if `x` is a vector)

var(x, y) or `cov(x, y)` covariance between `x` and `y`, or between the columns of `x` and those of `y` if they are matrices or data frames

cor(x, y) linear correlation between `x` and `y`, or correlation matrix if they are matrices or data frames

round(x, n) rounds the elements of `x` to `n` decimals

log(x, base) computes the logarithm of `x` with base `base`

scale(x) if `x` is a matrix, centers and reduces the data; to center only use the option `center=FALSE`, to reduce only `scale=FALSE` (by default `center=TRUE, scale=TRUE`)

pmin(x,y,...) a vector which ith element is the minimum of `x[i]`, `y[i]`, ...

pmax(x,y,...) id. for the maximum

cumsum(x) a vector which ith element is the sum from `x[1]` to `x[i]`

cumprod(x) id. for the product

cummin(x) id. for the minimum

cummax(x) id. for the maximum

union(x,y), intersect(x,y), setdiff(x,y), setequal(x,y), is.element(el,set) "set" functions

Re(x) real part of a complex number

Im(x) imaginary part

Mod(x) modulus; `abs(x)` is the same

Arg(x) angle in radians of the complex number

Conj(x) complex conjugate

convolve(x,y) compute the several kinds of convolutions of two sequences

fft(x) Fast Fourier Transform of an array
mvfft(x) FFT of each column of a matrix
filter(x,filter) applies linear filtering to a univariate time series or to each series separately of a multivariate time series

Many math functions have a logical parameter `na.rm=FALSE` to specify missing data (NA) removal.

Matrices

t(x) transpose
diag(x) diagonal
%*% matrix multiplication
solve(a,b) solves `a %*% x = b` for x
solve(a) matrix inverse of a
rowsum(x) sum of rows for a matrix-like object; **rowSums(x)** is a faster version
colsum(x), **colSums(x)** id. for columns
rowMeans(x) fast version of row means
colMeans(x) id. for columns

Advanced data processing

apply(X,INDEX,FUN=) a vector or array or list of values obtained by applying a function `FUN` to margins (`INDEX`) of `X`
lapply(X,FUN) apply `FUN` to each element of the list `X`
tapply(X,INDEX,FUN=) apply `FUN` to each cell of a ragged array given by `X` with indexes `INDEX`
by(data,INDEX,FUN) apply `FUN` to data frame `data` subsetted by `INDEX`
merge(a,b) merge two data frames by common columns or row names
xtabs(a b,data=x) a contingency table from cross-classifying factors
aggregate(x,by,FUN) splits the data frame x into subsets, computes summary statistics for each, and returns the result in a convenient form; `by` is a list of grouping elements, each as long as the variables in x
stack(x, ...) transform data available as separate columns in a data frame or list into a single column
unstack(x, ...) inverse of `stack()`
reshape(x, ...) reshapes a data frame between 'wide' format with repeated measurements in separate columns of the same record and 'long' format with the repeated measurements in separate records; use (direction="wide") or (direction="long")

Strings

paste(...) concatenate vectors after converting to character; `sep=` is the string to separate terms (a single space is the default); `collapse=` is an optional string to separate "collapsed" results
substr(x,start,stop) substrings in a character vector; can also assign, as `substr(x, start, stop) <- value`
strsplit(x,split) split x according to the substring `split`
grep(pattern,x) searches for matches to `pattern` within x; see `?regex`
gsub(pattern,replacement,x) replacement of matches determined by regular expression matching `sub()` is the same but only replaces the first occurrence.
tolower(x) convert to lowercase
toupper(x) convert to uppercase
match(x,table) a vector of the positions of first matches for the elements of x among `table`
x %in% table id. but returns a logical vector
pmatch(x,table) partial matches for the elements of x among `table`

nchar(x) number of characters

Dates and Times

The class `Date` has dates without times. `POSIXct` has dates and times, including time zones. Comparisons (e.g. >), `seq()`, and `difftime()` are useful. `Date` also allows + and −. `?DateTimeClasses` gives more information. See also package `chron`.

as.Date(s) and **as.POSIXct(s)** convert to the respective class; `format(dt)` converts to a string representation. The default string format is "2001-02-21". These accept a second argument to specify a format for conversion. Some common formats are:

`%a`, `%A` Abbreviated and full weekday name.
`%b`, `%B` Abbreviated and full month name.
`%d` Day of the month (01–31).
`%H` Hours (00–23).
`%I` Hours (01–12).
`%j` Day of year (001–366).
`%m` Month (01–12).
`%M` Minute (00–59).
`%p` AM/PM indicator.
`%S` Second as decimal number (00–61).
`%U` Week (00–53); the first Sunday as day 1 of week 1.
`%w` Weekday (0–6, Sunday is 0).
`%W` Week (00–53); the first Monday as day 1 of week 1.
`%y` Year without century (00–99). Don't use.
`%Y` Year with century.
`%z` (output only.) Offset from Greenwich; `-0800` is 8 hours west of.
`%Z` (output only.) Time zone as a character string (empty if not available).

Where leading zeros are shown they will be used on output but are optional on input. See `?strftime`.

Plotting

plot(x) plot of the values of x (on the *y*-axis) ordered on the *x*-axis
plot(x, y) bivariate plot of x (on the *x*-axis) and y (on the *y*-axis)
hist(x) histogram of the frequencies of x
barplot(x) histogram of the values of x; use `horiz=FALSE` for horizontal bars
dotchart(x) if x is a data frame, plots a Cleveland dot plot (stacked plots line-by-line and column-by-column)
pie(x) circular pie-chart
boxplot(x) "box-and-whiskers" plot
sunflowerplot(x, y) id. than `plot()` but the points with similar coordinates are drawn as flowers which petal number represents the number of points
stripplot(x) plot of the values of x on a line (an alternative to `boxplot()` for small sample sizes)
coplot(x~y | z) bivariate plot of x and y for each value or interval of values of z
interaction.plot (f1, f2, y) if `f1` and `f2` are factors, plots the means of y (on the *y*-axis) with respect to the values of `f1` (on the *x*-axis) and of `f2` (different curves); the option `fun` allows to choose the summary statistic of y (by default `fun=mean`)

matplot(x,y) bivariate plot of the first column of x *vs.* the first one of y, the second one of x *vs.* the second one of y, etc.

fourfoldplot(x) visualizes, with quarters of circles, the association between two dichotomous variables for different populations (x must be an array with dim=c(2, 2, k), or a matrix with dim=c(2, 2) if $k = 1$)

assocplot(x) Cohen–Friendly graph showing the deviations from independence of rows and columns in a two dimensional contingency table

mosaicplot(x) 'mosaic' graph of the residuals from a log-linear regression of a contingency table

pairs(x) if x is a matrix or a data frame, draws all possible bivariate plots between the columns of x

plot.ts(x) if x is an object of class "ts", plot of x with respect to time, x may be multivariate but the series must have the same frequency and dates

ts.plot(x) id. but if x is multivariate the series may have different dates and must have the same frequency

qqnorm(x) quantiles of x with respect to the values expected under a normal law

qqplot(x, y) quantiles of y with respect to the quantiles of x

contour(x, y, z) contour plot (data are interpolated to draw the curves), x and y must be vectors and z must be a matrix so that dim(z)=c(length(x), length(y)) (x and y may be omitted)

filled.contour(x, y, z) id. but the areas between the contours are coloured, and a legend of the colours is drawn as well

image(x, y, z) id. but with colours (actual data are plotted)

persp(x, y, z) id. but in perspective (actual data are plotted)

stars(x) if x is a matrix or a data frame, draws a graph with segments or a star where each row of x is represented by a star and the columns are the lengths of the segments

symbols(x, y, ...) draws, at the coordinates given by x and y, symbols (circles, squares, rectangles, stars, thermometres or "boxplots") which sizes, colours ... are specified by supplementary arguments

termplot(mod.obj) plot of the (partial) effects of a regression model (mod.obj)

The following parameters are common to many plotting functions:

add=FALSE if TRUE superposes the plot on the previous one (if it exists)

axes=TRUE if FALSE does not draw the axes and the box

type="p" specifies the type of plot, "p": points, "l": lines, "b": points connected by lines, "o": id. but the lines are over the points, "h": vertical lines, "s": steps, the data are represented by the top of the vertical lines, "S": id. but the data are represented by the bottom of the vertical lines

xlim=, ylim= specifies the lower and upper limits of the axes, for example with xlim=c(1, 10) or xlim=range(x)

xlab=, ylab= annotates the axes, must be variables of mode character

main= main title, must be a variable of mode character

sub= sub-title (written in a smaller font)

Low-level plotting commands

points(x, y) adds points (the option type= can be used)

lines(x, y) id. but with lines

text(x, y, labels, ...) adds text given by labels at coordinates (x,y); a typical use is: plot(x, y, type="n"); text(x, y, names)

mtext(text, side=3, line=0, ...) adds text given by text in the margin specified by side (see axis() below); line specifies the line from the plotting area

segments(x0, y0, x1, y1) draws lines from points (x0,y0) to points (x1,y1)

arrows(x0, y0, x1, y1, angle= 30, code=2) id. with arrows at points (x0,y0) if code=2, at points (x1,y1) if code=1, or both if code=3; angle controls the angle from the shaft of the arrow to the edge of the arrow head

abline(a,b) draws a line of slope b and intercept a

abline(h=y) draws a horizontal line at ordinate y

abline(v=x) draws a vertical line at abcissa x

abline(lm.obj) draws the regression line given by lm.obj

rect(x1, y1, x2, y2) draws a rectangle which left, right, bottom, and top limits are x1, x2, y1, and y2, respectively

polygon(x, y) draws a polygon linking the points with coordinates given by x and y

legend(x, y, legend) adds the legend at the point (x,y) with the symbols given by legend

title() adds a title and optionally a sub-title

axis(side, vect) adds an axis at the bottom (side=1), on the left (2), at the top (3), or on the right (4); vect (optional) gives the abcissa (or ordinates) where tick-marks are drawn

rug(x) draws the data x on the *x*-axis as small vertical lines

locator(n, type="n", ...) returns the coordinates (x, y) after the user has clicked n times on the plot with the mouse; also draws symbols (type="p") or lines (type="l") with respect to optional graphic parameters (...); by default nothing is drawn (type="n")

Graphical parameters

These can be set globally with **par(...)**; many can be passed as parameters to plotting commands.

adj controls text justification (0 left-justified, 0.5 centred, 1 right-justified)

bg specifies the colour of the background (ex. : bg="red", bg="blue", ... the list of the 657 available colours is displayed with colors())

bty controls the type of box drawn around the plot, allowed values are: "o", "l", "7", "c", "u" ou "]" (the box looks like the corresponding character); if bty="n" the box is not drawn

cex a value controlling the size of texts and symbols with respect to the default; the following parameters have the same control for numbers on the axes, cex.axis, the axis labels, cex.lab, the title, cex.main, and the sub-title, cex.sub

col controls the color of symbols and lines; use color names: "red", "blue" see colors() or as "#RRGGBB"; see rgb(), hsv(), gray(), and rainbow(); as for cex there are: col.axis, col.lab, col.main, col.sub

font an integer which controls the style of text (1: normal, 2: italics, 3: bold, 4: bold italics); as for cex there are: font.axis, font.lab, font.main, font.sub

las an integer which controls the orientation of the axis labels (0: parallel to the axes, 1: horizontal, 2: perpendicular to the axes, 3: vertical)

lty controls the type of lines, can be an integer or string (1: "solid", 2: "dashed", 3: "dotted", 4: "dotdash", 5: "longdash", 6: "twodash", or a string of up to eight characters (between "0" and "9") which specifies alternatively the length, in points or pixels, of the drawn elements and the blanks, for example lty="44" will have the same effect than lty=2

lwd a numeric which controls the width of lines, default 1

mar a vector of 4 numeric values which control the space between the axes and the border of the graph of the form c(bottom, left, top, right), the default values are c(5.1, 4.1, 4.1, 2.1)

mfcol a vector of the form c(nr,nc) which partitions the graphic window as a matrix of nr lines and nc columns, the plots are then drawn in columns

mfrow id. but the plots are drawn by row

pch controls the type of symbol, either an integer between 1 and 25, or any single character within ""

1 ○ 2 △ 3 + 4 × 5 ◇ 6 ▽ 7 ⊠ 8 ✳ 9 ⊕ 10 ⊕ 11 ✡ 12 ⊞ 13 ⊠ 14 ⊠ 15 ■
16 ● 17 ▲ 18 ◆ 19 ● 20 • 21 ○ 22 □ 23 ◇ 24 △ 25 ▽ * * . . X X a a ? ?

ps an integer which controls the size in points of texts and symbols

pty a character which specifies the type of the plotting region, "s": square, "m": maximal

tck a value which specifies the length of tick-marks on the axes as a fraction of the smallest of the width or height of the plot; if tck=1 a grid is drawn

tcl a value which specifies the length of tick-marks on the axes as a fraction of the height of a line of text (by default tcl=-0.5)

xaxt if xaxt="n" the *x*-axis is set but not drawn (useful in conjonction with axis(side=1, ...))

yaxt if yaxt="n" the *y*-axis is set but not drawn (useful in conjonction with axis(side=2, ...))

Lattice (Trellis) graphics

xyplot(y~x) bivariate plots (with many functionalities)

barchart(y~x) histogram of the values of y with respect to those of x

dotplot(y~x) Cleveland dot plot (stacked plots line-by-line and column-by-column)

densityplot(~x) density functions plot

histogram(~x) histogram of the frequencies of x

bwplot(y~x) "box-and-whiskers" plot

qqmath(~x) quantiles of x with respect to the values expected under a theoretical distribution

stripplot(y~x) single dimension plot, x must be numeric, y may be a factor

qq(y~x) quantiles to compare two distributions, x must be numeric, y may be numeric, character, or factor but must have two 'levels'

splom(~x) matrix of bivariate plots

parallel(~x) parallel coordinates plot

levelplot(z~x*y|g1*g2) coloured plot of the values of z at the coordinates given by x and y (x, y and z are all of the same length)

wireframe(z~x*y|g1*g2) 3d surface plot

cloud(z~x*y|g1*g2) 3d scatter plot

In the normal Lattice formula, y x|g1*g2 has combinations of optional conditioning variables g1 and g2 plotted on separate panels. Lattice functions take many of the same arguments as base graphics plus also data= the data frame for the formula variables and subset= for subsetting. Use panel= to define a custom panel function (see apropos("panel") and ?llines). Lattice functions return an object of class trellis and have to be print-ed to produce the graph. Use print(xyplot(...)) inside functions where automatic printing doesn't work. Use lattice.theme and lset to change Lattice defaults.

Optimization and model fitting

optim(par, fn, method = c("Nelder-Mead", "BFGS", "CG", "L-BFGS-B", "SANN") general-purpose optimization; par is initial values, fn is function to optimize (normally minimize)

nlm(f,p) minimize function f using a Newton-type algorithm with starting values p

lm(formula) fit linear models; formula is typically of the form response termA + termB + ...; use I(x*y) + I(x^2) for terms made of nonlinear components

glm(formula,family=) fit generalized linear models, specified by giving a symbolic description of the linear predictor and a description of the error distribution; family is a description of the error distribution and link function to be used in the model; see ?family

nls(formula) nonlinear least-squares estimates of the nonlinear model parameters

approx(x,y=) linearly interpolate given data points; x can be an xy plotting structure

spline(x,y=) cubic spline interpolation

loess(formula) fit a polynomial surface using local fitting

Many of the formula-based modeling functions have several common arguments: data= the data frame for the formula variables, subset= a subset of variables used in the fit, na.action= action for missing values: "na.fail", "na.omit", or a function. The following generics often apply to model fitting functions:

predict(fit,...) predictions from fit based on input data

df.residual(fit) returns the number of residual degrees of freedom

coef(fit) returns the estimated coefficients (sometimes with their standard-errors)

residuals(fit) returns the residuals

deviance(fit) returns the deviance

fitted(fit) returns the fitted values

logLik(fit) computes the logarithm of the likelihood and the number of parameters

AIC(fit) computes the Akaike information criterion or AIC

Statistics

aov(formula) analysis of variance model

anova(fit,...) analysis of variance (or deviance) tables for one or more fitted model objects

density(x) kernel density estimates of x

binom.test(), **pairwise.t.test()**, **power.t.test()**, **prop.test()**, **t.test()**, ... use help.search("test")

Distributions

rnorm(n, mean=0, sd=1) Gaussian (normal)

rexp(n, rate=1) exponential

rgamma(n, shape, scale=1) gamma

rpois(n, lambda) Poisson
rweibull(n, shape, scale=1) Weibull
rcauchy(n, location=0, scale=1) Cauchy
rbeta(n, shape1, shape2) beta
rt(n, df) 'Student' (t)
rf(n, df1, df2) Fisher–Snedecor (F) (χ^2)
rchisq(n, df) Pearson
rbinom(n, size, prob) binomial
rgeom(n, prob) geometric
rhyper(nn, m, n, k) hypergeometric
rlogis(n, location=0, scale=1) logistic
rlnorm(n, meanlog=0, sdlog=1) lognormal
rnbinom(n, size, prob) negative binomial
runif(n, min=0, max=1) uniform
rwilcox(nn, m, n), `rsignrank(nn, n)` Wilcoxon's statistics
All these functions can be used by replacing the letter `r` with `d`, `p` or `q` to get, respectively, the probability density (`d`*func*`(x, ...)`), the cumulative probability density (`p`*func*`(x, ...)`), and the value of quantile (`q`*func*`(p, ...)`, with 0 < `p` < 1).

Programming

function(arglist) expr function definition
return(value)
if(cond) expr
if(cond) cons.expr else alt.expr
for(var in seq) expr
while(cond) expr
repeat expr
break
next
Use braces {} around statements
ifelse(test, yes, no) a value with the same shape as `test` filled with elements from either `yes` or `no`
do.call(funname, args) executes a function call from the name of the function and a list of arguments to be passed to it

찾아보기

ㄱ

가우스분포 40
검정력 54
검정력 함수 53
경험분포함수 150
결정계수 129
교호효과 그림 85
그림행렬 115

ㄴ

누적분포함수 31

ㄷ

다중공선성 129
다중비교 84, 91
다중상관계수 129
다중선형회귀 127
단순선형회귀 121
대응비교 64
데이터 처리 187, 213
독립성 검정 141
동일성 검정 142

ㅁ

맨-휘트니 검정 69
모수 인자 78
모의실험 175
몬테칼로 적분 178
문자열 처리 235, 240
밀도함수 추정 14

ㅂ

박스-콕스 변환 165
베르누이 시행 39
베이즈 정리 35
베타계수 137
변량 인자 78
변화점 23
부호 검정 73
부호순위 검정 73
분산분석 77
분산팽창요인 130
분위수-분위수 플롯 159
분포 적합 154
분할표 142

ㅅ

사피로-윌크 검정 163
상관계수 101
상자그림 7
수정상관계수 129

순위합 검정 69
스피어만 상관계수 103
신뢰구간 45

ㅇ

역변환법 173
영향점 125
유의수준 50
유의확률 52
이상치 탐색 19
이원배치 분산분석 78
이항분포 39, 40
일원배치 분산분석 78

ㅈ

잔차 그림 124
적합도 검정 139, 148
정규분포 40
정규성 검정 164
정규확률그림 159
정확검정 141
조건지수 130
줄기-잎 그림 3
중심극한정리 33
지렛값 124
진단그림 83

ㅊ

최소제곱법 122
추정량 33

ㅋ

카이제곱 검정 65, 139
켄달의 타우 104
콜모고로프-스미르노프 검정 150
크루스칼-왈리스 검정 87, 89

ㅌ

통계량 32

ㅍ

패턴 매칭 245
평활곡선 127
표준화 잔차 124
표준화계수 137
프리드만 검정 87, 89
피어슨 상관계수 101

ㅎ

확률밀도함수 31
확률변수 29
확률화 블록계획 78, 94
회귀분석 121
회귀진단 124

기타

Q-Q 플롯 159
t-검정 59

저자 소개

나 종 화
서울대학교 통계학과 석, 박사
(미) 펜실베니아주립대 방문연구교수
현) 충북대학교 정보통계학과 교수

저서: 수리통계학(제3판, 2016)
R 시각화와 통계자료분석 I (2016)
R 시각화와 통계자료분석 II (2016)
R 응용 회귀분석(2017)
R 응용 다변량분석(2017)
R 데이터마이닝(2017)
R 응용 시계열분석(2020)
R을 이용한 최신통계학(공저, 2018)
빅데이터 이해와 활용(공저, 2015)

R 시각화와 통계자료분석 II

- 기초 통계분석 및 데이터 처리 -

저 자 나종화
발 행 인 김지영
발 행 처 자유아카데미
주 소 경기도 파주시 회동길 37-42
파주출판도시
전 화 031-955-1321
팩 스 031-955-1322
홈페이지 www.freeaca.com
전자우편 main@freeaca.com (대표)
editor@freeaca.com (편집)
crm@freeaca.com (영업)
등 록 제406-2003-017호, 1980. 7. 12
제1판1쇄 2016년 7월 10일 발행
제1판3쇄 2020년 9월 10일 발행
정 가 22,000원

저자와의
협의하에
인지생략

ISBN 979-11-5808-090-7 93310